BIBLIOTHÈQUE ARNAULD DE VRESSE
à 1 fr le volume
Hors de France, 1 fr. 25 c. le volume.

LA COMTESSE HORTENSIA

PAR MÉRY

PARIS
ARNAULD DE VRESSE, LIBRAIRE-ÉDITEUR,
7, QUAI DES GRANDS-AUGUSTINS, 7.

1856

LA COMTESSE

HORTENSIA

PARIS. — IMPRIMÉ CHEZ BONAVENTURE ET DUCESSOIS,
55, quai des Augustins.

MÉRY

LA COMTESSE
HORTENSIA

PARIS
ARNAULD DE VRESSE, LIBRAIRE-ÉDITEUR
7, quai des Augustins.

1856

LA

COMTESSE HORTENSIA

PRÉFACE.

Les histoires que les romanciers racontent et qui sont vraies, par conséquent, si elles représentent d'après nature les passions et les pays, ne peuvent pas toujours être circonscrites dans le département de la Seine, ainsi que semble l'exiger le goût presque universel des lecteurs. Il y a dans le monde d'autres horizons que ceux de Meudon et de Montmartre, et il devrait être permis à l'historien de conduire ses héros sous un autre ciel que le brouillard de Paris. Le temps est venu où *un auteur, à genoux dans une humble préface,* doit demander pardon à ses lecteurs de les conduire en Italie. Encore l'Italie ! s'écrie-t-on bientôt de toutes parts. L'Italie est considérée en général comme un pays épuisé, parce qu'il a été, en cinquante ans, le théâtre d'une douzaine d'histoires. Tout est dit sur cette péninsule. Deux auteurs allemands, qui abhorraient la mer, le catholicisme et le soleil, ont moissonné dans cette terre tous ses fruits, toutes ses fleurs. Goethe s'est écrié, à propos de l'Italie : *Il est un pays où naît l'oranger!* Ce qui supprime toute description ultérieure. Aussi on a souvent déploré l'aveuglement de ceux qui osent parler de l'Italie après cette phrase de Goethe. Un autre auteur illustre et étranger a épuisé l'Italie avec cette strophe : *O terre des arts et de la liberté! tu n'es plus qu'un beau cadavre. Quand seras-tu consolée, ô Niobé des nations?* M. Dupaty a fait un vaudeville en prose sur l'Italie, M. de Lalande quatre volumes inconnus, M. Richard un in-octavo pour les hôtels garnis. Un illustre écrivain a aimé véritablement l'Italie, mais il n'a écrit sur Rome que quelques pages admirables, pour ne pas décourager les autres : c'est M. de Chateaubriand. Les romanciers célèbres, nos contemporains, ont presque tous dédaigné l'Italie. Le chef-d'œuvre des épopées a été écrit par un homme de génie autour de Notre-Dame de Paris. Un des écrivains les plus spirituels, les plus originaux, les plus passionnés de l'époque, Léon Gozlan, a même fait éclater un accès de délicieuse mauvaise humeur contre les cités italiennes; et cette explosion de verve et de raillerie puissantes a trouvé des échos. Alexandre Dumas est le seul Parisien qui soit excessivement ultramontain; il connaît mieux l'Italie que son hôtel de la rue Richelieu; il a semé sur elle tous les trésors de son esprit inépuisable et de sa merveilleuse imagination. Pourtant, ceux qui ne ne se lassent jamais de lire les histoires que Dumas raconte avec tant de grâce, d'éclat et de gaieté, se plaignent par intervalles, d'être forcés de rentrer en Italie, à la suite du charmant voyageur; tandis que, depuis le *Doyen de Killerine* jusqu'en 1843, jamais un seul lecteur ne s'est plaint de voir commencer trente mille histoires avec cette phrase, ou une autre du même genre : *Par une belle, mais froide matinée de janvier, un étranger se prome-*

nait sur le boulevard Montmartre avec une certaine agitation. Moi-même j'ai employé ce début dans une nouvelle, et cela m'a réussi. On m'a affirmé que j'avais été lu. Celui qui aura le malheur de faire la centième histoire commençant par ces mots : *Par un beau soir de juin, sous les orangers de la villa Fiani*, sera maudit et déchiré.

L'Italie mériterait bien d'obtenir au moins cent fois l'honneur qu'on a accordé aux rues Montmartre et Saint-Denis, à une époque toute récente, lorsque Paris, aujourd'hui si beau, était la plus inhabitable ville du globe. L'Italie a des charmes qu'on retrouve difficilement ailleurs ; elle a un soleil d'abord, chose assez rare en Europe ; elle a deux mers véritables, qui ne sont pas des Océans gris et invisibles, elle a les originaux des paysages de Poussin, de Salvator Rosa et de Léopold Robert ; elle a des villes pleines de statues, de tableaux, de jardins, d'églises, de fontaines, de ruines ; et dans ces villes chaque minute trouve un remède à son ennui ; elle a les passions de son climat ; elle vous donne de beaux horizons pour votre berceau, une terre harmonieuse, odorante et chaude pour votre vie, et des marbres charmants pour votre tombe. Que peut-on demander de plus à un pays ? Au reste, qu'il soit permis aux hommes du Midi de profiter des dernières heures poétiques laissées à l'Italie par notre siècle industriel et ravageur. Bientôt la terre de Saturne subira le sort commun : il y aura un chemin de fer sur la voie Appia ; on établira des comptoirs de marbre dans la Strada Balbi, des usines à Tibur, des manufactures à Villa-Pamphili, un gazomètre dans le Colysée, un télégraphe sur le Vésuve, un corps-de-garde sous le laurier de Virgile, un observatoire sur le tombeau d'Adrien, des filatures sur le Tibre et à la cascade de Terni, un octroi dans le temple de la Sibylle, une fonderie dans les Thermes de Titus et de

Caracalla, une école des arts et métiers à Herculanum ; les gondoliers de Venise chanteront les vaudevilles du Gymnase, les paysannes d'Aricia prendront le costume des fermières de Meudon et les Italiens parleront anglais et boiront du thé vert. Hâtons-nous d'écrire, le Vésuve va s'éteindre et la vapeur menace notre péninsule d'une épidémie de volcans.

I.

LES PERSONNAGES.

Sur la place de l'Annonciade, à Gênes, il est fort agréable, le dimanche, quand la soirée est belle, d'assister à la sortie des vêpres. Je voudrais bien pouvoir définir le charme qu'on éprouve à regarder, en détail et tout à la fois, ce tableau vivant, la grande nef de l'église, avec ses superbes colonnes de marbre rose; la vapeur d'encens et de cire éteinte qui flotte et voile le sanctuaire; l'ombre mystérieuse des nefs, et l'éblouissant éclat du soleil sur les édifices extérieurs; les joies de la religion et les joies du monde, associées avec cette grâce italienne qui n'exclut rien et embellit tout. Il y a toujours là des jeunes gens dont les regards cherchent quelque chose dans des groupes mondainement dévots, lorsqu'à la sortie, les lames des éventails tombent devant de frais visages surpris par le soleil, comme des persiennes devant les odalisques aux croisées du harem.

La foule de ces oisifs et de ces curieux était encore plus grande que de coutume le dernier dimanche de mai de l'année 1833. Le nombre des dames était encore plus considérable, et il était facile de deviner, à la longue file des équipages stationnés devant le palais

Mari, que le beau sexe aristocratique de Gênes avait assisté aux vêpres à l'Annonciade.

Il y eut dans les groupes de jeunes gens un vif mouvement de curiosité indiscrète, lorsqu'une dame qui paraissait fort belle dans tout l'ensemble de sa personne, sortit de l'église et fit un signe d'éventail à son cocher au moment où celui-ci s'avançait avec sa calèche découverte. Un monsieur, d'un âge mûr, donnait le bras à cette dame, et il laissa percer sur son visage un éclair de mécontentement lorsque la voiture s'éloigna et que sa charmante compagne exprima le désir de rentrer à pied en traversant la *Strada Balbi.*

Deux jeunes gens avaient suivi tous les mouvements de la dame de la calèche avec une attention plus particulière.

L'un était le comte Fabiano Val di Nota, un riche seigneur fort à la mode dans la société génoise, fort estimé à cause de ses rentes, fort redouté à cause de son audace, ayant d'ailleurs toujours sur les lèvres l'étincelante malignité de ses yeux gris. Son visage, empreint d'une distinction dédaigneuse, portait une arme à double tranchant : la parole et le regard. Il avait dans sa démarche l'allure fière et décidée de l'homme qui court à un but en écrasant l'obstacle ; et lorsque dans un salon il agitait, au milieu d'une discussion, les boucles de ses cheveux d'ébène et l'arc délié de sa moustache, un chœur général d'éloges donnait raison à tous ses torts.

Le comte Fabiano avait attaché à son orageuse fortune un de ces êtres cosmopolites, toujours prêts à se mettre, comme lune, au service du premier soleil venu. Ce satellite franco-italien se nommait Octavien d'Oropeza. Il avait voyagé partout, et ne comptait pas encore trente ans. Sa figure ronde et fraîche annonçait un cœur plein d'insouciance et vierge de passions sérieuses; une de ces organisations qui n'exploitent dans le monde que des plaisirs sans conséquence; un de ces hommes auxquels il ne manque, pour jouir d'une haute réputation de probité, que des immeubles vierges d'hypothèques et bien établis au soleil.

Le comte Fabiano arrondit gracieusement son bras, et salua la belle dame et son cavalier. Une molle inflexion de la tête et un sourire divin répondit à ce salut.

Le monsieur regarda Fabiano par-dessus ses lunettes d'or et n'ôta son chapeau qu'à demi; mais il ne reconnut pas Fabiano.

— Ce vieux et riche marquis, dit Fabiano, a pris un excellent métier pour avoir le droit de se moquer des gens impunément.

— Quel métier? demanda Octavien.

— Il s'est mis dans la police secrète; il appartient à *buon-governo*. C'est un poltron qui a voulu se faire protéger par son métier.

— Nous le respecterons celui-là.

— Comme on respecte le diable quand on ne sait pas faire le signe de la croix.

— Parlons bas, comte Fabiano; ces façades de marbre sont des nids d'échos.

— Octavien, c'est la première fois que tu vois cette femme?

— Oui, Fabiano.

— Comme la trouves-tu?

— Quelle demande me fais-tu là!

— Adorable! adorable!.. As-tu entendu dire que j'étais en grande faveur auprès d'elle?

— On disait cela chez Michel, hier, à table, entre voyageurs.

— C'est un bruit accrédité... mais il est faux...

— Tu le démentiras donc...

— Pourquoi le démentir?... d'ailleurs le monde n'aime pas qu'on démente une calomnie.

— Il a raison le monde : que lui resterait-il, si l'on démentait tout ce qu'il dit?

— Ah ! mon cher Octavien, il paraît que tu t'es fait vertueux ! Sur quelle herbe as-tu marché en venant de Rome?

— Sur la pierre nue, mon cher Fabiano; j'ai fait ma route à pied, par les Apennins, comme un homme qui n'a pas le sou.

— Je serai ton banquier, comme toujours.

— Mais je t'admire aussi, toi, Fabiano; tu passes pour être l'ami de cœur de cette dame, et tu te défends de cela comme d'un crime, devant moi !

— Devant toi, tu as raison. S'il faut que tu me serves, il faut bien que tu saches l'exacte vérité ! Voilà toute ma vertu ; je t'attendais pour dresser mes batteries.

— Je comprends. Crois-tu que la conquête sera difficile ?

— C'est une femme...

— Cela te coûtera-t-il cher?

— Ma fortune ou rien.

— Fabiano, tu ne changeras jamais !

— Jamais. La vie d'un homme riche doit être une perpétuelle chasse aux femmes. Celle-ci, cette grande dame qui marche devant nous, je crois que je suis en train de faire la sottise de l'aimer... N'ouvre pas tes grands yeux, mon cher Octavien. Oui, je sens que l'amour s'en mêlera... et quel amour !

— Fabiano, tu parles à un nouveau débarqué ; j'arrive de Rome hier matin, je ne connais encore la femme dont nous parlons que par un trois-quart de visage que j'ai saisi au vol. Est-elle fille, femme, veuve, Génoise, étrangère, voyageuse?

— En deux mots je vais te dire le peu que je sais. Ma tante, la marquise de Grimaldini, est une des bonnes amies de cette dame, c'est chez ma tante que je l'ai connue. Elle est de Varsovie; son mari a été tué à la prise de cette ville, dans la dernière insurrection contre les Russes; elle est venue à Gênes se réfugier chez une vieille parente de sa mère, madame Gesualda Braschi, dont tu vois d'ici la maison, entre la petite rue San-Ciro et le palais Serra. Notre belle Polonaise est proscrite, son nom même est proscrit; on ne la connaît dans le monde que sous le nom de la comtesse Hortensia. Elle a un caractère charmant, un esprit d'ange, une gaieté qui lui fait oublier son exil, sa proscription et son veuvage; elle va de l'église au bal comme une Italienne, elle s'habille comme une comtesse de Paris, elle prie comme une sainte, elle valse comme un lutin, elle est belle sous le lustre comme au soleil. Aux beaux jours de Gênes, Van Dick l'aurait peinte, Philippe Carlone l'aurait sculptée, Perino del Vaga l'aurait étendue dans une fresque au palais Doria sous le nom d'Amphytrite, et l'architecte Tagliafico lui aurait ciselé une montagne de marbre pour son palais. Maintenant, Octavien, tu comprends mon amour.

— A peu près.

— Prenons un air indifférent; elle rentre chez elle; n'ayons pas l'air de la remarquer, à cause de son redoutable cavalier.

Quoique le pas des deux jeunes gens fût dans ce moment d'une lenteur affectée, pour donner le temps à la comtesse de rentrer, la belle dame était encore sur le seuil de sa porte lorsque Fabiano et Octavien passèrent.

Une voix harmonieuse, qui semblait sortir d'une amphore d'albâtre et verser des notes d'or sur les marbres de la Strada Balbi, fit entendre distinctement ces mots :

— A ce soir donc, à bord du *Cambrian*.

Le comte Fabiano entraina rapidement son ami, par San-Ciro, dans l'étroite et déserte rue San-Lucca, et lui dit en se frappant le front :

— Le diable m'emporte! j'avais oublié le bal du *Cambrian!* Ceci était évidemment à mon adresse. C'est un rendez-vous donné avec un à-propos merveilleux. Il n'y a qu'une femme qui trouve ces choses-là. Oui, le capitaine Hamilton donne ce soir un bal sur *le Cambrian.* Nous y serons. Octavien, tu viens de la voir dans toute la simplicité d'un négligé d'église, mon adorable comtesse! Elle a prouvé à toutes nos Génoises que la beauté s'accommode fort bien de quelques aunes de mousseline, d'un réseau de paille de riz et d'un petit collier de jais, laissant tomber la plus modeste des croix sur la neige du sein. Eh bien! tu la verras ce soir dans sa radieuse transfiguration au bal du *Cambrian.* Tu as vu la femme, tu verras la divinité.

La porte s'ouvrit et se referma; la comtesse disparut, et les regards de ceux qui passaient s'attachèrent tristement sur la place où elle n'avait laissé que son cavalier.

Celui-ci paraissait contrarié de l'attention publique fixée sur lui; il hésita quelque temps, puis il traversa la rue et entra dans l'église Saint-Charles, pour donner le temps aux curieux de s'éloigner. Cet homme jouissait à Gènes d'une excellente réputation; il était aimé à cause de sa justice et de sa piété; on citait ses services rendus aux familles; la veuve et l'orphelin n'avaient pas un plus ardent défenseur que lui : veuf depuis dix ans, il aurait pu prétendre, malgré son âge mûr, à quelque riche établissement, et de brillantes offres lui avaient été ménagées par de nobles entremetteuses de mariages; mais on disait que tous ses goûts s'étaient tournés du côté de la religion et que le monde n'avait plus d'attrait pour lui; il partageait sa journée entre les cérémonies de l'Église et les importants devoirs de sa charge. A ce portrait, il ne manque plus que le nom du marquis Antonio Viani.

Au tomber du jour, les canots à la voile et à la rame

s'envolaient déjà du quai Saint-Christophe vers la rade, où *le Cambrian* était à l'ancre, immobile sur une mer calme, et ressemblant à une île noire ombragée de mâts. La ville de Gênes avait donné une fête au commandant Hamilton, le destructeur des pirates de l'Archipel, et, ce jour-là, le commandant donnait un bal pour remercier la ville.

On avait épuisé les parterres de la villa Negroni et de la villa Pallavicini, pour décorer *le Cambrian.* Les canons portaient à leur bouche une immense cocarde de fleurs; les guirlandes de dahlias et de roses couraient en ellipse autour des bastingages et s'élançaient en spirales à la pointe des mâts. Les tissus de Perse tendus de la pointe des vergues à la proue et à la poupe, donnaient au pont du vaisseau la physionomie d'un bazar d'Ispahan; des échelles de fleurs, aux larges degrés de velours, pendaient sur les flancs du navire, et l'orchestre du *Carlo-Felice,* aligné sur l'estrade de la dunette, envoyait déjà ses stridentes provocations à la danse par-dessus la ville, jusqu'au dôme de Carignan, par-dessus la mer, jusqu'aux portiques du palais Doria.

On arrivait au joyeux appel du *Cambrian* du côté du port et du côté de la montagne. Les cloches de toutes les collines de Gênes sonnaient en chœur l'*Angelus* du soir; le soleil s'éteignait au fond du golfe de Ligurie; et le bal commençait avec cette furie italienne qui ne redoute que le repos, et veut dévorer toutes les minutes de la plus courte des nuits. Il y avait déjà dans l'air cette suavité inexprimable qui réjouit les sens, et accompagne toujours les fleurs, les femmes, la musique et la mer; les mille fanaux du *Cambrian* rallumaient le jour; le pont du navire semblait illuminé par un admirable clair de soleil; on aurait dit que l'astre, en se couchant, avait laissé, par galanterie, son dernier rayon aux dames de Gênes.

Autour du *Cambrian*, la mer paraissait plus sombre que dans les autres nuits. On ne distinguait que l'ombre colossale du phare qui élevait son fanal rouge à cent mètres au-dessus du môle, et ressemblait à un cyclope accouru de la *Montagne du Géant*, pour regarder le bal.

Un canot pavoisé aux armes de Gênes accosta le navire, et le commandant traversa rapidement le pont pour recevoir les nouveaux venus.

Le marquis Antonio Viani monta l'échelle le premier, et se retourna pour donner la main à une jeune dame, qui, sans accepter la main offerte, s'élança du sommet de l'échelle sur le pont, avec une légèreté de gazelle, ce qui fit sourire le marquis Viani et le commandant.

Au même instant, un jeune homme qui s'était tenu à l'écart, assis sur un canon déguisé en divan, se leva et compta quelques pas avec lenteur vers les nouveaux venus : c'était le comte Anatole de Mersanes.

Le mouvement qu'il fit, quoique accompagné d'une certaine réserve, fut remarqué par quelques personnes; d'ailleurs ce voyageur était un de ces jeunes hommes qui attirent forcément les regards dans les grandes réunions, et que l'attention évaporée de la foule sait distinguer. M. de Mersanes, pourtant, ne devait pas ce privilége à de brillants avantages physiques, tout était simple en lui, maintien et costume. Sous l'incarnat passager que le soleil et la mer donnent aux voyageurs, son visage avait cette pâleur nerveuse et virile qui annonce la santé du corps et la maladie de l'âme, et met dans un relief merveilleux l'ébène de la chevelure et la flamme des yeux noirs. La distinction fière de ses traits et de son regard, paraissait appartenir beaucoup plus à l'intelligence de l'artiste qu'à la noblesse de la naissance ; il y avait dans tous les mouvements de sa tête et de son torse, cette souplesse gracieuse, et cette aisance d'ondulation qui se retrouvent chez tous les hommes sûrs d'eux-mêmes, forts par le bras et par la pensée ; chez tous les hommes énergiquement organisés qui ont sondé de bonne heure le mystère de la vie, et qui ne redoutent rien parce qu'ils attendent tout.

La jeune dame polonaise excita dans le bal un long murmure d'enthousiasme ; les femmes furent ravies de sa toilette, les hommes admirèrent sa grâce et sa beauté. Elle portait une robe de crêpe velouté couleur lilas de Perse, à taille allongée en pointe sur le devant, avec une ceinture à cordelières de perles, ses manches courtes, ornées sur chaque épaule d'un nœud de satin léger comme des ailes de papillon, laissaient à découvert l'ivoire des bras, coulé dans le moule de la Vénus d'Arles ; son collier de diamants, de perles et de rubis s'éclipsait devant l'éblouissant éclat de ses yeux, de ses lèvres et de son sein ; sa chevelure opulente, tournée en couronne, se divisait sur les tempes en deux nattes et laissait tomber avec elles une double grappe d'acacia rose, légère comme des plumes de colibri. Une grâce suprême se révélait dans tous les détails de cette parure, et sous chaque pli de l'étoffe, sous chaque joyau, sous chaque fleur, l'aisance et la vie se faisaient sentir et ravissaient tous les yeux. Aussi lorsque la comtesse parut, toutes les sensations délicieuses qui venaient du ciel italien, de la musique, du parfum de la mer et des fleurs, toutes les exquises émotions de cette nuit de fête semblèrent arriver avec cette femme et lui appartenir : elle fut reine sans rivale au milieu d'un peuple d'adorateurs.

Le comte Fabiano et son ami Octavien d'Oropeza suivaient de près la jeune et belle dame étrangère, en affectant de montrer qu'ils étaient de sa suite ; puis ils s'assirent sur deux coussins de velours, liés à l'affût d'un canon, pour ne pas irriter le marquis Viani dont la mauvaise humeur avait toujours un terrible lendemain contre ceux qui la provoquaient.

— Octavien, dit Fabiano, personne ne peut nous entendre ici ; ces canons de vingt-quatre sont sourds et muets, et le bruit du bal et de l'orchestre domine nos paroles. Écoute, Octavien, j'ai fait une découverte ; ce vieux inquisiteur est amoureux de la belle comtesse.

— Je le crains, dit Octavien, mais je ne le crois pas.

— Et moi je le crois et je ne le crains pas. Ce vieux marquis est dévot comme un pilier de San-Lorenzo ; il baisse la tête devant une femme, selon le précepte que saint Paul donnait aux Corinthiens ; il se parfume d'encens et de cire jaune, il a été canonisé de son vivant à Gênes, sans que l'avocat du diable ait pris la peine de parler contre lui ; et voilà que tout à coup mon coquin s'éprend d'une violente passion pour les pompes du monde : il court les théâtres et les bals, il se fait le chevalier servant d'une jeune femme qui damnerait un séraphin en cheveux gris, il soigne sa toilette, il met un masque égrillard sur sa face de sacristain, il marche le jarret tendu sur la pointe des pieds ; enfin, tantôt, lui, qui n'a ordinairement que du latin du roi David à la bouche, il a roucoulé à l'oreille de la divine comtesse ces vers de Pétrarque :

Benedetto sia il giorno, il mese, e l'anno! etc.

Ainsi, tu le vois, Octavien ; si ce vieux inquisiteur n'est pas amoureux de cette femme, je veux que tu m'emportes à l'enfer, comme un diable que tu es. Qu'en dis-tu ?

— Maintenant je le crois et je le crains. C'est le plus dangereux de tous les rivaux.

— Pas plus dangereux qu'un autre, Octavien.

— Lui ! un homme qui peut nous chasser de Gênes d'un seul trait de plume et d'un signe de doigt.

— Bah ! s'il est Génois, je suis Sicilien; s'il est chat, je suis tigre. Nous jouerons au plus fin; avec mes griffes je ne crains pas ses pattes. Vois quel air charmant d'étourderie et d'insouciance je prends auprès d'Hortensia lorsqu'elle me parle! as-tu remarqué avec quelle adresse, devant ce Viani, je supprime sur mon visage la rêverie de l'amoureux, pour le sourire de l'indifférent! Je défie cet inquisiteur, avec son œil de lynx, de prendre un seul de mes muscles en défaut. J'ai étudié mon corps depuis la pointe des pieds jusqu'à la cime des cheveux; quand je regarde le ciel, je puis mesurer le pli qui se fait à ma cheville; quand je regarde la terre, je sais combien de rides je donne à mon front. Fabiano dépisterait cent inquisiteurs comme Viani!.. Cet homme-là est taciturne, mais les hommes qui ne parlent pas ont tous quelque marotte de prédilection sur laquelle ils parlent beaucoup. Je découvrirai la marotte du marquis Viani : je l'ai classé; il appartient à une étrange espèce d'individus. C'est un homme spécial : il a tout juste l'intelligence qu'il faut pour faire son métier; ôtez-le de sa profession et de ses bureaux, c'est un sot. Je vais me mettre à la recherche de ses manies, et je les lui diviniserai. Avec ces gens-là, on ne doit jamais craindre d'exagérer l'éloge de l'adulation : le vent de l'amour-propre fait tant de bruit à leurs oreilles, que la flatterie la plus hyperbolique arrive à leur épiderme avec la légèreté modeste d'un compliment... Eh bien! qu'as-tu donc, Octavien? Tu ne m'écoutes pas... Qu'examines-tu avec cet air d'excommunié ?

— Je regarde ce jeune homme qui cause avec Viani et notre belle Polonaise. Connaissez-vous ce jeune homme, Fabiano?

— Non... c'est une figure d'étranger.

— Je le connais, moi; c'est un Français; c'est le comte Anatole de Mersanes.

— Il est pâle comme une sibylle et triste comme un cyprès.

— Je le crois bien, Fabiano; je voudrais savoir si tu conserverais ton teint et ta gaieté après l'accident qu'il a subi à Sorrente...

— Quel accident a-t-il subi?

— Il est mort l'an dernier, rien que cela.

— Quel conte de nourrice me fais-tu, Octavien?

— Ce n'est point un conte; je te jure sur l'honneur...

— Octavien, je ne te crois pas; change de serment.

— Fabiano, j'ai connu à Naples cet Anatole de Mersanes, je l'ai vu dans le monde! il m'est impossible de me méprendre. J'ai assisté, comme témoin, à la lecture de son testament: il a laissé vingt mille francs de rente, en bons herbages de Touraine, à une vieille dame nommée Virginie Debard. J'ai essayé de vouloir épouser cette femme à cause de ses vingt mille francs de rente; je lui ai fait une cour assidue de trois jours à Montbazon, dans le domaine que lui a laissé feu Anatole de Mersanes ici présent, et puis j'ai reculé à l'idée d'épouser soixante ans incarnés sous une couronne de cheveux gris.

— Poltron!

— J'ai même conduit une fois la vieille femme au cimetière de Montbazon, où elle a fait élever par reconnaissance, une pyramide en miniature, tronquée par économie, et portant cette inscription : *A la mémoire du comte Anatole de Mersanes, mort à Sorrente, le 11 juin* 1831. Qu'il repose en paix!.. Est-ce clair cela?

— Très-clair! mon ami Octavien d'Oropeza; seulement tu peux te tromper sur l'identité du personnage; cependant à force de le regarder, ce garçon-là n'a pas l'air d'un vivant. Le voilà maintenant qui se penche du côté de la mer avec la grâce funèbre du saule pleureur. Octavien, puisque tu l'as connu à Naples, va renouer connaissance avec lui; tu n'auras pas tous les jours l'occasion de causer avec un mort dans un bal.

— Je le veux bien; suis-moi.

Les deux jeunes gens marchèrent vers le groupe formé par la comtesse Hortensia, M. de Mersanes, le marquis Viani et le commandant Hamilton.

Octavien d'Oropeza se posa lestement devant le comte Anatole et, lui tendant la main :

— Je ne me trompe point, lui dit-il, c'est bien à monsieur Anatole de Mersanes que j'ai l'honneur de parler ?

Le jeune comte fixa ses yeux de flamme dans les yeux d'Octavien, et présentant sa main avec lenteur et répugnance, il fit un signe de tête affirmatif.

— Vous souvenez-vous de moi, dit Octavien; vous rappelez-vous Octavien d'Oropeza ?

Anatole baissa les yeux sur le pont, les éleva au ciel, caressa son front avec sa main, et dit :

— Ce nom m'est inconnu.

— Au reste, cela importe peu, ajouta Octavien en riant; on rencontre tant d'étrangers en Italie, qu'il faudrait un *memorandum* tout exprès pour eux dans une case du cerveau. J'avais à remplir un devoir auprès de vous, monsieur le comte; je suis chargé de rappeler à votre souvenir madame Virginie Debard de Montbazon.

Anatole de Mersanes ne fit paraître aucune émotion; il s'inclina poliment comme pour remercier, et tout fut dit.

Un prélude de contredanse partit de l'orchestre. Le comte Anatole présenta la main à la belle étrangère, et la conduisit au quadrille.

Fabiano et Octavien restèrent à l'écart.

— Oh ! c'est bien mon mort ! dit Octavien; je croyais ne le revoir qu'à la vallée de Josaphat.

— Il ne me manquait plus, dit Fabiano, que d'avoir un rival dans l'autre monde.

— La belle comtesse a traversé quelque cimetière, elle a ressuscité un mort, en marchant.

— Oh! elle est bien capable de ce tour!.. Quel rival tu me découvres là, mon cher Octavien!

— Bah! nous l'écraserons comme un autre.

— Fanfaron! enseigne-moi le secret de tuer les morts.

II.

UN BAL A BORD DU CAMBRIAN.

Le commandant Hamilton, accoudé sur le cabestan, causait avec le marquis Viani, à une assez grande distance du quadrille où la comtesse dansait avec M. de Mersanes.

Fabiano étudia le terrain avec la distraction apparente de la bête fauve, qui ne regarde jamais le point qu'elle menace. Derrière M. de Mersanes et sa danseuse, la toile de Perse, tendue sur les quadrilles, descendait verticalement comme une tapisserie sur un mur, et s'agrafait par le bout aux porte-haubans.

Fabiano descendit dans l'entre-pont, de l'air ennuyé d'un homme qui cherche un siége de repos loin de la foule; et sortant par un sabord, il grimpa sur les bastingages avec l'agilité d'un chat qui s'élance d'une croisée de mansarde sur les gouttieres. Bientôt il ne fut plus séparé du quadrille de la comtesse que par une mince cloison d'étoffe. Dans cette position, il entendit facilement un de ces entretiens entrecoupés de silence et à phrases interrompues, brisées et reprises comme on en fait au bal.

— Oui, madame, disait Anatole, depuis que je vous ai vue de loin, à Villa-Pamphili, sous les grands pins de la prairie, et devant la grille de la chapelle du Chœur, à Saint-Pierre, le mercredi saint, j'espérais avoir le bonheur de ne plus vous revoir.

— C'est charmant, ce que vous dites là, monsieur! répondait la comtesse avec un éclat de rire; vous me ferez adorer la galanterie française.

— Que vous êtes heureuse, madame, d'avoir ce trésor de gaieté inépuisable et un sourire toujours prêt à éclater!

— Ah! monsieur, les visages sombres m'ont dégoûté de la tristesse. On est bien laide quand on est triste; il faut être belle au bal sous peine de ne pas danser... Attention à votre vis-à-vis, monsieur le comte.

Et l'entretien fut un instant interrompu.

Après la figure :

— Pardonnez-moi, madame, dit le comte de Mersanes, l'indiscrétion de ma demande; comptez-vous faire un long séjour à Gênes?

— Probablement. J'aime beaucoup cette ville. Ma mère était Génoise, et elle adorait son pays. Il faut toujours aimer ce que notre mère a aimé.

— Vous n'avez pas fait un long séjour à Rome?

— Oh! ne me parlez pas de Rome! C'est un cimetière et un nid de lézards, c'est une ville qu'on ne peut pas habiter, à moins d'être pape. Quelle horreur de pays! Tout y est vieux, tout y est noir. Les monuments vous donnent leurs rides. Au bout de huit jours on devient Colysée ou Panthéon. Il y a sur les murailles des teintes qui se reflètent sur vos fronts, et qui ne s'effacent plus. Pas l'ombre d'un bal. Les statues seules y dansent sur des bas-reliefs. Il faut être Bacchante ou Ménade, et avoir un thyrse à la main, et sortir d'une carrière de marbre pour figurer dans un bal au Vatican! Ne me parlez pas de cette ville, au nom des dieux!

— Madame, vous donneriez de la gaieté aux ruines, et la vie à une tombe. Vous avez donné un sourire à mon front; j'aurais voulu le retenir, ce sourire, parce qu'il venait de vous.

— Mais quel plaisir, monsieur, trouvez-vous à cette vie de désolation que vous menez à travers l'Italie? Je vous ai vu à Villa-Pamphili; vous comptiez les feuilles de nénuphar dans les bassins. Je vous ai vu à Saint-Pierre; vous étiez blotti dans la cannelure d'un pilastre, comme Jérémie écoutant ses lamentations le vendredi saint. Je vous revois dans un bal, et vous gémissez encore, quand l'orchestre vous joue en contredanse le sextuor de la *Cenerentola!*

— Ah! madame! si vous saviez!..

— Eh bien! instruisez-moi, je saurai.

— Aujourd'hui!.. à cette heure, madame! à peine aurais-je le temps de vous dire trois mots...

— Eh! monsieur! trois mots souvent disent beaucoup; il n'y a qu'à bien les choisir.

— Si je ne craignais pas de vous offenser, le choix serait fait. Toute chose qui vient du cœur, adressée à Dieu ou à la femme, se résume en trois mots.

— Je n'ai pas le temps de deviner des énigmes, monsieur; le bal tue la réflexion.

— Puis-je espérer, madame, de vous revoir?

— A une condition, monsieur.

— Laquelle?

— A condition que vous déposerez à la porte de mon salon votre tristesse de Villa-Pamphili, du mercredi saint, et du bal du *Cambrian;* à condition que vous aurez le caractère des jeunes gens de votre pays. Acceptez-vous?

— Je prendrai un masque pour vous plaire, madame.

— Je déteste les masques, je n'aime que les visages.

— Eh bien! madame, je mettrai un visage sur mon masque.

— Très-bien! voilà déjà quelque chose qui ressemble à une plaisanterie. Vous vous formerez. Je serai d'ailleurs charmée de vous recevoir au palais Braschi, chez ma noble tante. C'est une maison de joie et de fête. Vous y trouverez des amis. Vous vous lierez avec le comte Fabiano Val di Nota, un jeune seigneur charmant élevé à Paris; un aimable fou qui vous donnera de la gaieté malgré vous. Il n'est jamais venu chez moi; mais je le ferai inviter par ma tante au premier bal. C'est que, monsieur le comte, je m'intéresse vivement à vous, parce que vous êtes Français, et je ne veux pas vous voir dévorer par la tristesse. Mon Dieu! quelle doit être votre mélancolie quand vous êtes seul, puisque vous êtes sombre comme Dante au milieu d'un bal!

— Je vous remercie, madame, de l'intérêt que vous me témoignez. Heureux le comte Fabiano Val di Nota! il vous inspire, lui, d'autres sentiments que cette compassion vulgaire qui est accordée avec une générosité touchante aux êtres souffrants! Heureux les fous qui savent donner par leur esprit un sourire éternel à votre divin visage! Moi, j'ai reçu du ciel un de ces caractères mal faits qui provoquent la mauvaise fortune par une tristesse sans motifs, et qui éprouvent ensuite une atroce volupté lorsque les malheurs fondent sur eux et justifient leur tristesse. Vous voyez maintenant, madame, si je puis me déguiser et entrer dans votre société avec le titre de fou en second. J'aime mieux me dévoiler à vous tel que je suis. S'il vous faut un nuage dans l'azur de votre maison, je serai heureux d'être accueilli chez vous, madame, et d'assister à vos joies et à vos fêtes comme le cercueil aux festins des Égyptiens.

— Ah ! monsieur ! dit la comtesse en donnant un léger coup d'éventail sur le bras de son danseur, ceci est trop fort ! je vous arrête ; vous vous faites trop noir. Nous sommes au bal, et non au *Campo-Santo.* Nous allons pleurer en mesure, si vous continuez. A votre âge, monsieur, n'avez-vous point de honte d'être vieux?

— Écoutez, madame...

— Nous voilà seuls, monsieur ; veuillez bien me donner la main et me reconduire à ma place.

Le commandant Hamilton, le marquis Viani et Octavien d'Oropeza paraissaient attendre la fin de la contredanse, auprès du divan de la comtesse Hortensia. Le commandant racontait sa campagne contre les pirates de l'Archipel, et ses deux auditeurs, ne prêtant qu'une attention fort distraite à ce récit, suivaient tous les mouvements du comte Anatole et de sa belle danseuse.

— Commandant Hamilton, rien n'est beau comme votre bal, dit la comtesse, en reprenant sa place à son divan : tout le monde élégant de Gênes est à votre bord, et si vous leviez l'ancre, nous pourrions continuer le bal dans la Méditerranée jusqu'à l'hiver prochain.

— Il n'est rien que je ne puisse faire pour obliger madame la comtesse, dit le commandant.

— C'est que madame aime le bal avec fureur, dit le marquis Viani.

— Avec fureur, dit la comtesse ; le marquis connaît mon goût. La vie devrait être un bal perpétuel. Au bal, tout est oublié ; le bruit des pieds et de la musique donne à la tête un étourdissement délicieux ; le bal enivre comme l'intempérance d'un festin. On habite un monde nouveau, un monde meilleur par conséquent ; on s'exalte du délire des autres ; on s'enflamme des passions de ses voisins : c'est un tourbillon de feu où chacun étincelle, et qui vous emporte dans l'inconnu. Otez le bal de cette terre, et la vie ne vaut pas la peine d'être prise au sérieux.

— Je viens rappeler à madame la comtesse que la vie est un bal perpétuel jusqu'à demain, dit le comte Fabiano, j'ajouterai que j'ai l'honneur d'être son danseur au premier coup d'archet.

— Marquis Viani, dit la comtesse en se levant, je vous confie mon éventail et mon bouquet; vous m'en répondez sur votre tête, n'est-ce pas?

— Madame, dit le comte Fabiano, en conduisant sa belle danseuse au quadrille, je vous annonce une fâcheuse nouvelle : vous êtes menacée par une conspiration de tous les officiers du *Cambrian*. Ils ont résolu de danser avec vous, depuis le Midshipman jusqu'au *Post-Captain*.

— Eh bien! comte Val di Nota, je danserai avec eux.

— Vingt-sept contredanses, madame!

— Tant mieux!

— Avec des danseurs anglais?

— J'ai dansé avec les Allemands, c'est plus fort.

— Madame, c'est le courage polonais appliqué au bal. Je vous admire. Vous n'échapperez pas non plus à l'engagement du marquis Viani.

— Oh! le marquis Viani a donné sa démission de danseur.

— Quel homme ennuyeux! C'est effrayant de penser que ce marquis est obligé de passer toute sa vie avec lui-même! Comme il lui sera facile de mourir!

— Il a un cœur excellent, comte Fabiano.

— Je ne connais pas son cœur, madame...

— Mais vous connaissez son esprit!

— Oui, comme on connaît un absent.

— Comte Fabiano, vous avez inventé la médisance.

— Non, madame; j'ai le courage d'exprimer la pensée des poltrons.

— Comte Fabiano, nous sommes sur le sol anglais; n'abusons pas de notre position...

— Pour vous plaire, madame, j'adorerai le marquis Viani... Comment trouvez-vous le bal, madame?

— Superbe!

— Il n'y manque, je crois, que des jolies femmes, des danseurs et des toilettes.

— Oh! vous êtes injuste, comte Fabiano!

— Toutes mes antipathies génoises sont ici. Voilà un trio de femmes, devant le cabestan, qui défigurerait à lui seul un bal de madones et de séraphins. La contessina de M*** qui s'est fait corriger son corps par sa robe, et qui se serre les lèvres pour nous prouver qu'elle a des dents. Elle a pourtant fait une bonne chose dans sa vie...

— Ah! voyons.

— Elle a toujours oublié d'aimer son mari... Je vous signale à sa droite madame Antonina de C***, qui a obligé un rosier à couronner sa tête, et qui ment à ses amoureux dans chaque pli de ses étoffes.

— On dit qu'elle a posé pour les bras devant le sculpteur Bartolini à Florence...

— Oui, madame, c'est un bruit qu'elle fait courir... Vous connaissez sa voisine, la marquise D***; c'est une femme qui naquit pour être homme, elle a nommé son mari ambassadeur à Saint-Pétersbourg, et elle vit dans la plus profonde retraite à la cour de Turin l'hiver, et aux bals des vaisseaux l'été. A ceux qui s'étonnent de ce qu'elle n'a pas suivi son mari en Russie, elle répond que le climat du Nord l'épouvante, et qu'elle s'enrhume en prononçant le nom de Saint-Pétersbourg.

— Comte Fabiano, vous allez passer en revue toutes les dames du bal?

— Eh! mon Dieu! le bal, je crois, n'a été inventé que pour faire de la médisance en musique. C'est bien froid de médire sans accompagnement. C'est un *libretto* sans orchestre.

— Je voudrais bien savoir, comte Fabiano, ce que vous dites de moi avec accompagnement d'altos et de bassons!

— Je dis, madame, que celui qui ne vous adore pas est un athée en amour; que le salon d'or et de lapis-lazuli du palais Serra n'est pas digne d'honorer la poussière de vos pieds; que le palais Durazzo devient chaumière quand vous l'humiliez d'un seul rayon de vos yeux; que toutes les mélodies de Rossini ne valent pas un son de votre voix, que tout l'éclat du soleil italien n'est que la sombre nuit de votre beauté. Je dis que l'homme qui touchera votre âme mérite les peines de l'enfer par compensation, et que j'attends de votre bouche la faveur d'être damné.

— Ah! vous dites cela?

Ces quatre mots furent dits par la comtesse avec une grâce railleuse qui glaça Fabiano.

Le jeune comte sicilien se mêla quelques instants aux mouvements du quadrille; et reprenant sa place auprès de sa danseuse, il dit avec lenteur, et en appuyant sur chaque mot:

— Et vous, madame, que dites-vous?

— Moi, monsieur, je dis que je ne veux damner personne...

— Pas même moi?

— Personne, monsieur.

— Vous damnerez le marquis Viani.

— Ah! voici la calomnie, comte Fabiano! Le marquis Viani me tient lieu de père; c'est un ami et un protecteur.

Son dévouement n'a pas de bornes; vous le voyez; il passe la nuit au bal pour moi.

— Je connais mon Viani par cœur; quand il a rendu des services, il tend la main pour être payé.

— Comte Fabiano, vous ne pouvez plus médire, l'orchestre ne vous accompagne plus.

— Permettez, madame, que je vous reconduise à votre fauteuil de vingt-quatre, batterie n° 1.

— Vous êtes bien léger, comte Fabiano! je vous envoie droit en paradis.

— J'espère, madame, que vous m'arrêterez en chemin.

Le comte Fabiano prit le bras de son ami Octavien d'Oropeza, et l'entraîna vers la proue du vaisseau.

— Mon ami, lui dit-il, nous sommes à un bal masqué de démons; cette femme sort de l'enfer; c'est une énigme de chair et de satin; elle m'épouvante! Je tremble à son ombre comme un écolier. Si ce n'est pas un démon qui a changé sa chair boucanée à la flamme contre l'épiderme savoureux d'une comtesse de vingt-quatre ans, c'est une statue de marbre, froide et glacée comme un bloc de Carare; c'est une déesse de Philippe Carlone, échappée de la galerie Doria; elle a volé la chevelure noire de quelque Génoise du Lerbino, et une robe de la modiste de San-Luca; elle s'est animée au soleil de ce pays, et elle vient nous ravager à l'église et au bal! Quelle atroce dérision! il n'y a pas une fibre humaine dans cette femme! pas une étincelle au fond de ce cœur! En deux mois, j'ai tout tenté auprès d'elle; je suis aussi avancé que le premier jour!

— Deux mois, comte Fabiano!

— Ne m'en parle pas: la rougeur de la honte couvre mon front! J'ai joué tous les rôles; je la croyais dévote, je me suis fait dévot; je la croyais mondaine, je me suis fait mondain; je la croyais jalouse, j'ai déchiré toutes les femmes! Tantôt, derrière la tapisserie, elle a parlé de moi avec éloge à ce fantôme de M. de Mersanes; cela m'a enhardi; j'ai risqué une déclaration... Elle m'a tué sur place avec trois mots, trois mots qui m'ont blessé au cœur comme un poignard triangulaire!

Et le Sicilien, en parlant ainsi, déchirait sa poitrine avec une rage concentrée. Son ami n'osait lui répondre. Fabiano continua.

— D'où diable vient cette femme? Les maris meurent quelquefois tout exprès pour laisser des veuves qui les vengent! Encore qui peut affirmer que c'est une veuve! A la fin de toute guerre l'univers se trouve peuplé de veuves de généraux! Je suis fou! je sens que j'aime cette femme d'un amour intraitable! La lave de mon compatriote l'Etna s'est rallumée dans mon cœur sicilien!... Regarde mes mains, mon ami; elles gardent l'empreinte des mains de cette femme! et cela me glace et me brûle tout à la fois! Il n'est pas un pli de mes habits qui ne garde un souvenir d'un pli de sa robe de bal! et cela me fait frissonner comme si j'allais mourir; et cela m'exalte comme si je ressuscitais d'entre les morts!

Il se tut un instant, et ses yeux plongèrent dans les quadrilles du bal.

— Et maintenant! maintenant! s'écria le comte, je ne pourrai plus la ressaisir un seul instant, cette femme! Elle appartient à tout ce monde, excepté à moi!... La voilà relancée dans le bal! elle a des sourires pour tous ses danseurs!... Octavien, observe-la: elle ne daignera pas jeter un regard à droite ou à gauche pour découvrir où je suis! Je n'ai pu lui donner un instant de distraction !... Elle danse! elle danse! heureuse! fière! triomphante! adorée!... Il y a autour d'elle des passions inexorables qui grondent... Elle danse! elle danse! la joie est dans ses yeux et sur ses lèvres! Tout ce qu'elle avait de terrestre a disparu; elle est au ciel!.. Démon!

— Calme-toi, Fabiano, disait Octavien; tu as besoin de tout ton sang-froid. Mes yeux ne sont pas voilés comme les tiens; j'y vois clair dans cette nuit; calme-toi, Fabiano.

— Je suis calme, Octavien; calme comme cette mer hypocrite avant la tempête! je vois tout ce que tu vois... je vois une fête enivrante; une fièvre de plaisir qui embrase le navire même et le fait palpiter sur l'abîme; un orchestre qui verse des notes fulminantes sous les pieds des danseuses; un nuage de cheveux et de dentelles, un tourbillon de têtes d'anges; une furie de volupté qui éclate dans tous les regards. Toutes les passions italiennes, tous les vices de cette Gênes sensuelle ont pris un corps, une âme, un nom, et se sont donné rendez-vous à ce bal. Est-ce que je ne vois pas tout, Octavien?

— Non, Fabiano, non.

— Éclaire-moi, Octavien.

— Tu ne vois pas ce spectre, immobile devant la quadrille de la comtesse...

— Le comte de Mersanes?

— Oui... il y a un échange rapide de regards entre elle et lui.

— Impossible, Octavien!

— Ouvre les yeux, Fabiano.

— Mes yeux sont ouverts; il n'y a que des ténèbres devant moi; je ne vois que la nuit... Le bal est-il éteint, Octavien?

— Fabiano, il est plus brillant que jamais... Calme-toi! tu te perds; point d'imprudence, enragé Sicilien!.... Si le commandant remarque ton agitation folle, il te fera jeter à la mer comme un forban.

— Femme folle! elle n'a jamais eu une larme pour son pays! pas un souvenir! Une veuve de Varsovie qui danse sur des tombeaux!

— Fabiano, tu te perds! il y a des espions ici, le marquis Viani les a déguisés en honnêtes gens. Tu te perds, Fabiano!

— Elle dansera jusqu'à midi ! avec toute l'escadre, si l'escadre vient l'engager !... Octavien, je ne puis pas rester ici une minute de plus... Quel beau rôle pour moi ! assister au triomphe des autres ! et moi, oublié... Oh ! je veux courir comme un fou au dénoûment de cette histoire qui me tue à sa première nuit ! Que m'importent les inutilités intermédiaires ! je voudrais retrancher de ma vie tout ce qui n'est pas elle et moi !... Octavien, tu as raison ; un éclair de bon sens m'illumine... Je pars... Oui, j'en ai assez vu de cette nuit ! Je sens qu'il y a un volcan de poudre au fond de ce vaisseau, et qu'avec une de ces torches de fête, je puis incendier ce bal, et mourir comme Sardanapale, avec cent femmes sur mon bûcher !... Je pars... toi, reste... observe tout... je t'attendrai chez moi à ma *villa Bianca*... Viens me rejoindre après le bal... Adieu !

Le comte Fabiano marcha lentement vers l'échelle du vaisseau, et avant de mettre le pied sur le premier degré, il se retourna pour observer encore une fois la comtesse Hortensia qui dansait avec Hamilton.

Un rapide regard jaillit des yeux de la jeune femme comme le rayon d'un diamant, et tomba sur Fabiano.

Celui-ci hésita un instant ; mais la comtesse reprit tout de suite son allure évaporée, comme si elle eût regretté le regard donné au jeune Sicilien par distraction.

Fabiano serra la main d'Octavien et descendit dans son canot.

La comtesse Hortensia n'avait pas encore demandé un instant de trêve à la furie du bal.

Ce fut donc avec une sorte d'étonnement qu'Octavien, qui de loin, ne la perdait pas de vue pour compte d'ami, remarqua un signe expressif qu'elle faisait à un jeune homme ; ce signe annonçait un refus formel de suivre le danseur. Une seconde et une troisième invitation ne furent pas plus heureuses. Pour la première fois, l'archet donna l'accord, et la comtesse ne bougea pas de son divan.

On allait danser la *mazourka* de Varsovie !

Tout à coup, ceux qui entouraient la jeune comtesse remarquèrent sur toute sa personne une agitation convulsive qui ne paraissait pas déterminée par l'enivrement du bal, car l'horrible et soudaine pâleur de la figure révéla une de ces douleurs intérieures qui manquent de phrases pour arriver aux lèvres. Deux larmes tombèrent des yeux de cette femme, et roulèrent sur son sein comme deux perles échappées du collier; en même temps elle frissonna de la tête aux pieds avec une violence alarmante; on aurait dit qu'un accès de froid l'avait saisie après l'ardente sueur du bal.

Sa tante, la marquise Gesualda Braschi, le marquis Viani et le comte Anatole exprimèrent à la fois autour d'elle les craintes les plus vives; mais la comtesse Hortensia, par une sorte de violence intérieure qu'elle se fit à elle-même, reprit sa gaieté habituelle et son sourire charmant, avant que cette crise eût été remarquée du monde du bal.

Octavien entendit cette conversation entre deux personnes inconnues.

— Elle vient de se brouiller avec le comte Fabiano, un seigneur sicilien.

— Celui qui a quitté le bal ?

— Après la quatrième contredanse.

— Ah ! diable, je comprends l'attaque de nerfs maintenant.

— C'est une crise de jalousie.

— On se raccommodera.

Les deux interlocuteurs s'enfoncèrent dans la foule, et lorsqu'ils rencontrèrent leurs amis, ils leur racontaient comment la belle Varsovienne avait eu une crise nerveuse à la suite d'une brouillerie d'amour. Le monde du bal accueillait cette nouvelle avec cette foi aveugle qu'on accorde aux diffamations; personne n'élevait le moindre doute, ni parmi ceux qui publiaient la chose, ni parmi ceux qui l'écoutaient.

L'orchestre s'arrêta; les musiciens se levèrent pour essuyer leurs fronts et regarder par-dessus les pupitres, pour voir si les rangs s'éclaircissaient, car ils avaient besoin de repos.

Le bal expirait aux premières lueurs de l'aurore. Déjà les canots emportaient des quadrilles entiers vers la ville, et dans les éclaircies de la mer, où se reflétait le rayon du jour naissant, on voyait courir à la rame une flottille qui semblait vouloir élargir le cercle du bal, et continuer sur le golfe la fête du *Cambrian*.

La comtesse Hortensia dit à M. de Mersanes :

— Comment donc, monsieur, le bal meurt, et on le laisse mourir ! mais c'est une honte pour les jolies femmes et les jeunes gens ! Allons, messieurs, ranimez le bal ! à notre dernière contredanse, il faut inviter le soleil. Comte Anatole, je vous engage. Commandant Hamilton, envoyez un aide-de-camp à l'orchestre, et retirez l'échelle de votre vaisseau pour couper la retraite aux fuyards.

Et les derniers quadrilles se formèrent avec les plus intrépides des danseuses et les officiers du *Cambrian*.

La dernière contredanse finie, le comte Anatole dit à sa belle danseuse :

— Madame, je vous remercie de la fête que vous nous avez donnée; je me survivais à moi-même, et il me semble que je ressuscite ! Oh ! si je pouvais, comme ce vaisseau, jeter l'ancre dans cette radieuse phase de ma vie ! si je pouvais retenir dans mes bras ces instants de douceur et de flamme qui passent pour ne plus me revenir ! Me rendrez-vous un jour, madame, ce que vous m'ôtez aujourd'hui ?

La comtesse fit un gracieux mouvement de tête et d'épaule, et dit :

— Vous oubliez nos conditions, monsieur; vous ne sortez donc pas du genre sérieux !... Croyez-vous qu'on puisse encore organiser une nouvelle et dernière contredanse ?

— Vous voyez, madame, dit Anatole, que tout le monde part.

— Alors, dit la comtesse, il faut se résigner. Comte Anatole, permettez-moi de rejoindre le marquis Viani et ma tante. Au revoir, bientôt, j'espère, monsieur... à bientôt.

Anatole s'inclina respectueusement, et la formule d'adieu ne put franchir ses lèvres. Faisant un dernier effort de courage, au moment de la séparation, il dit :

— Il faut espérer, madame, que votre légère indisposition n'aura pas de suites.

— Oh ! ce n'est rien, monsieur, dit la comtesse avec un sourire forcé; c'est la fraîcheur de l'eau qui m'a saisie, et...

— Et qui vous a arraché deux larmes...

— Que dites-vous donc, monsieur? dit la jeune femme en riant aux éclats, vous allez me persuader que je pleure au bal ?

— Deux larmes ! je les sens encore couler sur mes joues !

— Oui... Il paraît que j'ai pleuré par vos yeux... Vos plaisanteries commencent tard, mais elles me réjouissent beaucoup... Adieu, monsieur le comte. Voilà le marquis Viani qui se réveille. Il a dormi sur l'affût d'un canon, comme François Ier à Marignan.

Anatole demeura quelque temps immobile à la même place, les yeux baissés : quand il regarda autour de lui, il ne vit sur le pont que le commandant. Tout avait disparu ; il ne restait de la fête que des fleurs hachées à morceaux par l'ouragan du bal.

— C'est fort bien, comte de Mersanes, dit le commandant Hamilton, vous soutenez dignement l'honneur de votre nation; comme mon aïeul qui était votre compatriote, vous restez le dernier sur le tapis du bal.

— Capitaine Hamilton, dit le comte en s'efforçant de sourire, j'espère avoir fait ainsi mieux que personne l'éloge de votre fête.

— J'accepte de grand cœur le compliment, comte de Mersanes, mais j'en rapporterai la moitié à lord Maitland, car je me souviens qu'en 1831 vous quittâtes aussi son bal le dernier.

— Il paraît que c'est mon habitude, dit le comte en riant faux. Capitaine Hamilton, votre station dans ces parages est une bonne fortune. Sera-t-elle longue encore?

— Dans quinze ou vingt jours je tirerai le canon d'adieu.

Le commandant accompagna de Mersanes jusqu'à l'échelle, et lui serra les mains.

III.

A VILLA-BIANCA.

Le comte Fabiano attendait Octavien sur le bord de la mer, dans la petite baie qui sert de port à Villa-Bianca.

Le canot d'Octavien arriva quelques heures après le lever du soleil.

Fabiano interrogea son ami par un énergique serrement de main.

— Sois content, dit Octavien, ton affaire est en bon train.

— Je veux la vérité, toute la vérité, dit Fabiano;

j'aime mieux la vérité qui me tue, que le mensonge qui me fait vivre.

— Cette femme t'aime, Fabiano.

— Elle te l'a dit?

— A peu près... Il y a un silence qui parle, et des actions muettes qui sont des confidences.

— Au fait, Octavien, point de paroles oiseuses! Nous sommes dans une intrigue de feu qu'il faut enlever au vol!

— Eh bien! cette femme a été foudroyée de désespoir après ton départ. Aujourd'hui ce sera la nouvelle de la ville. Au bal, on ne parlait que d'elle et de toi. Elle a subi une crise terrible; puis elle a voulu faire bonne contenance. mais il n'était plus temps; tout le monde avait son secret.

— Tu ne me flattes pas, Octavien?..

— Fie-toi à ma parole. Elle a cru longtemps que tu reparaîtrais au bal; elle a fait même prolonger les danses jusqu'au lever du soleil. L'équipage du *Cambrian* dormait debout. Ta belle comtesse n'a quitté le pont qu'après le départ du dernier musicien. Tant qu'un violon est resté aux pupitres, elle n'a pas bougé. Elle regardait la terre, la mer, l'échelle, les canots; elle t'attendait.

— Quelle femme! elle a dansé tout le soir et toute la nuit?

— Pour t'attendre, Fabiano, c'est évident! Il n'y a pas d'exemple d'une pareille frénésie au bal. Elle aurait dansé tout le jour, si elle avait découvert ton canot en panne à l'horizon. Oh! si tu l'avais vue ce matin, dans son négligé de l'aurore, avec sa robe dévastée, sa chevelure ruisselante, ses jolis souliers de satin en lambeaux, ses gants flétris, ses bracelets flottants au bout des bras; si tu l'avais vue dans ce désordre adorable qui exprimait tout le délire de la nuit, tu serais tombé à ses pieds, tu serais mort d'amour, Fabiano!

— Et l'autre?.... l'autre, l'a vue, lui?.... l'autre?...

— Anatole de Mersanes?..... Il s'est posé toute la nuit, à vingt pas d'elle, dans l'attitude de la statue du désespoir.

— Octavien... Mes idées se brouillent dans mon cerveau... Écoute, tu m'as parlé un peu légèrement de cet Anatole, hier..... Tu m'as fait sur lui une histoire étrange..... voyons; puisque cet homme se jette à travers ma vie, il faut le connaître à fond.....

— Fabiano, je te répéterai cent fois la même chose: Anatole de Mersanes est mort à Sorrente, j'ai assisté à la lecture de son testament, et j'ai failli épouser son unique héritière à Montbazon. Suis-je clair?

— Comment s'est comporté le Viani?

— Pauvre vieux! il a dormi cà et là sur le pont.

Fabiano croisa les bras sur sa poitrine, et marcha silencieusement sur le bord de la mer, dans l'attitude d'un homme qui ourdit un plan et veut prendre une détermination.

Il renoua ainsi l'entretien après quelques minutes :

— Écoute-moi bien avec attention, dit-il à Octavien : comment nommes-tu cette héritière d'Anatole de Mersanes, mort ou vif?

— Virginie Debard.

— Bien. Ce jeune fantôme français est logé sans doute à l'hôtellerie de Michel, ou à la Croix-de-Malte sur le port. Tu prendras tes informations pour le découvrir.

— C'est fort aisé.

— Tu connais parfaitement la troisième chanteuse du *Carlo-Felice*...

— La signora Tadolina... qui parle le français comme une Parisienne. Je l'ai connue à Naples; elle est arrivée hier.

— Elle-même. C'est une femme qui joue tous les rôles dans la perfection, pour de l'argent. Tu lui donneras dix louis, monnaie de France, et tu l'enverras chez Anatole de Mersanes, avec un beau rôle dont tu lui feras jouer la répétition devant toi. Je te charge d'écrire ce rôle, et de le lui apprendre comme une scène de Romani. Ce rôle consiste à se présenter chez M. de Mersanes, chargée d'une mission quelconque de madame Virginie Debard. Tu inventeras, chemin faisant, le genre de mission qui conviendra le mieux aux moyens de la Tadolina; tu lui donneras scrupuleusement les détails les plus minutieux sur madame Debard, sur la Touraine, sur Montbazon, sur l'intérieur domestique de cette héritière : la Tadolina te comprendra du premier coup, et elle retiendra par cœur tout ce que tu lui diras. Il est impossible que ce stratagème ne nous éclaire pas sur la véritable position de M. de Mersanes dans ce monde ou dans l'autre. Nous agirons ensuite quand nous serons fixés.

— Donne-moi ton cabriolet et je pars; j'adore ces choses-là.

—Un instant, Octavien !..j'ai remarqué depuis trois semaines que tous les lundis, à deux heures, un valet de pied stupide sort de la Casa Braschi, où demeure la comtesse, et porte une lettre à la poste. Tu sais que l'hôtel de la poste est dans un coin désert, près du *Carlo-Felice;* la boîte est placée sous des arcades solitaires comme des galeries de Thèbes. J'ai pris, l'autre jour, la dimension de cette boîte, et j'ai fait une gaîne en lames de plomb que l'on peut introduire dans la boîte aux lettres. Ainsi tu te poseras en sentinelle vigilante sous les arcades de la Poste, avec ma gaîne toute prête, et lorsque tu verras s'avancer un valet habillé de vert, tu placeras mon filet de plomb et tu le retireras quand la lettre de la comtesse sera jetée et quand le valet aura disparu. Tu as compris ?

— C'est clair comme le jour.

— Viens à la villa, je mettrai tout ce dont tu as besoin à ta disposition, sans oublier un rouleau de pièces d'or : la Tadolina les aime. Moi, je te rejoindrai ce soir à *Carlo-Felice*, dans ma loge : on joue *Otello*, c'est de circonstance. Maintenant je vais essayer de prendre un peu de repos pour guérir ma fièvre, je suis malade, l'amour demande la santé... Encore une chose, Octavien !.. ne manque pas d'aller à la messe de onze heures, à *San-Lorenzo*, et de t'agenouiller dévotement à deux pas de la stalle du marquis Viani. Cet acte de piété te mettra en bonne odeur auprès de lui... Voilà tout... une heure avant le lever du rideau, je t'attends au théâtre.

— C'est entendu.

— Octavien, voici mes principes dans les drames que je me joue ; il faut négliger tout incident intermédiaire, et voler au dénoûment. L'incendie, la foudre, la cataracte doivent être nos modèles, trois choses qui ne se reposent qu'après avoir atteint le but.

Une demi-heure après cet entretien, Octavien courait vers le faubourg de Saint-Pierre d'Arena, et Fabiano dormait de ce sommeil agité qui brûle comme l'insomnie.

IV.

AU CARLO-FELICE.

Au coup de sept heures, Octavien entra dans le cabinet de la loge du comte Fabiano. Le théâtre était encore désert et l'orchestre vide.

— Tout est fait, dit Octavien en entrant ; tout a réussi.

— As-tu la lettre ?

— La voilà.

— Donne... Oui, c'est bien sa main !.. Octavien, je ne suis pas assez complétement perverti... je tremble en brisant le cachet de cette lettre...

— Du courage, Fabiano, ce n'est que de la cire d'Espagne...

— J'ai des remords avant le crime...

— Cela te dispense d'en avoir après.

— Démon tentateur !

— Eh ! je ne suis pas ton ami pour t'abandonner dans le péril !..

— Lisons, puisqu'il le faut... En déchirant ce cachet, il me semble que je déchire le cœur de cette femme, et que mes mains vont se teindre de son sang ! Voyons !.. c'est adressé au général D..., à Paris.

« Général,

« Rien ! toujours rien ! c'est désolant !

« J'ai fait mon pèlerinage à Notre-Dame-de-Lorette, et j'ai quitté cette sainte chapelle avec une ombre d'espoir au fond du cœur.

« Vous ne sauriez croire combien cet asile aérien donne de consolation à l'âme en peine. Il y a dans la nef un parfum divin et une sérénité suave, comme on doit les retrouver aux régions tranquilles, dans le voisinage du ciel.

« J'ai visité Rome, ville auguste et consolante. J'ai prié sur le tombeau de saint Pierre, et il me semble qu'une voix m'a dit d'espérer en Dieu.

« J'espère !

« J'espère en vous aussi, mon vieil ami. Ma vie est attachée à vos lettres. Que vos lettres et votre intelligente amitié ne se refroidissent pas ! Persévérez ! ! !

« J'irai vous voir à Paris, au *milieu* de l'été. Ma tante me retiendra ici encore un mois ou six semaines.

« Si vous avez occasion d'écrire à ma glorieuse amie, la comtesse Plater, rappelez-moi à son souvenir.

« Votre bien affectionnée, C. H. de R. »

— Eh bien! dit Octavien, que penses-tu de cette lettre?

— Ce n'était pas la peine d'être si criminel pour si peu de chose. La comtesse a voulu écrire une folie sérieuse pour se reposer après la dernière nuit. C'est une pénitence de dix lignes qu'elle s'est imposée avant son lever... lettre nulle!.. Octavien, il faut remettre cette lettre à la poste. Le courrier de lundi nous donnera quelque chose de mieux et de plus clair... Ces lignes ne signifient rien... Pourtant on peut tirer parti de tout dans l'occasion.

— Donne la lettre, je remettrai l'enveloppe dans son premier état; c'est mon métier.

— Maintenant, parlons un peu de la Tadolina.

— Ah! ceci est plus gai que la lettre... La Tadolina s'est tirée de son rôle à souhait. Je lui ai fait un *libretto* et elle l'a chanté sans musique à M. de Mersanes.

— Donne-moi vite les détails.

— La cantatrice s'est habillée avec un goût exquis; elle s'est composée un visage de circonstance, d'après la fille du commandeur de *don Giovanni;* ses yeux portaient l'empreinte des larmes qu'elle n'avait pas versées, et sa voix de *mezzo-soprano* semblait fatiguée par des sanglots réprimés depuis le matin. Elle s'est fait annoncer chez M. de Mersanes, en prétextant une affaire de la plus haute importance. Le comte l'a reçue avec une politesse froide, lui a présenté un fauteuil et l'a invitée à lui parler. Cette Tadolina est un démon d'intelligence et d'esprit!

— Monsieur le comte, a-t-elle dit, vous ne serez pas étonné de ma visite lorsque vous saurez que j'arrive de Montbazon en Touraine, et que je suis la nièce de madame Virginie Debard.

La Tadolina, ces paroles dites, a baissé pudiquement les yeux pour essuyer des larmes absentes.

— Que puis-je faire pour vous être utile, mademoiselle? a dit le comte de Mersanes; vous arrivez avec une recommandation toute-puissante chez moi; mais je ne comprends pas comment vous avez pu me joindre ici.

— Un de mes parents vous a vu à Rome à la dernière semaine sainte, a poursuivi Tadolina, et, de retour à Montbazon, il a annoncé cette nouvelle à ma tante. Jugez de la joie de cette pauvre femme! Est-il possible! s'est-elle écriée. Anatole est vivant! Oh! qu'il vienne! qu'il vienne! et je lui rends toute sa fortune!

Le comte Anatole s'est levé avec vivacité, dans la plus grande agitation, et il a croisé ses mains par-dessus sa tête; puis se rasseyant il a dit:

— Puisque vous savez tout, mademoiselle, (signe de Tadolina exprimant qu'elle sait tout), je vous dirai que ce qui a été donné est bien donné; madame Virginie Debard n'a rien à me rendre.

— Oh! ce n'est pas son intention, monsieur! Ma tante a des scrupules, et votre testament est cassé de droit, puisque vous n'êtes pas mort.

— Mademoiselle, je n'ai pas l'intention de faire casser mon testament.

— Ma tante a d'autres projets; elle vous rend votre fortune, et... je n'ose continuer, monsieur le comte...

— Achevez, je vous prie, mademoiselle.

— Vous n'avez pas oublié, monsieur le comte, votre beau portrait en pied que vous avez donné à ma tante? un portrait de Court?

— Oui, je me rappelle ce portrait...

— Eh bien! monsieur le comte... nous avons souvent parlé de vous avec ma tante, devant ce portrait que je trouve si ressemblant aujourd'hui... Bien souvent aussi j'ai passé des heures entières en contemplation devant cette image adorée; puis, j'allais au cimetière pleurer sur le monument funèbre que ma tante vous a élevé... Hélas! qu'ai-je fait, malheureuse!.. Mes larmes et mon désespoir vous expriment le reste... Et ma tante m'a dit : Tu es jeune, tu es belle, tu as un cœur aimant; va faire un petit voyage en Italie. Tu rencontreras Anatole, tu mettras sa fortune à ses pieds; je le connais, en échange il te donnera son cœur.

A ces mots la Tadolina s'est précipitée aux genoux d'Anatole et elle les a arrosés de larmes de comédie. La physionomie du jeune homme annonçait le plus étrange embarras.

— Mademoiselle, a-t-il dit en relevant la comédienne, je ne suis pas préparé à cette scène... Calmez-vous... reprenez cette réserve qui est l'honneur de votre sexe... J'aurai le plaisir de vous écrire... donnez-moi votre adresse..

— Au nom du ciel! s'est écriée la Tadolina avec un accent de cinquième acte, j'attends une réponse verbale à vos pieds : ne me la refusez pas!

Alors Anatole exaspéré, s'est arraché violemment des mains de l'actrice, et s'est réfugié dans une pièce voisine dont il a fermé la porte à double tour.

Tadolina ayant rempli son but et le nôtre, a cru devoir s'arrêter là; elle s'est bornée à pousser quelques cris déchirants notés sur le *ma s'il padre m'abandona*, d'*Otello*.

Le Sicilien écouta ce récit circonstancié, et se penchant à l'oreille d'Octavien d'Oropeza :

— Je suis très-content de la Tadolina, dit Fabiano; cet Anatole de Mersanes a sur la conscience quelque grief mystérieux, et l'audace intelligente de cette actrice met cet homme à notre disposition. Joue-t-elle, ce soir, dans *Otello*, la Tadolina?

— Non, c'est le début de la Franceschini dans *Desdemona.* La Tadolina n'a pas encore débuté.

—Elle ne débutera pas. Je l'engage, moi; je lui donne le triple de ce que lui promet l'*impressario*, et je paie son dédit. Demain tu négocieras cette affaire. Nous allons jouer un opéra *semiseria*, sans public. Que la Tadolina reste enfermée dans sa maison, en attendant celle que je lui choisirai dans un faubourg !

Cependant la foule arrivait et peuplait les loges du *Carlo-Felice*. Les musiciens préludaient dans l'orchestre à l'ouverture d'*Otello*.

— La voilà, dit Fabiano ; elle entre dans la loge en face avec sa tante et l'éternel Viani... A propos, as-tu fait tes dévotions ce matin à San-Lorenzo ?

— Je n'ai rien oublié... ; j'ai passé une heure dans cette cathédrale, et j'ai compté tous ses carreaux de marbre noir et blanc.

— As-tu fixé l'attention du marquis Viani ?

— Il n'est pas venu.

— Ah ! voici du nouveau. Viani déserte l'église ! décidément il est plongé dans les pompes du démon jusqu'aux cheveux, s'il en a... Octavien, as-tu remarqué le salut gracieux que je viens d'envoyer à la belle comtesse ?.. Cherchons cet Anatole de loge en loge, et prenons un air indifférent et distrait.

L'opéra commença, et tous les regards des femmes et des hommes qui s'attachaient déjà sur la comtesse étrangère se portèrent sur le théâtre. A la fin du premier acte, les visites de loge en loge commencèrent, selon l'usage italien.

Le comte Fabiano passa dans son cabinet, étudia sa toilette et sa physionomie au miroir, et se dirigea vers la loge de la comtesse.

Après les questions et les réponses ordinaires, sur le bal de la nuit, le comte sicilien prit un air touchant de bonhomie, et demanda au marquis Viani son opinion sur la musique de Rossini.

— A vous parler franchement, dit le marquis, cette musique me fatigue beaucoup.

— C'est l'effet général qu'elle produit, dit Fabiano ;

je n'ai jamais pu entendre un opéra de Rossini, jusqu'à la fin... Marquis Viani, connaissez-vous *Otello?*

—Je connais l'*Otello* anglais; c'est un chef-d'œuvre; je l'ai vu jouer à Londres, dans ma jeunesse, lorsque j'étais attaché à la chancellerie. Je me rappelle encore l'émotion que j'éprouvais, lorsque l'acteur s'écriait :

« Lève-toi, noire vengeance! sors de ton antre fatal!.. »

C'est de Shakespeare, comme vous savez... Rossini a imité l'auteur anglais.

— Imité, comme vous dites.

— Le costume d'Othello, ici, n'est pas exact, poursuivit le marquis...

— Oui, le costume manque d'exactitude... ce n'est pas un More. Votre observation est juste, marquis Viani.

— Ensuite Rossini n'a pas trouvé la seule musique convenable à l'entrée d'Othello.

— Oui, il a manqué l'entrée. J'en faisais l'observation à mon ami.

— Il fallait à l'entrée d'*Otello* une musique douce, une musique vénitienne, si je puis m'exprimer ainsi... vous comprenez.

— Parfaitement, marquis Viani, une musique de gondole...

— C'est cela, monsieur... une musique passionnée...

— Passionnée...

— Plutôt dans le fond que dans la forme... point de fracas... quelque chose de menaçant et de voilé...

— Et de contenu...

— Oui... malheureusement, Rossini s'est laissé entraîner par le goût du siècle.

— Hélas! le siècle a un triste goût, marquis Viani!

— Je me souviens d'avoir entendu, dans ma jeunesse, un opéra de *Didon* par le maëstro Caravagli...

il est mort à vingt-sept ans ce pauvre diable!.. c'était une musique facile, légère... une musique du cœur... il y avait un air... *Vien Anna diletta!..* accompagné seulement par un violon et la petite flûte... un air qui vous arrachait les larmes... Si ce pauvre Caravagli eût vécu!..

— Rossini n'aurait pas brillé...

— Oh! certainement, il n'aurait pas brillé!.. Rossini, comme le disait l'autre jour un homme de beaucoup d'esprit, ne sera jamais qu'un élégant discoureur en musique.

— Ah! bien jugé! marquis Viani... Madame la comtesse est sans doute de notre avis; elle a si bon goût en toute chose!

La comtesse jeta sur Fabiano un regard oblique et étincelant d'esprit, un regard qui signifiait, vous êtes un rusé courtisan! Et elle dit :

— Je ne connais pas suffisamment la musique de M. Rossini pour la juger; mais je crois, comte Fabiano, que je la jugerai comme vous, quand je la connaîtrai.

L'entrée d'Anatole de Mersanes suspendit cette conversation.

Fabiano qui était assis à côté de la comtesse Hortensia, se leva pour céder sa place au nouveau venu, selon l'usage italien établi au théâtre.

Lorsque le rideau monta, la comtesse invita ses jeunes visiteurs à rester. Elle n'eut pas besoin d'insister pour être obéie.

Viani, pour ne pas être remarqué du public, s'était enfoncé dans un angle obscur de la loge, en prenant une de ces poses équivoques qui annoncent la méditation profonde ou le sommeil dissimulé.

On avait intercalé dans *Otello* le duo d'*Armida* de Rossini, *Amor possente nome!* que le public attendait avec impatience.

Rossini a écrit ce merveilleux duo à Naples; il avait au cœur un trésor de jeunesse et d'amour, et il l'épancha en notes ardentes et langoureuses sur une feuille de sa partition. Tout ce qu'il y a de volupté mystérieuse et de passion sensuelle dans cette molle atmosphère qui fit éclore Capoue et Sybaris; toutes les secrètes extases qui descendent avec la nuit sur le golfe et sous les treilles; tout ce que la voix de la femme a de mélodieux et d'embaumé; tout le charme qui vient de l'amour sous les orangers avec le soleil, sur la colline avec les étoiles; tout est dans ce duo d'*Armide;* l'orchestre et le chant y donnent des aspirations inouïes, et le cœur intelligent qui les écoute a des allégresses intimes qui font tressaillir de bonheur.

Le duo commença.

Le comte Anatole se pencha sur le bord de la loge, comme pour recueillir une à une ces émanations de la musique et des voix. Un murmure de joie intérieure, doux et léger comme le soupir du golfe dans les aiguilles des pins, courut dans l'ellipse du théâtre, et accompagna l'orchestre et le chant.

Anatole ouvrit ses yeux éteints de langueur, au moment de la reprise de ces trois mots : *Amor possente nome!* et il rencontra un regard qui étincela dans la loge sombre comme la première étoile levée à l'horizon. Ce regard eut la rapidité de la pensée qu'il emportait avec lui; mais il avait été saisi au vol par le comte de Mersanes; mais il avait donné à un homme, en un instant, toutes les félicités du ciel.

A l'entr'acte, le comte Fabiano se retourna vers le marquis Viani, et dit :

— Voilà un duo que je classe dans les substances opiacées. J'allais m'endormir impoliment. Avez-vous reconnu là un duo d'amour, marquis Viani ?

— On a chanté si bas que je n'ai rien entendu, répondit Viani.

— Que vous êtes heureux !

— Toute cette musique nouvelle, monsieur, je n'en fais pas plus de cas que de la chansonnette de nos petits enfants :

Buove, buove, dove andate,
Tutte le porte son serrate, etc.

C'est de la même force.

— Marquis Viani, j'aime mieux l'air charmant de *buove, buove...*

— Oui, c'est plus simple, plus naturel, plus franc; vous avez raison, comte Fabiano... Si je n'avais pas eu l'honneur de donner le bras à madame la comtesse, j'aurais vraiment regretté l'emploi de cette soirée. Nous avons à la même heure une séance des plus intéressantes à la société anthologique. La séance du lundi.

— Oh ! vous voyez en moi un des plus ardents admirateurs de cette société; je suis vos travaux avec un intérêt toujours croissant. Tous les mardis je m'informe des travaux de la veille.

— A vrai dire, nous ne marchons pas mal... nous commentons le Dante avec une fureur dont l'Europe savante nous saura quelque gré. Ce soir nous arrivons au fameux tercet.

Donna è gentil nel ciel, che si compiange.

La séance sera orageuse. Vous savez que l'Italie est partagée depuis trois siècles sur le sens véritable de ce passage. Quant à moi, mon opinion est arrêtée : je crois fermement que le Dante a voulu faire une allégorie avec ces trois femmes : Lucia, Rachele et Beatrice. Qu'en pensez-vous, comte Fabiano?

— J'ai beaucoup étudié ce passage, marquis Viani, et je disais le mois dernier, à Florence, aux anthologistes réunis chez M. Vieusseux...

— C'est notre correspondant pour les commentaires.

— Je disais que l'allégorie des trois femmes était claire comme le jour, et qu'une explication contraire serait une véritable aberration de commentateur.

— Une véritable aberration; le mot est juste. Comte Fabiano, seriez-vous bien aise de venir nous aider dans nos travaux?

— Je n'osais me proposer, marquis Viani. J'aime Dante avec fureur; c'est ma seule passion. Si vous veniez chez moi vous trouveriez mon Dante, édition 1605, sur ma table de travail.

— Comte Fabiano, savez-vous quel sens j'ai donné au fameux passage *infin che'l veltro verrà?*

— Voyons, quel sens avez-vous donné?

— Devinez, comte Fabiano... de quel levrier le Dante a-t-il voulu parler?

— Mais... d'un levrier ordinaire.

— Non, ce levrier, c'est Can de l'Escale, prince de Vérone.

— Oui, oui, cet illustre prince!.. je cherchais son nom... Quel levrier! Can de l'Escale! il n'y a pas à s'y méprendre, marquis Viani...

— *Che la farà morir con doglia!* Vous voyez que l'allusion est frappante.

— Frappante! c'est *Can de l'Escale...* le levrier...

— Le levrier qui a vaincu les Guelphes!

— Qui les a écrasés! marquis Viani... *Che la farà morir!* Dante ne se serait pas mieux commenté lui-même.

— Messieurs, dit la comtesse en riant, ce que vous dites là est fort beau, sans doute, mais permettez-moi d'entendre la romance *del Salice.* Vous reprendrez le Dante après.

Dante fut abandonné.

Au tomber du rideau, les visiteurs prirent congé de la comtesse.

— Avouez, marquis Viani, dit la comtesse, que vous êtes enchanté du comte Fabiano Val di Nota ?

— C'est un jeune homme plein d'esprit et d'instruction, madame répondit Viani ; celui-là n'a pas trempé dans toutes les folies du jour.

La comtesse Hortensia ne répondit rien. Elle avait, malgré sa ruse profonde, deviné le comte Val di Nota, et Viani n'aurait rien compris à ce qu'elle aurait pu lui dire.

Fabiano venait de rejoindre son ami dans sa loge, et il lui disait :

— Octavien, j'ai passé une soirée d'enfer. Je me suis contraint ; admire mon héroïque fermeté : il m'a fallu parler de Dante avec son enfer au cœur ! Cet Anatole de Mersanes a fasciné la comtesse ! il y a eu entre eux des entretiens muets, des intelligences de regards que j'écoutais avec mes yeux !... Octavien, il faut détruire cet homme à tout prix.

— Nous le détruirons, dit froidement Octavien.

V.

LA SOCIÉTÉ ANTHOLOGIQUE.

La comtesse Hortensia vécut toute cette semaine dans le plus grand isolement. Elle ne se montra pas une seule fois dans le monde.

Le comte Fabiano s'était présenté à la Casa Braschi : on lui avait répondu que madame était un peu souffrante, et qu'elle ne recevait pas. Pourtant Fabiano avait de fortes raisons de croire qu'Anatole de Mersanes et le marquis Viani continuaient leurs visites, et qu'ils étaient reçus. Il rôdait le soir, à la nuit tombée, devant la Casa Braschi, pour interroger les croisées des salons de la comtesse, et il voyait des silhouettes d'hommes s'agiter dans toute la longueur des rideaux, et les lumières trembler sur les vitres, ce qui annonçait des scènes intérieures orageuses, dont les acteurs marchaient avec précipitation.

Dévoré d'une impatience fébrile, le comte Fabiano attendait la sortie de ces êtres mystérieux qui troublaient la sérénité de ces salons, autrefois si calmes; mais la porte ne s'ouvrait pas. L'horloge de Saint-Charles épuisait les heures, et la bruyante prolongation des coups de minuit, douze fois vibrant sur les vitres, ne rappelait même pas à ces visiteurs obstinés qu'il était temps de prendre congé de la comtesse. Puis, à la dégradation des teintes intérieures, il était facile de s'apercevoir que les lampes et les bougies s'éteignaient l'une après l'autre avec lenteur, dans quelque nonchalante causerie de domestiques, devenus maîtres du salon. L'obscurité complète arrivait ensuite, et le silence de la maison n'était troublé que par un dernier et lointain grincement de porte, et par le bruit de la fontaine dans la conque de marbre sous les orangers de la *nymphée* du jardin.

Mille visions allumées dans le cerveau par le démon de la jalousie entretenaient la brûlante veille de Fabiano. Quand il rentrait dans son palais sur la *piazza Amorosa*, l'aube donnait ses lueurs pâles aux jardins aériens de Durazzo, et semblait animer les deux lions de marbre aux balustrades de son escalier.

Fabiano avait dans son organisation cette volonté de fer qui, dans les plus violentes tempêtes de la passion, sait appeler à son secours le calme et le sang-froid pour réfléchir et combiner quelque plan de réussite.

Plusieurs fois il avait étudié le caractère du valet de pied du palais Braschi; ce domestique lui sembla remplir toutes les conditions de l'homme servile qui peut faire une trahison pour de l'argent. C'était un de ces Italiens ramassés dans la rue par quelque grande dame compatissante qui avait échangé ses haillons contre une livrée, et qui, par ce bienfait, avait préparé une ingratitude. Celui-ci se nommait Antonini. Quand il sortait, avec un ordre de sa maîtresse, il montrait sur sa figure tous les ennuis de la domesticité : dans les rues tout était pour lui un spectacle et une distraction ; le pèlerin chargé de coquilles, le frère quêteur avec sa besace, une procession de moines, un *Facchino* chantant au soleil, une dispute de mendiants devant l'Hôtellerie des Pauvres, un groupe de marins jouant à la *mourra*, une revendeuse de *confetti*, un peintre barbouillant une enseigne, tout l'intéressait dans sa course, excepté la mission qu'il devait remplir.

Fabiano ayant étudié les mœurs de ce domestique, l'aborda un jour, dans la strada Novissima, et lui dit :

— Écoute. Connais-tu l'église de *Notre-Dame-du-Remède?*

— Oui, monseigneur, répondit Antonini sans se déconcerter ; c'est la première église à main droite, après le théâtre.

— Bien ! tu vas y aller ; tu demanderas le prêtre de semaine, et tu lui donneras cette pièce de cent francs pour faire brûler cinquante cierges devant l'autel.

Le domestique regarda Fabiano et la pièce d'un œil ébahi, et tendit machinalement la main avec la défiance d'un homme qui craint une mystification, et un sourire plein d'intelligence et d'esprit.

— Prends donc, dit Fabiano, et fais ce que je te dis. Je t'attends devant les colonnes du théâtre et je te récompenserai bien... Va!

Le domestique fut combattu par une vive tentation ; la grande pièce d'or lui brûlait la main ; il était si facile de dire qu'elle avait été donnée au prêtre, et si facile de la garder. Cependant la commission fut remplie fidèlement; Antonini vint rejoindre Fabiano sur la place du *Carlo-Felice* et lui dit :

— Le prêtre vous remercie, et Dieu vous le rendra; ce sont les paroles qu'on m'a chargé de vous rapporter.

— Voilà dix écus pour toi, maintenant, dit Fabiano. C'est un vœu... Tu ne comprends pas cela, toi... Demain, tu porteras la même somme à l'église de Carignan, et tu auras la même récompense. Ne parle à personne de cela... Demain, à dix heures du matin, tu seras sur le pont de Carignan.

— A dix heures, monseigneur... Mais si ma maîtresse me retient... C'est l'heure du service...

— Tu t'échapperas.

— Et si l'on me chasse...

— Je te prendrai à mon service... me connais-tu?

— Il me semble que j'ai vu sa seigneurie une fois sur l'escalier de la maison... cependant je n'en suis pas sûr...

— Tu ne m'as jamais vu... J'arrive de Milan ce matin... Que gagnes-tu chez ton maître?

— Cinquante *francesconi.*

— Je t'en donnerai cent... Voilà mes arrhes... une grande pièce d'or... prends... Comment se nomme ton maître?

— Je sers comme frotteur à la Casa Braschi, et je fais le petit service de ville de madame la comtesse Hortensia...

— Une dame mariée au comte... à quel comte?

— Une veuve.

— Riche?

— Nous sommes cinq domestiques, et quatre chevaux, sans compter le cocher.

— La comtesse reçoit?

— Madame la comtesse va souvent dans le monde, mais elle reçoit bien rarement...

— Cependant, ce matin, à déjeuner à la *Locanda*, j'ai vu un noble étranger qui avait passé les deux dernières soirées chez la comtesse Hortensia... oui, c'est bien ce nom que ce monsieur a prononcé... la comtesse Hortensia.

— Oh! votre seigneurie fait erreur. Madame la comtesse n'a reçu personne...

— Personne?

— Elle reçoit tous les soirs le marquis Viani; mais cela ne compte pas... c'est son ami.

— Son ami?... pas plus que cela?

— On dit qu'il doit l'épouser.

— Ah! on dit cela!.. le marquis Viani doit épouser la comtesse, et, en attendant le mariage, il passe ses soirées... fort tard, sans doute... jusqu'à...

— Jusqu'à onze heures.

— Et après onze heures...

— Après onze heures il rentre chez lui.

— J'ai une lettre de recommandation pour le marquis Viani... loge-t-il loin, bien loin d'ici?

— Votre seigneurie ne peut pas se tromper. *Salita San-Ciro*, deux portes après les deux statues de l'église. Les jardins de sa maison et du palais Braschi communiquent par une grille de fer, que j'ouvre et que je ferme tous les soirs...

— A onze heures?..

— A onze heures, comme j'ai l'honneur de le dire à votre seigneurie...

— Mais sais-tu pourquoi je te demande tout cela, moi?.. tu ne le devines pas! je veux savoir si tu es un garçon intelligent, si tu t'exprimes bien, si tu n'es pas embarrassé dans tes réponses; il faut que je te connaisse, si je te prends à mon service... va... je suis content de toi.

— Demain, à dix heures, sur le pont de Carignan...

— Non... non... ce sera pour un autre jour... je t'avertirai... Seulement, rappelle-toi une chose... Quand tu me verras lever la main par-dessus la tête, il y aura toujours de l'or pour toi au bout de cette main. Ton métier est de recevoir et de ne pas réfléchir.

— Je saurai faire mon métier.

Le comte Fabiano laissa tomber sur le domestique un regard de fascination du haut de ses yeux gris, et Antonini s'inclina de respect et de frayeur. Rien ne domine les âmes serviles comme la fierté du commandement soutenue par la générosité.

Il fallait que Fabiano eût une entrevue avec la comtesse, et que le marquis Viani ou Anatole de Mersanes ne vinssent pas troubler par leur apparition importune cet entretien.

Le soir même de ce jour que Fabiano avait employé à des machinations de tout genre, le marquis Viani reçut la lettre suivante, qui sollicitait une réponse affirmative et immédiate :

« MONSIEUR LE MARQUIS,

« Je reçois à l'instant la lettre ci-incluse du secrétaire de l'Institut de France; vous verrez combien elle est pressante, et je ne doute pas que vous ne veniez à mon aide dans cette occasion délicate.

« Le bruit qui se fait à cette heure en Italie, autour de l'ombre de Dante, a du retentissement chez l'étranger. On sait que les savants florentins et génois ont tourné toutes leurs méditations vers la *Divina Comedia*. La lettre de M. le secrétaire de l'Institut de France nous annonce que deux membres de cette société s'occupent d'une traduction de Dante sous les auspices du gouvernement.

« Ces traducteurs m'ont posé un problème bien difficile à résoudre. Ils désirent connaître les motifs qui ont poussé Dante à insulter la France dans le 29e chant de l'Enfer.

> . . . . *Hor fù giamai*
> *Gente si vana come la Senese?*
> *Certo non la Francesca si d'assai.*

« Dante a mis en parallèle la frivolité et la vanité de la nation française et de la nation siennoise. L'orgueil de la France s'irrite, un peu tard il est vrai, de cette comparaison humiliante, et ses ambassadeurs littéraires s'adressent à nous pour connaître les griefs que Dante avait contre les Français. On connaît l'origine de la haine qui a inspiré à Alfieri son *Misogallo*, mais Dante a peut-être gardé son secret. Dans les circonstances politiques où nous nous trouvons, je ne crois pas qu'une folle insulte faite par Dante à la France au quatorzième siècle nous suscite une guerre avec nos voisins, mais il faut toujours leur donner une satisfaction littéraire pour entretenir nos bonnes relations.

« Demain lundi, j'ai résolu de réunir à un grand banquet scientifique votre société anthologique, dont vous êtes le plus ferme pilier. Nous tiendrons cette séance à la campagne, à ma *villa Bianca*, loin du bruit et des importuns. La France y sera représentée par M. le comte de Mersanes, que je vais inviter en personne, et qui rendra témoignage de notre zèle à ses compatriotes.

« A demain, à cinq heures du soir.

« De V. S. le très-humble serviteur,

« COMTE FABIANO VAL DI NOTA. »

Fabiano ménagea fort habilement ses visites et ses lettres d'invitation.

Il envoya une voiture à la porte de chaque savant

commentateur, et son équipage avec sa livrée à l'hôtellerie du comte de Mersanes. Le marquis Viani avait accepté d'enthousiasme la proposition.

Le marquis Viani arriva le premier, tout rayonnant de joie; Fabiano le reçut à la grille, avec la respectueuse soumission d'un écolier qui reçoit son maître. Les autres commentateurs du Dante suivirent de près.

Anatole de Mersanes seul montra peu d'empressement; il avait même été sur le point d'envoyer une lettre d'excuses; mais il recula devant la crainte de répondre à une politesse par un mauvais procédé, indigne des mœurs françaises, et il se rendit comme les autres à la *villa Bianca*.

Tous les convives étaient vêtus de noir, avec plus ou moins d'élégance, selon leurs moyens. Il y avait là quelques habits de gala qui avaient figuré devant Masséna vers la fin du siècle dernier.

Viani faisait le dénombrement de ces commentateurs à l'oreille de Fiabiano.

— Celui-ci, disait-il, poursuit un mot obscur dans ses derniers retranchements, et l'oblige à se faire clair. Celui-là n'a pas d'égal en Italie, pour remonter par mille échelons à la source d'une étymologie. C'est lui qui a découvert qu'on avait formé le mot *cadaver* avec les trois premières syllabes de ces trois mots : *CAro DAta VERmibus*. Il est décoré de l'Éperon d'or pour cette découverte. Ce vieillard sec, qui marche en regardant ses pieds, récite les cinq premiers chants de l'*Enfer* de Dante, au rebours, en remontant depuis le dernier vers :

E caddi come corpo morto cade,

jusqu'au premier,

Nel mezzo del camin di nostra vita.

Comte Fabiano, je veux encore vous désigner notre célèbre Bonifacio qui a fait une dissertation pour prouver qu'au treizième siècle les enfants au berceau disaient *mamma* et *baba* pour désigner les deux auteurs de leurs jours, démonstration qui ressort évidemment de ce vers du 32e chant de l'Enfer :

Né da lingua che chiammi mamma ò babba.

— Quels hommes! disait Fabiano, et que l'on est honteux de passer devant ces profondes intelligences, lorsqu'on sait à peine, comme moi, bégayer la langue du berceau de la science! *mamma ò babba!*

Et Fabiano prenait l'attitude d'un homme prêt à se prosterner devant de hautes intelligences.

Viani triomphait.

On se mit à table. La salle du festin avait été décorée à l'improviste dans la nuit; un peintre, rival de Luca *fa presto*, avait barbouillé à grands traits au plafond les cercles de l'enfer du Dante, d'après la fresque florentine d'Andrea Orcagna; et l'artiste, par des procédés chimiques, avait forcé sa peinture à vieillir de dix années dans une nuit, ce qui annonçait que la passion de Fabiano pour le Dante n'était pas le caprice d'un jour.

Les commentateurs prirent d'abord le repas au sérieux; lorsque la première faim scientifique fut apaisée, on attaqua la grande question que le président Viani avait mise à l'ordre du jour.

Fabiano et Octavien se faisaient remarquer par une contenance grave et modeste; dès qu'ils hasardaient une observation, un commentateur la pulvérisait, et ils se soumettaient avec résignation.

Le comte de Mersanes, qui ne s'était jamais trouvé à pareille fête, ne savait s'il devait la prendre au sérieux ou au comique, et, dans le doute, il s'abstenait.

Au dessert, l'orgie de la science était arrivée à son

comble. Les commentateurs, enivrés du vin de France, avaient au cerveau tous les cercles de l'enfer de Dante. C'était une mêlée de citations latines, un feu d'artifice de strophes qui retombaient en syllabes harmonieuses sur la tête des convives, et embrasaient leur sang italien au degré de l'ébullition. Le marquis Viani, en sa double qualité de magistrat redouté et de président admiré, régularisait, par intervalle, ce désordre, et sa voix, pareille à *Tartarea tromba,* ramenait quelques instants de silence dans cet enfer de commentateurs.

Octavien profita d'une de ces éclaircies pour réciter une leçon que Fabiano lui avait apprise le matin.

— Messeigneurs, dit-il, les yeux baissés et la tête mélancoliquement penchée sur l'épaule droite, illustres savants, permettez-moi de vous citer un fait qui, peut-être, vous expliquera l'origine de la haine que Dante avait vouée à la France. Vous savez, messieurs, que Dante avait subi le joug de l'hyménée...

— Dante était célibataire! s'écria un savant.

— Il était marié, poursuivit Octavien; Dante épousa Paula Ghiberti, de Poggi Bonzi, en 1271, après la mort de sa Béatrice adorée; et il commit ce grand acte d'imprudence d'après les conseils d'Amédée Manfred, neveu de Charles d'Anjou, prince français. Vous savez tous, messeigneurs, que Dante eut deux enfants de cette union, et que son bonheur conjugal fut ensuite empoisonné par la mauvaise conduite de sa femme. Il chercha la mort aux batailles de Campaldino et de Caprona, il ne la trouva point, selon l'usage de ceux qui la cherchent.

— C'est un fait à constater, dit le président; ceci est grave.

— A quelle source avez-vous puisé ces renseignements? demanda un commentateur.

— Dans un mémoire que j'ai lu à l'Académie de la

Crusca. Mais les infortunes domestiques de Dante sont consignées dans l'édition de 1605, que je possède dans la bibliothèque de mon palais, *piazza del Campo*, à Sienne.

— C'est précisément l'édition que j'ai chez moi à Gênes, dit le comte Fabiano.

— Il faut la consulter, dit le président: cette édition affirme-t-elle que Dante se maria à l'instigation du neveu de Charles d'Anjou?

— Elle l'affirme et elle le prouve, répondit Octavien.

— Comte Fabiano, le congrès vous prie d'envoyer un domestique à votre palais de ville...

— Un domestique! interrompit Fabiano; cette édition est renfermée dans une châsse d'or! Il faut des mains pures pour y toucher! j'y vais moi-même... On va vous servir des sorbets et du punch.

Le comte Fabiano s'élança sur un cheval bridé et sellé, et partit comme l'éclair.

Octavien lui avait remis une seconde lettre de la comtesse, dérobée comme la première dans la boîte de la poste. Cette lettre était ainsi conçue:

« MON CHER GÉNÉRAL,

« J'ai résisté jusqu'à ce moment, mais je sens que mes forces me manquent.

« Votre lettre, que j'ai reçue mardi dernier, m'a poussée au comble du désespoir.

« Toutes les peines que vous avez prises pour moi seront ainsi perdues! Rien! toujours rien!.. Vous aussi, vous avez désespéré!

« Oh! si Dieu m'ouvrait encore une fois les portes de Varsovie, il me semble que mes yeux, ma main et mon cœur ne m'égareraient pas!

« Pardon! pardon! mon vieil ami.

« Au nom du ciel, trompez-moi! trompez-moi!

« Je ne veux pas la vérité, je veux vivre!

« Votre amie, HORTENSIA. »

Fabiano parcourut en quelques minutes la distance qui le séparait de la Casa Braschi. La porte ouverte, et l'escalier franchi, il entra dans l'antichambre, et ordonna lestement à un domestique de l'annoncer; celui-ci hésita. Fabiano lui dit qu'une affaire de la plus haute importance l'amenait chez madame la comtesse.

Le domestique entra. Fabiano entendit indistinctement un bruit de paroles sourdes et de frôlements de robes. Il lui paraissait que son introduction soulevait quelque difficulté. Cependant la porte du salon se rouvrit, et une voix céleste prononça ces mots :

— Introduisez M. le comte Val di Nota.

Fabiano prit une démarche pleine de distinction et d'élégance, et entra au moment où le domestique sortait.

Le salon était meublé avec ce charme splendide qui règne dans les grandes demeures de Gènes. Au plafond Perino del Vaga avait peint l'apothéose du cardinal Braschi reçu dans le ciel chrétien par Minerve et Apollon. Des portraits de famille peints par Van Dick, Luca Giordano et Solimene décoraient les panneaux; deux girandoles posées sur une cheminée de lapis-lazuli éclairaient ce salon.

Fabiano ne vit qu'une femme : autour d'elle, tout ce qui brille dans le monde aurait perdu ses rayons.

Elle était debout, les bras croisés nonchalamment à la pointe du corsage, la tête penchée en arrière, avec une grâce merveilleuse dans l'inflexion de son col : elle portait une écharpe romaine à plusieurs nuances vives, comme un échantillon de l'arc-en-ciel. La comtesse Brignole, encore vivante au palais voisin, par la grâce d'Antonio Van Dick, donnait moins d'enchantement à la galerie de Durazzo.

Fabiano s'inclina de respect devant cette femme, reine par la grâce et sa beauté; il s'effraya de son émotion, et il douta de lui-même pour la première fois.

— Madame, dit-il, je vous remercie de m'avoir accordé l'honneur de vous présenter mes hommages.

— Ma porte, monsieur le comte, est toujours ouverte aux personnes qui ont des affaires importantes à me communiquer, répondit la comtesse, avec cette assurance d'organe que les femmes supérieures trouvent toujours devant les hommes audacieux qui tremblent.

— Oui, madame, dit Fabiano, une affaire sérieuse m'amène ici...

— Sérieuse pour vous, ou pour moi, monsieur le comte?

— Vous en jugerez, madame... Avant toute chose, permettez-moi de vous dire combien j'ai été désolé de ne plus vous voir chez ma noble cousine, la marquise Amalia Bonzi...

— Depuis la semaine dernière, j'ai suspendu toutes mes visites...

— Votre indisposition du bal du *Cambrian* n'a pas eu de suites fâcheuses? demanda Fabiano avec une intention très-marquée dans le ton et le regard.

— Non, monsieur... j'avais oublié cela comme on oublie tout le lendemain d'un bal.

— Que vous êtes heureuse, madame, d'avoir une mémoire si complaisante!.. J'ai le malheur, moi, de ne rien oublier... Je me souviens même d'avoir entretenu dans mon cœur une espérance que je suis obligé aujourd'hui de rendre à celle qui me l'avait donnée...

— Je ne vous comprends pas, monsieur.

— Et moi, madame, je vous avais mal compris... Il faut que vous connaissiez tous mes torts...

— Ah! vous avez eu des torts?

— Je me trompe, madame, ce sont des crimes...

— Monsieur le comte, il m'est impossible d'écouter une confession... Ceux qui ont des crimes à se reprocher doivent aller à l'église voisine, échanger le repentir contre le pardon.

La comtesse Hortensia était toujours debout, témoignant ainsi qu'elle ne voulait pas accorder un long entretien; en prononçant cette dernière phrase d'un ton glacial, elle étendit la main vers la porte.

Il y eut quelques instants de silence.

Fabiano luttait avec émotion, se raffermissait sur ses pieds, habituait ses yeux à regarder cette femme, et passait avec la rapidité de l'éclair, d'une résolution audacieuse qui va tout braver, à la prostration la plus complète des facultés de l'âme et du corps.

— Monsieur le comte, dit la comtesse, j'attends toujours la communication de cette affaire importante que vous savez...

Et un sourire triste accompagna ces paroles.

Fabiano tressaillit à cette voix, qui avait trop de calme et de mélodie railleuse pour faire entrevoir quelque bonne lueur d'espérance au plus vaniteux des hommes. Une irritation infernale vint le secourir; il se rappela tout à coup ce regard de passion intelligente que la comtesse avait donné à un rival, le soir d'*Otello*, et la colère étouffant l'émotion, il redevint Fabiano.

— J'espère au moins, madame, dit-il, que vous ne me livrerez pas pieds et poings liés à votre marquis Viani. Si je vous demandais de l'amour, je ne m'étonnerais point d'un refus, mais je ne vous demande que de la générosité.

En disant cela les lèvres de Fabiano étaient si serrées par la colère intérieure, que les mots semblaient sortir de la poitrine sans passer par la bouche.

— Vous craignez donc bien le marquis Viani, monsieur?

Le volcan sicilien éclata.

— Non, madame, je ne crains pas le marquis Viani,

je crains le Génois inquisiteur. Mais songez-y, madame, si vous avez mon secret, j'ai le vôtre, moi !

— Mon secret, monsieur ! dit la comtesse en avançant d'un pas vers Fabiano.

— Oui, madame ! et voilà l'importante affaire qui m'amenait ici... Dénoncez-moi à votre Viani, dites-lui que j'ai eu l'audace de vous aimer, afin qu'il me chasse de Gênes, et moi je lui dirai que vous entretenez des correspondances coupables avec les chefs de la Pologne révoltée ; que vous trahissez les saints devoirs de l'hospitalité italienne ; que vous conspirez ici comme vous avez conspiré avec votre coupable amie, la comtesse Plater.

— Au nom de Dieu ! monsieur, parlez bas ou taisez-vous, dit la comtesse pâle et tremblante, les mains levées sur la bouche de Fabiano.

— Oui, madame, je parlerai bas, mais vous m'écouterez jusqu'au bout. Je lui dirai, au marquis Viani, que votre étourderie de coquette n'est qu'un masque sur le visage d'une amazone ; que le plus compromis des généraux de votre insurrection (je n'ai pas besoin de vous dire son nom ici), est l'agent mystérieux de vos trames, et qu'il entretient à Paris vos folles espérances, je lui dirai, enfin, qu'il y a dans Varsovie un être...

La comtesse Hortensia se précipita sur Fabiano et lui ferma la bouche avec ses mains, en disant à voix basse :

— Arrêtez-vous, démon ! Pas un mot de plus !

Et elle se laissa tomber sur un fauteuil.

A la vue de la comtesse Hortensia ainsi accablée, Fabiano, dévoré de mille sentiments opposés, fit quelques tours à grands pas dans le salon, et comme il levait machinalement les yeux vers un tableau à cadre neuf, il lut au bas : *Varsovie, janvier 1832, J. Wiganoski.*

C'était le portrait en pied d'un général polonais, le mari de la comtesse, évidemment.

Cela fut examiné au vol, mais retenu.

La comtesse gardait une immobilité de mort; elle était superbe de douleur, comme une statue funèbre de Michel-Ange sur le tombeau de Médicis.

Fabiano la contemplait avec cette volupté infernale que l'homme perverti éprouve dans ces situations où la femme orgueilleuse est dominée par une puissance irrésistible, et semble demander merci.

Cependant Fabiano s'estimait heureux d'avoir été arrêté au milieu de cette dernière phrase : *Il y a dans Varsovie un être...* qu'aurait-il pu ajouter? rien. Il est vrai que son habileté l'aurait toujours mis hors d'embarras, mais le cri et le geste de la comtesse l'avaient servi au delà de ses espérances : il s'était posé devant elle avec l'air triomphant d'un homme qui a la tête pleine de secrets terribles, et qui n'attend qu'une nouvelle provocation pour écraser une femme.

La comtesse découvrit son visage humide de larmes et rouge de l'incarnat de la fièvre, et dit avec une voix qui semblait attendrir les statues de marbre du salon:

— Monsieur le comte, une dame, une exilée, une amie de votre famille vous supplie de vous retirer.

Fabiano garda quelque temps un morne silence; puis il dit :

— M'est-il permis, madame, d'espérer de vous revoir?

— Vous avez trop de délicatesse, monsieur, pour m'imposer des conditions dans un pareil moment.

— Eh bien! madame, c'est dans un pareil moment que je vous fais une prière, dit Fabiano avec la grâce formidable du tigre qui allonge la griffe sur sa proie.

— Monsieur, la conduite que vous allez tenir à présent réglera la mienne vis-à-vis de vous dans l'avenir.

Fabiano hésita quelques instants, donna à la comtesse un dernier regard dans lequel la tendresse corrigeait la menace, et dit :

— Madame, celui qui a le pouvoir et la force vous obéit.

La comtesse fit un signe de la tête et de la main, comme un adieu bienveillant.

Dans l'antichambre, Fabiano trouva le domestique Antonini.

— J'étais là, dit l'Italien vendu à Fabiano.

— Bien ! A demain, cette fois, à dix heures sur le pont de Carignan.

Fabiano reprit au galop le chemin de la villa Bianca.

A la grille du jardin, il trouva Octavien qui se désespérait d'impatience.

— Enfin, te voilà ! s'écria-t-il ; j'avais tout épuisé pour les retenir ; je leur ai fait cent histoires... As-tu l'édition de 1605 ?

— Elle est dans ma poche depuis ce matin, dit Fabiano en descendant de cheval.

Et entraînant Octavien vers la maison,

— Octavien, j'ai frappé un grand coup au palais Braschi ! Cette femme est dans mon pouvoir ! Le hasard m'a servi à merveille. Il y a une Providence pour les mauvais sujets comme nous.

Et il s'élança dans le salon, le Dante 1605 à la main.

La table était jonchée des débris de l'orgie dantesque. Un lac de punch avait été épuisé ; les bols, sillonnés de scories, ressemblaient à des cratères de volcans éteints.

Le président Viani ouvrit l'édition 1605 à la page indiquée, et dit d'une voix éclatante :

— Le comte Fabiano, qui a consacré sa vie à l'étude de Dante, nous apporte le livre qui tranche souverainement la question. Oui, il est démontré que c'est par les conseils de la France que Dante alluma les flambeaux d'un hymen qui causa tous ses malheurs. *Indè iræ!*

La motion du président fut mise aux voix et adoptée à l'unanimité. La séance fut levée. Le comte Fabiano fut chargé de régler le procès-verbal et de l'expédier à l'Institut de France.

Le marquis Viani prit, sur la terrasse, le bras de Fabiano et lui dit :

— Comment nommez-vous ce jeune homme qui a découvert les véritables griefs de Dante contre la France?

— Octavien d'Oropeza.

— C'est un bien beau talent, comte Fabiano!

— Un talent du premier ordre, marquis Viani; un jeune homme que j'ai découvert comme on découvre un monde. Une académie en un seul homme! Vous savez la nouvelle, marquis Viani?

— Quelle nouvelle?

— Oh! une nouvelle affligeante pour la science... C'est M. Old-Born, le bibliothécaire de Leipsick, qui vient de me la donner. On va vendre à l'encan, à Leipsick, le fameux manuscrit de 1363, intitulé *Tesoro dei Dante!* Il n'y a pas de temps à perdre, et je veux l'acheter à tout prix.

— Très-bien! comte Fabiano.

— Il faut envoyer à Leipsick M. Octavien d'Oropeza: je lui donnerai une lettre de crédit illimité.

— Bravo!

— Et vous, marquis Viani, vous lui donnerez un passeport... mais un passeport soigné... parce que, dans ces temps de crise politique... vous comprenez... si le manuscrit est acheté, il faut que M. d'Oropeza puisse, avec son passeport, poursuivre l'acheteur à Berlin, à Pétersbourg, à Varsovie, à Vienne, partout... Vous comprenez, marquis Viani?

— A merveille! comte Fabiano, je lui donnerai un passeport recommandé. Reposez-vous sur moi.

— Il n'y a pas de temps à perdre...

— Soyez tranquille, comte Val di Nota. Notre jeune savant pourra partir demain.

— Le manuscrit est à nous!... Permettez-moi, marquis Viani, de vous accompagner jusqu'à votre voiture... A demain.

— A demain, comte Fabiano; je vous dois une journée délicieuse... Comment nommez-vous ce grand et pâle jeune homme si sournois, qui n'a pas dit un mot et a refusé tous mes verres de punch?

— Que vous êtes observateur, marquis Viani! Ce jeune homme est Français; il se nomme le comte de Mersanes.

— Est-il muet?

— Malheureusement non! par politesse, je lui ai demandé son opinion sur notre séance; voici ce qu'il m'a répondu : Dante est un fou qui a écrit ses rêves, et il a trouvé d'autres fous pour les commenter.

— L'infâme blasphémateur! Quoi qu'il en soit, comte Fabiano, la science a fait aujourd'hui un grand pas.

— Marquis Viani, je vous présente mes respects.

VI.

LE MAGNOLIA.

La villa Braschi a été bâtie par l'architecte Tagliafico, à cet âge d'or de Gênes, où la générosité des grands seigneurs acheta tout le marbre de l'Italie, et le fit éclater en colonnes, en péristyles, en galeries, en escaliers, des rives du golfe à tous les étages des Apennins. La villa Braschi est légère, aérienne, voluptueuse comme une rêverie d'amour de l'Arioste; avec ses balcons du levant, elle regarde la vallée du Lerbino; avec ses kiosques indiens du couchant elle regarde la vaste mer. Ses colonnes rouges, sveltes et déliées jaillissent d'une immense corbeille de citronniers, comme une gerbe de fusées volantes; son toit couronné de balustres, de petites statues, d'oiseaux essorans, de vases de fleurs, reçoit, en toute saison, le premier et le dernier sourire du soleil.

Il y a, au midi, sous le piédestal de rochers qui porte la villa, un petit amphithéâtre couvert d'une végétation agreste, et que l'art du jardinier a laissé dans un négligé adorable. Les boutons d'or, les marguerites reines, les tiges de lavande, les flèches vertes du genêt, les bouquets d'immortelles et de thym forment dans cet angle solitaire un jardin naturel, qui ne réclame aucun soin : toutes ces odorantes familles y vivent à l'aise, jouant avec la brise et les papillons, heureuses de n'être vues que de Dieu et du soleil. Çà et là quelques tamaris jaillissent des rides du roc, et se penchent sur la mer, comme des hommes au désespoir, qui murmurent une plainte d'agonie et de suicide avant de se précipiter dans l'abîme.

Auprès de ces arbres échevelés se lève, comme une pensée riante, un superbe magnolia aux fleurs d'argent, arbre charmant, adopté par le ciel d'Italie, et reçu comme un frère dans la famille des citronniers et des lauriers romains. Du pied de ce magnolia on découvre toute la ville de Gênes, ses églises de marbre où l'on prie quelques heures; ses palais de marbre où l'on aime quelques jours, ses tombes de marbre, où l'on dort éternellement.

Le lendemain du jour qui avait vu la séance académique de Villa-Bianca, la belle comtesse exilée s'était retirée à la maison de campagne de la marquise Braschi, sa tante, et là, depuis une semaine, aucune visite importune n'était venue la troubler. Elle venait tous les jours, avant le coucher du soleil, s'asseoir au pied du magnolia, et assister, recueillie, à deux spectacles, les yeux de l'âme plongés dans l'abîme de ses souvenirs, les yeux du corps dans l'abîme de la mer.

Le septième jour, elle aperçut quelque désordre dans cette robe de fleurs agrestes que revêt la terre en cet endroit.

Au pied du magnolia le gazon avait été fauché. La comtesse examina l'arbre, et découvrit avec une sorte de terreur de petites lettres fraîchement gravées sur le tronc : sa première idée fut de s'éloigner et de ne rien lire, mais l'inscription était si courte qu'elle avait été lue au moment même où le devoir lui disait de s'éloigner. La comtesse lut donc ceci :

A UNE JEUNE VEUVE QUI VIEILLIT.

Un jour de fête,
Un jour de deuil!
La vie est faite
En un clin d'œil.

Dans ce coin silencieux et solitaire de la campagne, ces mots semblaient sortir de l'arbre comme un cri de désolation. La jeune femme lança un regard rapide autour d'elle, car elle s'imagina qu'une voix ou qu'un écho avait répété ces quatre vers, mais elle ne vit que la riante nature de tous les jours; elle n'entendit que le souffle qui monte de la mer, et fait incliner les marguerites sur la mousse du rocher.

Qui peut avoir écrit cela? pensa-t-elle, ce n'est pas Viani, il ne sait pas arrondir une lettre, d'ailleurs, c'est une main jeune qui se fait reconnaître à la vigueur de la ciselure. Ce n'est pas non plus le comte sicilien... Après la scène audacieuse qu'il m'a faite la semaine dernière, une modeste et timide visite à cet arbre ne peut être admise : il n'y a rien de son caractère là-dessous... Oh! il n'y a pas à douter un seul instant... c'est l'autre... C'est le noble comte de Mersanes! c'est la carte de visite d'un gentilhomme français.

Et la jeune femme vint se replacer devant l'arbre. et relut lentement les vers avec un sourire mélancolique. C'est lui aussi, dit-elle, qui a coupé ce gazon! Oh! c'est lui! il y a de certaines traces qui restent comme un nom écrit!

Elle chercha encore, au hasard, autour de l'arbre, comme pour faire quelque nouvelle découverte, et son pied recula, comme si la tête d'une couleuvre se fût dressée devant lui.

Sur la terre nue, toute dépouillée de gazon, il y avait un petit carré de feuilles vertes, artistement disposées, et se détachant du sol dévasté avec tant de relief, que la comtesse Hortensia s'étonna de ne les avoir pas aperçues du premier coup.

Elle examina quelque temps, avec une attention méticuleuse, et, pour ainsi dire, une à une, la position de ces feuilles, afin de pouvoir les remettre au besoin dans le même état, et en les sondant avec le doigt, elle entendit le léger grincement d'une feuille de papier.

La campagne était déserte, le regard embrassait l'horizon sans découvrir une forme humaine; aux environs, les arbres étaient si frêles qu'ils n'auraient pu abriter un enfant.

La curiosité de la femme, l'ennui de l'exilée, l'insatiable besoin d'émotion qui dévore les âmes ardentes, toutes les excitations fébriles qui conseillent de faire une chose défendue, lorsqu'il n'y a pas de témoins, poussèrent la main de la comtesse à retirer la feuille mystérieuse de son enveloppe de verdure : cette belle et blanche main tremblait comme si elle eût tenu le poignard de Psyché.

C'était une lettre; elle avait été mise là, toute large ouverte, afin que rien ne prouvât qu'elle avait été lue; car le dérangement des feuilles pouvait même être attribué au premier souffle du vent du Midi. La comtesse devina cette intention délicate de l'auteur de la lettre, et elle ne fut que plus hardie à tout lire jusqu'à la fin.

Il n'y avait point d'adresse, et point de signature à cette lettre; mais elle était adressée et signée d'un bout à l'autre, comme on va le voir :

« Si cette feuille de papier ne rencontre pas le regard attendu, elle roulera de la montagne à la mer avec le premier torrent de l'été. Ce n'est pas un destin vulgaire.

« Dieu a semé sur ce plateau désert une foule de choses charmantes qui brillent à l'aurore et meurent la nuit, sans avoir réjoui un instant l'œil d'une créature. Je suis fier de mêler cette feuille obscure aux brillantes œuvres de Dieu.

« Voici ce que je voudrais dire à la femme qui, peut-être, ne m'entendra pas.

« Je veux qu'elle ajoute foi à mes paroles; il me semble que la sincérité se révèle comme un rayon de soleil; il me semble que le mensonge crie qu'il ment à toutes ses phrases; il me semble que la vérité tombe sur le papier avec une auréole à chaque mot.

« Je suis arrivé à l'âge de trente-trois ans. C'est l'âge où l'homme devrait mourir; le Christ lui en a donné l'exemple. C'est l'âge où les illusions de la jeunesse s'en vont. On a déjà perdu un parent, un ami, un amour, une vocation, une joie; on sent qu'il n'y a plus rien à gagner que les rides du visage et la neige des cheveux.

« C'est l'âge où l'on devine que la religion seule peut donner à la vie un but sérieux; et si la foi est faible ou absente, on se retourne fiévreusement de tous côtés, vers tous les horizons, et l'on ne trouve rien qui donne une joie sérieuse au cœur.

« Il y a surtout des âmes ardentes qui, sur la foi de tout ce qui est beau et serein autour d'elles, se précipitent dans le monde avec une confiance aveugle, et lui demandent le bonheur promis et attendu. Celles-là se heurtent, à leur premier élan, contre un écueil, se blessent mortellement, et entretiennent leur plaie incurable jusqu'au tombeau. La poésie philosophique des Grecs, qui fit même de la mort une chose badine, avait inventé Eurydice, la jeune femme qui court joyeusement sur les hautes herbes de la prairie, et trouve une couleuvre sous ses pieds.

« J'avais un ami bien cher; Dieu me l'avait donné comme un frère, et ma mère l'avait adopté. Un jour, — il y a trois ans de cela, — je n'ai jamais vu un plus beau jour; le ciel était tout azur et lumière; le ciel semblait donner une fête à ce pauvre globe!.. La terre répondait au ciel par un ouragan. Nous nous égorgions entre frères à coups de canon. Le tonnerre des hommes foudroyait le ciel qui restait serein par bonté.

« Mon ami sortit de sa demeure avec une idée au front; une idée noble, mais une idée! J'étais avec lui. Cent mille autres étaient avec nous. Les tambours battaient la charge; la fusillade éclatait dans les rues, les drapeaux flottaient aux balcons, la fumée couvrait le soleil, les hommes criaient sur les barricades, les femmes applaudissaient aux fenêtres; il y avait une frénésie écarlate sur tous les visages, une flaque de sang à tous les pavés, une odeur de carnage dans l'air, une exhalaison de volcan partout. J'entendis un cri à mon côté. Je regardai mon ami; il était pâle et chancelant. Je le soutins dans mes bras; il me dit adieu du bout des lèvres; il expira. Une balle suisse l'avait frappé au cœur devant les Tuileries. Je rapportai son cadavre à notre mère. La pauvre femme fut blessée du même coup : je la perdis... Une douleur vive tue comme une balle de plomb.

« Ces choses se passaient le 29 juillet 1830, à Paris; jour de deuil comme tous les jours de victoire !

« Il y a des douleurs qui s'écoulent avec les larmes; il en est d'autres qui épuisent les pleurs et qui continuent ensuite avec les sourires. Ces dernières douleurs sont les miennes; je les garde comme un trésor.

« J'aimais une jeune femme, bien avant cette cruelle époque : cette femme pleura mon ami et ma mère; elle m'était chère par sa grâce, elle me fut sacrée par sa douleur. Je croyais n'avoir jamais d'autre épouse qu'elle. Autre fatalité! ma jeune fiancée, accompagnée de sa mère, alla demander la santé au ciel de Sorrente. Je vins en Italie aussi; j'y trouvai un troisième deuil. Ma fiancée mourut. Naples tue comme Paris!

« Alors j'eus horreur de moi-même; je me figurai que j'avais en moi une influence fatale qui frappait de mort tout ce qui m'était cher. J'étouffais en mon cœur tout principe d'affection dès qu'il se révélait; je me condamnai à une vie d'isolement absolu, redoutant même de contempler une fleur avec amour, de peur de la voir se flétrir à l'instant sous mes yeux.

« Au bout de quelques mois, cette vie me parut intolérable. Être né pour aimer toujours et vivre pour haïr! Ma raison s'égara. Une idée infernale s'alluma dans mon cerveau et ne s'éteignit plus.

« Je résolus de finir ma vie par un suicide.

« Une sorte de joie qui m'était inconnue accompagna cet arrêt de mort prononcé par moi. Dans mon délire, je me croyais le formidable possesseur des vertus homicides que l'on attribue au *Boon-upas*, l'arbre indien qui tue avec son ombre. J'étais héroïque à mes propres yeux, en ayant la force de m'extirper d'une terre où mon existence était un fléau vivant.

« Je fis mes dispositions suprêmes : je léguai ma fortune à la mère de celle qui devait être ma femme ; je déposai mon testament à mon hôtellerie de la *Victoire*, à Naples ; j'écrivis à mon ambassadeur une lettre dans laquelle j'annonçais mon suicide, et m'étant ainsi placé dans la nécessité de mourir, je sortis de la demeure des hommes pour n'y plus rentrer.

« C'était un dimanche de la belle saison. Je m'acheminai du côté de la mer, cherchant le gouffre de ma tombe, dans quelque coin retiré où je n'aurais que les rochers pour témoins.

« Dans cette matinée de désespoir, la Providence me gardait un de ces incidents fort simples en eux-mêmes, mais qui peuvent ébranler une résolution.

« Une procession de villageois, jeunes gens, vieillards et jeunes filles, descendit sur mon sentier, et me barra le passage. C'était la fête des Rogations. Théorie de la Grande-Grèce baptisée avec Constantin. Le prêtre bénissait les fruits de la terre et les fruits de la mer ; la sainte sérénité du dimanche rayonnait partout ; les petites vagues du golfe accompagnaient de leurs voix charmantes l'*Ave maris stella* des jeunes filles ; la mer reflétait le feu du soleil et des cierges ; l'encens de l'église montait au ciel avec les parfums du golfe ; l'or et l'azur inondaient l'air ; tout ce qu'il y a de tristesse lourde au fond du cœur de l'homme s'échappait devant ce spectacle tranquille, plein de grâce et de suavité.

« Un pauvre paysan, vieilli dans les sueurs du sillon, me présenta un des cordons de soie de la bannière de la Vierge ; la sainte image rappelait dans sa naïveté le tableau primitif de Cimabuē, que l'Italie entière parfuma d'encens et couvrit de fleurs. Il me sembla que la grande patronne du ciel venait en aide au naufragé, qu'elle me tendait une main propice et un lien sauveur qui me retenait au rivage. Je n'eus pas la force de lutter contre une puissance manifestée avec tant de douce séduction; je me mêlai à la fête catholique, et je rentrai avec elle dans la petite église de Resina qui se protége du volcan voisin avec une croix.

« Je passai plusieurs jours à l'ombre de cet humble sanctuaire, où viennent pleurer à genoux de pauvres femmes simples de cœur, où elles se relèvent consolées.

« Il me semblait que j'avais changé de monde. Un horizon nouveau se déroula devant moi. Je compris que toute douleur morale porte avec elle son remède, qui est au ciel, comme toute douleur physique trouve son baume dans les plantes des jardins et des collines. Au lieu de cette tristesse pesante qui gonflait mes veines, et brisait mon front, je sentis naître dans mon âme une mélancolie pieuse, qui est peut-être cette fête continuelle du cœur dont parle le livre saint.

« Ma première visite était donc terminée; j'avais tous les bénéfices de la résurrection, sans avoir passé par la tombe. Il résultait pour moi vaguement de cette position étrange un avenir sans inquiétude, et coloré même d'un charme inconnu.

« Je résolus de ne jamais rentrer en France, afin de laisser jouir paisiblement mon héritière du legs que je lui avais abandonné par mon testament.

« Au reste, lorsqu'on a eu le bonheur de mourir une fois dans sa vie, on s'inquiète fort peu des misères et des éventualités prosaïques de l'avenir.

« A l'expiration de mon triple deuil, j'étais à Sienne, que j'habitais depuis un an. Sienne est une ville merveilleuse : c'est une autre Florence qui s'est égarée au désert, et qui est restée sur une crête des Apennins, silencieuse et solitaire, pour servir d'hôtellerie à Michel-Ange et à Raphaël, les plus illustres des pèlerins de Rome.

« Le séjour que j'ai fait dans cette ville sainte m'a renouvelé. Sienne m'a donné cette suave mélancolie qui est en elle, et cette passion de solitude et de recueillement qu'elle nourrit depuis deux siècles, sans ennui.

« J'ai visité ensuite la madone de Cimabuë, à Santa-Maria-Novella de Florence; elle avoisine la chapelle des Rucellaï. J'ai déposé sur son autel une prière et un don; mais je n'ai pu payer la seconde vie que la céleste image m'accorda.

« A cette aurore de ma résurrection, je me sentais entraîné vaguement vers quelque affection tendre qui était dans mes rêves et que je ne pouvais définir. J'avais besoin d'un isolement à deux. Mes anciennes idées, celles qui me poussèrent au suicide, étaient sorties de mon esprit. Il me semblait que le mauvais levain de mon âme avait disparu, et que mes pèlerinages aux lieux saints de l'Italie venaient de me purifier comme un second baptême.

« C'est alors que je vis rayonner sous les grands pins de la villa Pamphili, sous les voûtes de Saint-Pierre, une femme plus belle que la plus belle divinité, peinte dans l'Olympe de la *Farnesina* par la main de Raphaël. O faiblesse de l'homme! Je fermai les yeux pour ne pas voir cette femme, et je la vis reluire sur le fond ténébreux de ma pensée dans un relief étincelant, comme si quelque pouvoir surnaturel eût déjà gravé son image dans mon cœur.

« Et maintenant ma vie est à cette femme comme ma mort est à Dieu.

« Gênes, juin 1833. »

La comtesse Hortensia s'estima heureuse d'être seule en un pareil moment, car malgré sa fermeté virile, elle n'aurait pu maîtriser une émotion qui se trahissait sur son visage et dans son maintien.

De quel sentiment provenait cette émotion? elle-même eût été fort embarrassée de le dire. Après cette lecture, et dans ce désert, la jeune femme éprouvait sans doute ce trouble mystérieux qui ne vient pas encore d'une passion, mais qui lui sert de précurseur. Isolée et exilée, poursuivie avec un acharnement infernal par deux hommes, l'un tout-puissant par son titre, l'autre par sa fortune et son audace, elle osait se demander à elle-même si elle ne réclamerait pas l'appui de ce noble et jeune Français qui semblait avoir été sauvé du suicide afin qu'elle fût sauvée par lui.

De jour en jour la position de l'étrangère proscrite devenait plus alarmante.

Le marquis Viani, qui n'avait pas l'excuse de la jeunesse pour se faire pardonner en public une passion coupable, affectait devant le monde des airs d'indifférence ou d'amicale protection; mais lorsqu'il se trouvait seul avec la comtesse, il parlait un langage violent qui n'était pas celui de l'amitié, car dans chaque phrase perçait la menace de l'homme du pouvoir ou de l'inquisiteur amoureux qui met sa protection à un prix révoltant.

Le comte sicilien inspirait une autre sorte de terreur; depuis sa dernière scène, il semblait s'être effacé; mais son caractère et ses antécédents rendaient plus formidable encore cette inaction apparente. On le redoutait comme un de ces ouragans qui éclatent plus terribles après une longue sérénité. Restait à la comtesse une seule ressource : la fuite; elle était impossible.

La lettre reçue le lendemain du bal du *Cambrian* lui annonçait que tous ses biens avaient été confisqués et quoiqu'elle eût l'espoir d'être indemnisée un jour de cette spoliation, il fallait se résoudre à vivre résignée dans la famille de la marquise Braschi sa tante, et attendre les événements.

La comtesse Hortensia, dominée par tant de pensées désolantes, tenait toujours la lettre du comte de Mersanes, et relisait lentement les passages où éclataient la sincérité du cœur et la loyauté de l'honnête homme. Dans ce moment, elle n'osait encore prendre une détermination contraire à sa dignité ; elle ne voulait pas aussi affliger le comte Anatole par quelque procédé dans lequel il aurait pu voir l'indifférence ou le mépris. Elle fit tout ce qu'elle pouvait faire dans la limite des convenances ; elle garda la lettre et dispersa les feuilles qui l'avaient couverte. Garder la lettre, c'était répondre. Le comte de Mersanes, d'ailleurs, ne demandait rien de plus pour le moment.

La jeune femme jeta un dernier et tendre regard au beau magnolia, seul confident de cette scène, elle coupa une de ses belles fleurs, celle que la main d'Anatole avait écartée pour écrire les vers, et elle la posa dans ses cheveux.

Au même instant, la comtesse poussa un cri et arracha la fleur de sa tête; un homme s'était levé du milieu d'un buisson de chênes-nains, et, les mains jointes, il retombait à genoux.

VII.

ANTONINI.

Cet homme qui semblait sortir de la terre comme une apparition était le comte de Mersanes.

La comtesse Hortensia resta immobile ; après un moment de frayeur, elle se sentit excitée par cette prompte réaction de courage qui ne fait jamais défaut, dans les grandes occasions, aux âmes énergiques : un sourire charmant ramena sur sa figure le teint de la jeunesse et de la santé; elle croisa nonchalamment les bras sur sa poitrine, et elle dit :

— Relevez-vous, monsieur, relevez-vous; ne me laissez pas croire que vous demandez un pardon.

— C'est pourtant la seule chose que je demande à présent, dit le comte en faisant quelques pas vers la jeune femme.

— Tout pardon suppose une faute, monsieur, et vous ne l'avez point commise. Cet angle de la montagne est à vous, comme à moi, comme au premier artiste qui cherche un point de vue; et certes, il faut convenir que l'atelier du peintre serait bien choisi; voilà un paysage qui pose admirablement sous nos pieds; il est à regretter que les oiseaux ne sachent pas peindre. Quel ravissant tableau de campagne, de ville et de mer!

— Je ne puis rien voir que vous, madame, en ce moment.

— Monsieur le comte, réservez votre galanterie française pour le salon; à la campagne il faut d'autres mœurs.

— Vous avez raison, madame; devant les sublimes œuvres de Dieu, on ne doit parler qu'une langue sérieuse...

— Ah! je vous arrête, comte de Mersanes; vous oubliez nos conditions. Vous savez que j'abhorre la tristesse à la ville. Voyez, le ciel nous donne l'exemple de la gaieté : imitons le ciel.

— Je n'ai point oublié nos conditions, madame; je n'ai point oublié aussi que vous avez daigné me permettre de vous présenter mes hommages...

— Oui, monsieur le comte, mais je vous avoue que je n'attendais pas votre visite, à mille toises au-dessus du niveau de la mer, entre un pin et un magnolia. Aussi je n'accepte pas cela comme une visite; c'est une rencontre; nous sommes venus herboriser dans le même coin des Apennins.

— Madame la comtesse, c'est le hasard qui m'a conduit ici...

— Le hasard! monsieur le comte! dit la jeune femme en riant, le hasard!.. c'est justement ce que je vous disais... les Apennins ont quatre cents lieues de longueur; le hasard nous a fait tomber tous deux à la même heure, sur le même point. Cela s'est vu.

— Ayez la bonté de m'écouter, madame, et peut-être vous excuserez une hardiesse qui vous déplaît, je le vois.

Mardi dernier, j'étais assis au lever du soleil, sur le pont de Carignan; j'aime à voir poindre le jour dans cet abîme de maisons, du haut de l'arche colossale. Il y a pour moi une idée attachée à ce spectacle. A quelques pas, dormait un mendiant. Je regardais le mendiant et le soleil. Un rayon tomba obliquement sur les paupières du misérable, et le réveilla, comme un valet de chambre réveille un grand seigneur à l'heure dite.

La première chose que fit le mendiant fut de me demander l'aumône; je crus devoir faire une honorable largesse à cet homme qui avait pour lit le pont de Carignan, pour lambris les saintes étoiles, pour chambellan le soleil. De son côté, le mendiant, qui sans doute allait se mettre en route et exercer son état, se crut obligé de rester à quelques pas de moi pour me chanter un long remercîment dans cette langue italienne qui a été inventée pour la musique, l'aumône et l'amour.

En ce moment, un domestique porteur d'une livrée que je crus reconnaître arriva de la ville sur le pont. Il marchait d'un pas très-hâté. Après avoir jeté un coup d'œil sur les deux parapets, il s'approcha du mendiant et lui dit :

— Veux-tu gagner un écu?

— Je crois bien! deux écus même...

— Écoute. Tu ne bougeras pas du pont.

— C'est facile.

— Au coup de dix heures, dit le domestique en appuyant sur chaque mot, tu verras venir vers toi un beau jeune homme habillé comme le fils du gouverneur, marchant le nez au vent, avec du feu dans les yeux; il cherchera quelqu'un ici, et il ne le trouvera pas. Ce quelqu'un, c'est moi. Tu iras à lui et tu lui diras : Votre seigneurie cherche-t-elle le domestique Antonini? Rappelle-toi ce nom.

— Antonini, Antonini...

— Il te répondra : Oui. Alors tu lui diras qu'Antonini a été obligé de suivre à sept heures, ce matin, madame la comtesse, qui va passer l'été à la villa Braschi avec sa tante et tous les domestiques... As-tu bien compris?

— Soyez tranquille, je ferai votre commission comme vous-même.

— Tiens, voilà ce que je t'ai promis, et à mon retour je ne t'oublierai pas.

— Il y a quelque amourette là-dessous, hein?

— Cela ne te regarde pas. Fais ce que je dis et tais-toi...

Tout cela m'a paru fort étrange, et je vous prie, madame, de me pardonner si je me suis permis d'attendre dix heures pour connaître ce personnage mystérieux qui disposait ainsi d'un domestique de votre maison.

Pendant ce récit du comte de Mersanes, la comtesse appelait à son aide tout son sang-froid pour déguiser son émotion.

Le comte Anatole poursuivit ainsi :

— Je me plaçai sur une éminence de l'autre côté du pont, près de l'église de Carignan, et, j'attendis. A l'heure convenue, je vis arriver à pas précipités le comte Fabiano Val di Nota. Le mendiant s'avança, et remplit sa commission. Je remarquai le vif mouvement de dépit et de surprise que fit le seigneur sicilien. Il regarda la terre, le ciel, le fleuve de maisons qui semble couler sous le pont de Carignan, et frappant l'air avec sa canne, comme pour se venger de quelqu'un par contumace, il courut du côté de la ville, et disparut. Voilà, madame, le hasard qui m'a fait découvrir votre retraite. La trahison de l'un de vos serviteurs m'était acquise; j'ai cru voir au fond de cette trame, ourdie par un homme puissant et plein d'audace, quelque danger pour vous, et c'est pour cela, madame, que je me suis placé ici, pour vous porter mon aide, si la circonstance le réclamait.

— Je vous remercie, monsieur, de l'intérêt amical que vous me portez, dit la comtesse avec un son de voix émue; veuillez bien me donner le bras jusqu'à la maison; vous vous y reposerez quelques instants, et je vous présenterai la marquise Braschi, ma tante.

Anatole et la jeune dame marchèrent silencieusement vers la villa. La distance était fort courte; aussi M. de Mersanes aima mieux se taire que commencer un nouvel entretien qu'il n'aurait pu achever.

Sur la terrasse, il y avait plusieurs domestiques occupés à rouler de petites tentes de coutil rayé.

— Est-il là? le reconnaissez-vous? dit la comtesse à voix basse.

— Je le reconnais parfaitement, dit Anatole, c'est celui qui ne travaille pas et qui nous regarde.

La comtesse fit signe à Antonini d'approcher; le domestique s'avança.

— Antonini, lui dit la comtesse, mardi dernier, à sept heures du matin, vous étiez sur le pont de Carignan?

— Oui, madame la comtesse, répondit le domestique avec une effronterie qui pouvait passer pour de l'innocence.

— Que faisiez-vous là, à cette heure?

— Je me promenais.

— Vous avez parlé à un mendiant?

— C'est possible; j'aime à faire l'aumône, le matin. Madame la comtesse m'a donné cet exemple.

— Vous avez donné à ce mendiant une commission?

— Quelle commission? dit le domestique en pâlissant.

— Votre demande est un mensonge. Antonini, vous êtes un misérable; vous avez trahi votre maîtresse, je vous livrerai aux hommes de justice, vous serez puni comme vous le méritez.

Antonini se jeta aux pieds de la comtesse, et la supplia de lui pardonner.

— Sortez de chez moi, à l'instant même, ajouta la comtesse, à l'instant même; entendez-vous! pas un mot de plus.

En ce moment, Anatole éprouva un sentiment de joie ineffable; il sentit le bras de la jeune femme se serrer contre le sien. C'était un remerciment muet, mais énergique, adressé à l'homme loyal et dévoué.

Le domestique se leva, et marcha vers la maison, pour faire ses préparatifs de voyage.

— Maintenant, dit la comtesse à Anatole, je vais vous présenter à ma tante, et vous laisser avec elle quelques instants. J'ai deux mots à écrire au secrétaire du marquis Viani.

Cette lettre, qui arriva à la ville avant Antonini, recommandait au chef de la police de faire embarquer sur-le-champ, pour être envoyé à Civita-Vecchia, le domestique Antonini, que la comtesse Hortensia avait retiré, à Rome, de la mendicité, pour l'attacher à son service.

Le serviteur qui portait cette lettre était aussi chargé de signaler Antonini à la police; toutes les mesures furent prises pour le faire arrêter avant la nuit, et l'envoyer à bord de l'une de ces felouques toujours en partance pour le littoral romain.

Le jour était près de finir, lorsqu'Anatole de Mersanes prit congé de la comtesse Hortensia. Ils étaient seuls sur la cime de l'escalier taillé dans la montagne et suspendu sur la ville.

— Vous aviez raison, monsieur le comte, dit la jeune dame; c'est un bien singulier hasard qui vous a fait découvrir une pareille trahison.

— Je ne crois point au hasard, répondit le comte; je crois à la Providence, qui veille sur les nobles et saintes exilées.

— Vous ne croyez donc plus alors, monsieur, à cette influence fatale qui était en vous?..

— Oh! madame! s'écria le jeune homme ivre de joie; vous avouez que vous avez lu ma lettre, et vous me pardonnez ainsi de vous l'avoir écrite!

— Je l'ai lue, monsieur, et je crois tout ce qu'elle contient.

— Je regrette alors, madame, de n'avoir pas écrit une page de plus.

— Ne regrettez rien, monsieur, vous avez tout dit.

La jeune dame tendit la main au comte de Mersanes, et fit luire ce sourire qui divinisait sa beauté.

Anatole serra la main offerte, et murmura quelques mots d'adieu.

— Souvenez-vous de cet escalier, dit la comtesse.

— C'est l'escalier du ciel, dit le comte en se retournant sur la quatrième marche; je plains celui qui le descend.

— Je connais un comte qui ne le montera jamais... Ce n'est pas vous; adieu, monsieur.

Le comte Anatole sentait son cœur se serrer à chaque marche qui l'éloignait du voisinage du ciel, en le rapprochant de la terre. Arrivé au bas de cette nouvelle échelle de Jacob, il regarda au zénith, et il lui sembla que tous les anges étaient entrés dans la céleste demeure, et qu'un seul apparaissait encore au sommet, laissant tomber sur lui un signe de ses mains ou de ses ailes, du milieu d'une corbeille d'aloès.

Il poursuivit sa route vers le faubourg voisin, attachant une pensée d'amour sur les plantes agrestes, les maisons rustiques, les saintes chapelles, les sources d'eaux vives, qui décoraient le sentier. Un espoir rempli de secrètes extases donnait à son âme une joie si vive et si nouvelle, qu'elle semblait emprunter, par moments, les aiguillons de la douleur. Depuis ce premier regard, lié pour toujours au souvenir du duo d'*Armida*, le comte Anatole n'avait pas ressenti une ivresse pareille. Alors, à cette révélation qui éclata sous la mélodieuse aspiration : *Amor possente nome*, le jeune homme douta de son bonheur avec cette noble méfiance des nobles âmes; il n'osa croire en lui et en elle; il s'accusa même d'avoir donné, par amour-propre, trop d'importance à un regard qu'un capricieux mouvement de tête avait dirigé par hasard sur lui, et que l'ivresse de la musique anima, en l'absence de l'amour. Mais aujourd'hui, l'homme le moins vain pouvait se livrer sans crainte à tout le délire d'une espérance infaillible. De Mersanes avait laissé à la villa Braschi, dans le cœur d'une femme, cette impression charmante qui, peut-être, n'est pas encore l'amour, mais qui le sera.

Antonini, le serviteur chassé de la maison Braschi, fut arrêté par des hommes de police, à quelques pas de la porte de l'Est, devant l'église *della Consolazione*: il voulut d'abord faire quelque résistance, ne sachant quel sort on lui réservait; mais il avait à lutter contre trois sbires vigoureux qui le maltraitèrent rudement, le mirent dans un canot, et le consignèrent à la garde du capitaine sur une felouque de Fiumicino, qui devait mettre à la voile le lendemain. Le chef des sbires remit un ordre écrit au capitaine, qui répondit sur sa tête du prisonnier.

Antonini était un jeune Transtéverin fort intelligent, fort rusé, plein d'audace et de résolution.

Il jugea de l'importance des services qu'il avait rendus et qu'il pouvait rendre encore, par ce luxe de précautions prises contre lui. Il comprit que sa fortune serait faite, s'il pouvait apprendre tout ce qui se passait au comte Val di Nota. Retenant sa pensée en éveil pour saisir la première occasion favorable, il s'étendit sur un rouleau de cordages et fit semblant de dormir.

La nuit tombée, le capitaine ordonna au mousse d'aller faire la provision d'eau à la fontaine Saint-Christophe, qui coule sur le quai du port.

Le mousse faisait ses petits préparatifs, et, comme il passait à côté d'Antonini pour prendre un baril vide, il sentit une main qui touchait légèrement son pied nu, et vit une autre main qui lui présentait deux grandes pièces d'argent fort luisantes.

Le mousse avait vu briller un trésor; il se pencha, comme pour mettre en ordre une liasse de cordes, et examina le trésor de plus près, ayant soin de mettre son oreille sur la bouche d'Antonini. Dans cette position, il entendit ces mots légers comme un souffle :

— Prends ces deux écus, et, à ton retour, je t'en donnerai deux autres. Va à Piazza-Amorosa, en volant comme un goëland, tu frapperas à la porte du premier palais peint, à droite, et tu feras dire par un domestique au comte Val di Nota qu'Antonini est prisonnier à bord de *la Vergine-del-Carmelo*, et qu'il n'y a pas un instant à perdre. Si l'on t'interroge, dis tout ce que tu as vu.

Le mousse prit l'argent, roula quelques cordages par contenance et dit à Antonini :

— *Piazza-Amorosa,* le comte Val di Nota, Antonini.

— Bien ! dit Antonini, va.

Le mousse descendit dans la chaloupe.

Le capitaine soupait avec les matelots, à six pas d'Antonini.

Rien ne réussit comme un mauvais coup. Le mousse, avec cette intelligence italienne qui n'a pas d'égale dans les classes inférieures, remplit sa mission avec un grand succès.

Une heure après, le comte Fabiano paraissait à bord de la felouque ; il était éblouissant comme un écrin de pierreries : l'équipage de *la Vergine-del-Carmelo,* composé de six hommes déguenillés, s'inclina devant lui, un demi-clair de lune mettait dans un relief mystérieux la figure distinguée du jeune seigneur sicilien, et le luxe de son costume.

— Où est le capitaine ? demanda Fabiano d'un ton leste, comme celui d'un vice-roi de Sicile.

— C'est moi, répondit le capitaine dont le corps s'était brisé en angle aigu.

— Quel est ton pays ?

— Je suis de Bagna-Cavallo, dans les États-Romains.

— Cette *barcaccia* est à toi ?

— Oui, mon prince.

— As-tu des marchandises à bord ?

— Je suis en lest.

— Quand pars-tu ?

— Au jour.

— Voici une bourse pleine d'or, regarde... touche... c'est pour toi. Conduis-moi tout de suite à deux portées de fusil après San-Piétro-d'Arena. Tu partiras de là. Point de voile, il n'y a pas de vent ; à la rame.

L'équipage se précipita sur les rames, et la felouque sortit du port, dirigée vers le point demandé.

Quand le petit bâtiment eut dépassé Villa-Bianca, Fabiano dit au capitaine avec ce ton impérieux qui supprime toute réplique :

— Mets ta chaloupe en mer... Je t'achète cette chaloupe... elle vaut bien trois écus, je t'en donne cinquante, et cette montre d'argent avec sa chaîne... les voilà.

L'équipage se jeta aux genoux de Fabiano.

— Écoute, capitaine de coquille de noix, ajouta Fabiano; je te défends de rentrer dans le port de Gênes; je te laisse tous les autres ports de la Méditerranée pour ton commerce de terres cuites... Voilà de plus une gratification pour ton équipage... et je te reprends mon domestique qu'on m'a volé... Ici, Antonini !

Antonini se leva et sauta lestement dans la chaloupe avec Fabiano. Le capitaine, ébahi, les regarda faire, son bonnet rouge serré entre ses mains. En vingt coups de rame la chaloupe arrivait devant Villa-Bianca.

Un vieux concierge ouvrit les portes de la villa au maître et se retira.

— Écoute, dit Fabiano à Antonini, tu ne bougeras pas de cette maison pendant dix jours. Songe que tu m'appartiens, que tu me dois la vie, que j'ai ton secret. Tu es intelligent, tu es brave, tu es jeune, je te mènerai loin. Dès ce moment ton rôle va changer. Tu as la mémoire des noms; tu t'es souvenu du mien et de celui de ma demeure que tu n'as entendu qu'une fois, il y a cinq jours, quand tu descendis de Villa-Braschi ; avec cette qualité tu feras fortune. Voici ma bibliothèque; tu apprendras par cœur les titres de ces ouvrages; les titres seulement, ne prends pas la peine d'ouvrir les livres. Tu laisseras croître ta moustache et tes *baffi*, comme un Calabrais. Tu prendras l'habitude des poses distinguées en regardant tous ces portraits. Tu choisiras dans mon cabinet de toilette ceux de mes habits qui te conviendront, et tu t'exerceras à les porter avec aisance. M'as-tu bien compris ?

— Oh ! parfaitement, monseigneur; vous serez content de moi.

— Tu n'as jamais rien fait dans ta vie ?

— Rien, altesse.

— Bon ! c'est ce qu'il faut pour faire quelque chose de bien... Quel âge as-tu ?

— Vingt-cinq ans.

— Où as-tu passé tes premières années ?

— A Rome, J'étais *San-Pietrino.*

— Tu as donc travaillé ?

— Non, monseigneur. On me donnait deux *pauls* par jours, et je brossais les lions du tombeau de Clément XIII. Un métier de fainéant.

— Et pourquoi l'as-tu quitté ?

— Parce que cela m'ennuyait de brosser de grands lions tous les jours. Et puis les Anglais se moquaient de moi.

— Tu es un brave garçon. Tu ne méritais pas de brosser deux lions toute ta vie. Tu as mieux aimé demander l'aumône, à la porte de tous les cardinaux, n'est-ce pas ?

— Certainement.

— Bien, tu as le cœur bien placé. Voilà les sentiments qu'il me faut ; Antonini, tiens-toi prêt, dans dix jours, à suivre les ordres que je te donnerai. Ici, mon vieux concierge aura soin de toi. Je rentre à la ville parce qu'on va fermer les portes bientôt. Encore deux mots. On t'a chassé de Villa-Braschi, parce qu'on t'a soupçonné de me servir, n'est-ce pas ?

— Certainement, monseigneur.

— Est-ce la comtesse qui t'a chassé ?

— Elle-même; mais c'est son amant qui m'a dénoncé.

Fabiano fit un bond, et vit toutes les etoiles au lambris de la salle.

— Son amant! son amant, dis-tu? Quel est cet amant?

— Un grand monsieur brun et pâle, qui m'a enfoncé ses yeux dans ma poitrine comme deux stylets.

— Et cet homme est à Villa-Braschi?

— Oui, monseigneur; c'est le comte de Mersanes.

Fabiano raidit ses bras, ferma ses poings, et baissa la tête sur le parquet.

— C'est bien, dit-il d'une voix calme qui formait un effrayant contraste avec son agitation.

Et il sortit.

Fabiano traversa en courant le faubourg *San-Piétro-d'Arena*, et arriva devant les remparts au moment où l'on fermait les portes. Il put encore entendre le bruit des chaînes du lourd pont-levis qui semblait lui dire, en fermant sa gueule énorme : Il est trop tard!

La nuit était sereine; la ville allait s'endormir, étouffée dans sa ceinture de remparts.

Fabiano un instant contrarié par la brutalité inexorable du pont-levis, sentit que, dans l'agitation qui le dévorait, c'était une sorte de bonheur pour lui d'être obligé de respirer l'air de la montagne et du golfe, loin de ces palais de marbre, tombeaux des vivants, dans les nuits d'été. Il se jeta sur le premier de ces sentiers qui serpentent au flanc des collines; et d'étage en étage, il atteignit les plateaux charmants où semblent dormir avec une voluptueuse nonchalance, comme des harems d'Asie, les villes Spinoletta, Franzoni et Pallavicini.

Il était minuit, car le clocher des Capucins sonnait l'office de *matines*, lorsqu'il arriva devant la villa Braschi.

Il y a dans les bruits nocturnes des ressemblances singulières avec des bruits de pas, des plaintes humaines, des paroles dites à voix basse, tout cela si exactement noté qu'on se retourne pour voir, qu'on se recueille pour écouter. Fabiano s'était enfermé dans un massif d'arbres, et il croyait distinguer des voix humaines dans les allées sombres qui aboutissent à la villa : il croyait même entendre prononcer le nom harmonieux d'une femme, et il lui semblait aussi que les feuilles résineuses, tombées des pins, en aiguilles de verdure desséchée, craquaient sous les pieds de deux promeneurs mystérieux.

La jalousie, ce monstre qui brûle le cœur avec un tison, le front avec la fièvre du délire, la langue avec une sueur amère, avait allumé son bûcher autour du comte Fabiano ; cette nuit si pure, ce firmament si prodigue d'étoiles, ce concert des arbres et des eaux, cette extase voluptueuse qui enchantait la demeure aérienne, tout à ses yeux, était sombre comme ce royaume désolé que l'Euménide entrevoit, assise sur son lit de fer. Haletant, ivre de rage, l'œil égaré, la main à son poignard, Fabiano attendit, toute la nuit, ce rival heureux et invisible dont les échos lui apportaient les paroles ; mais rien ne parut. Aux premières lueurs de l'aube, les ombres perdirent leur mystère, les fantômes s'évanouirent, la jalousie seule resta.

Le comte Fabiano, se faisant éclipser par les arbres, de peur d'être découvert par quelque fenêtre matinale, se glissa furtivement jusqu'au grand escalier, et le descendit au vol comme s'il eût été précipité de la cime. Rentré sur les domaines de la nature, il se cacha de nouveau derrière un buisson de câpriers pour épier le passage de l'homme qui devait, d'après une conjecture infaillible, rentrer en ville avant le lever du soleil : il attendit longtemps, et le pommeau de son poignard suait de la sueur des mains.

Les rayons de l'est jaillirent enfin de la crête apennine la plus élevée, et ils allongèrent démesurément une ombre humaine jusqu'au buisson de câpriers. L'ombre s'agitait avec de brusques ondulations qui ne paraissaient pas appartenir au corps d'un gentilhomme. Fabiano, l'œil fixé sur cette silhouette éternelle, sentit ses forces défaillir, et il laissa tomber son poignard avant l'apparition du corps.

Il essuya ses yeux voilés par le feu de la veille, et il aperçut un domestique d'un âge mûr, tenant une lettre à la main et la regardant à chaque instant comme s'il eût craint de la perdre. Dès que le domestique eut disparu, Fabiano s'élança comme un vautour, et en quelques bonds il se remit sur la piste du domestique, et entra bientôt dans la ville avec lui.

Le domestique traversa la strada Balbi, descendit *San-Ciro*, et entra dans l'hôtellerie de Michel. Fabiano le suivit nonchalamment, de l'air d'un voyageur qui va chez lui, et il entendit ces mots prononcés en mauvais italien :

— M. le comte de Mersanes est logé dans cet hôtel?

— Oui, répondit une voix.

— Voici une lettre qu'il faut lui remettre à son lever.

Fabiano rebroussa chemin, et comme son inspiration était aussi agile que son pied, il devina tout de suite ce qu'il fallait faire.

Quoique le jour fût trop peu avancé pour oser aventurer une visite, il frappa effrontément à la porte du marquis Viani, et il dit au valet de chambre de l'annoncer.

— Le seigneur marquis n'est pas sorti de sa chambre, lui répondit-on.

— Eh bien! dit Fabiano, annoncez-moi toujours, et j'attendrai.

La lettre que M. le comte de Mersanes devait lire à son lever était ainsi conçue :

« MONSIEUR LE COMTE,

« Étrangère et proscrite, ce sont deux titres à l'indulgence d'un gentilhomme français. Ne jugez donc pas ma démarche, ne regardez que ma position !

« Vous êtes attendu, ce soir, aux premières étoiles, à Villa-Braschi. Prenez le chemin le plus long, et ne vous montrez pas. « COMTESSE H.

« Évitez le magnolia. »

VIII.

LE RENDEZ-VOUS.

Le comte Fabiano fut introduit sur-le-champ par ordre du marquis Viani.

Le jeune seigneur sicilien mit un masque de joie matinale sur son visage décomposé par les émotions de la nuit, et il se précipita sur les mains du marquis.

— Eh ! bonjour, mon cher marquis ! C'est bien à vous que je puis adresser ces beaux vers du onzième chant :

O sol che sani ogni vista turbata
Tu mi contenti sì...

J'ai une excellente nouvelle à vous annoncer, et je n'ai pas consulté ma montre : j'ai reçu une lettre de Leipsick !

— Ah ! mon cher comte ! dit le marquis en serrant les mains de Fabiano, il n'est jamais trop tôt de recevoir une bonne nouvelle.

— Le manuscrit a été acheté...

— Par M. Octavien d'Oropeza ?

— Non, par un savant prussien. Mais n'importe. Le savant est ruiné ; il a dit qu'il le revendrait à cent florins de bénéfice, et il a donné son adresse à Berlin,

Bern-Strass, n° 27. M. d'Oropeza est parti sur-le-champ pour Berlin, et nous pouvons considérer l'affaire comme terminée.

— Mon cher Val di Nota, vous êtes un homme prodigieux! Il est très-beau, il est très-glorieux à votre âge d'avoir cette noble passion de la science et d'abandonner les plaisirs superficiels des jeunes gens.

— Oh! marquis Viani, dit Fabiano, en secouant mélancoliquement la tête, j'ai connu de bonne heure la vanité des plaisirs du monde! j'ai l'expérience d'un jeune vieillard. Ma vie, comme vous voyez, est simple; je la compose de travail et de méditation. A neuf heures, je vais au lit; à l'aurore, je sors, et j'assiste sur la montagne au lever du soleil. Quel magnifique spectacle! avec quel œil de pitié je regarde passer devant moi les jeunes fous qui s'en reviennent honteusement de quelque rendez-vous infâme, et qui accusent cet éclat du soleil, inexorable dénonciateur des nocturnes forfaits!

— Oui, comte Fabiano, vous devez, à cette heure, surprendre bien des mystères...

— Des mystères et des crimes! cher marquis; de quoi alimenter la faim de la calomnie et de la médisance, pendant un siècle et plus, si je ne m'étais fait une loi de tenir ma bouche close, en ces occasions; car, ainsi que dit le sage: « Celui qui s'endort médisant se « réveille calomnié!.. » Ce matin, encore, le hasard de ma promenade m'a révélé... Oh! parlons d'autre chose, cher marquis...

— Voyons, voyons, dit le marquis Viani, avec un de ces sourires qui provoquent une confidence; mon cher comte, qu'avez-vous vu ce matin? Quelque galanterie! quelque incartade de belle dame?.. Voyons; une fois n'est pas coutume. Contez-moi ça; je suis discret.

— Oh! mon cher marquis, ce ne sera pas une indiscrétion de ma part; je ne vous apprendrai rien de nouveau, à vous qui n'ignorez rien.

— Eh! qui sait! contez toujours.

— Vous le voulez, dit Fabiano en paraissant faire un violent effort sur lui-même; eh bien! mon cher marquis, ce matin, comme je faisais ma promenade favorite, j'ai vu descendre de Villa-Braschi... devinez qui?

Une affreuse pâleur couvrit le visage de Viani. Fabiano n'eut pas l'air de le remarquer, et il poursuivit ainsi :

— Vous ne devinez pas?.. J'ai vu passer dans un désordre significatif, ce jeune Français, celui qui a dit à Villa-Bianca ce blasphème : « Dante est un fou qui « a écrit ses rêves, et qui a trouvé d'autres fous pour « les commenter... » Vous devinez à présent... le comte Anatole de Mersanes?

— Et d'où venait-il? demanda Viani d'une voix à peine entendue.

— Mais, il me semble que le reste n'est pas difficile à deviner...

— Comment?.. vous croyez... mon cher Fabiano... que la comtesse..

— Cher marquis, voici un axiome : partout où vous verrez une dame polonaise, vous rencontrerez un Français. C'est l'association doublement coupable de la politique et de l'amour... Maintenant, cher marquis, faites comme si je n'avais rien dit... Irez-vous à *Carlo-Felice* ce soir?..

— Comte Fabiano, savez-vous que ce fait est plus grave que vous ne pensez?

— Oh! j'y vois clair comme vous! C'est un club polonais qui s'organise là-haut sous les auspices de Cupidon.

— C'est cela!

— Il paraît même que le comte de Mersanes avait

oublié je ne sais quoi à Villa-Braschi, car, en venant chez vous, c'était mon chemin, j'ai passé devant l'hôtellerie voisine, et j'ai reconnu un domestique de la comtesse qui portait une lettre à M. de Mersanes. J'ai entendu dire qu'une certaine espèce d'amants ne se quitte que pour s'écrire. Les nôtres en sont là.

— Comte Fabiano, vous auriez pu vous tromper...

— Eh bien! marquis, envoyez quelqu'un d'adroit à l'hôtellerie Michel... c'est bien simple : on demandera si la lettre apportée par un domestique de la maison Braschi a été remise exactement ce matin à M. de Mersanes.

— Oui.

Viani sonna et donna ses ordres; ses lèvres tremblaient.

— Mon cher marquis, poursuivit Fabiano en affectant des airs d'indifférence, vous êtes logé d'une façon splendide, vous avez là une charmante Sainte-Famille... C'est du Carlo Dolce, n'est-ce pas?

— Oui, dit le marquis sourdement.

— Voilà un Holopherne très-beau... c'est par l'un des Carraches... Est-ce Louis ou Annibal?

— Louis.

— Quelle belle Descente de croix!.. C'est signé Sébastiano del Piombo, à cent pas... voilà un Canaletti ravissant!.. je vous en donne deux mille écus, marquis Viani... acceptez-vous?

— Non, comte Fabiano... à vous dire vrai, cette affaire me préoccupe beaucoup... ce n'est pas la petite intrigue d'amour... au moins...

— Oh! je crois bien! l'amour est toujours une bagatelle.

— Je vois la chose au point de vue politique...

— Politique, c'est cela!

— Comte Fabiano, il y a d'autres intrigues là-dessous!

— Mille intrigues sourdes, marquis Viani.

— Qu'il faut couper à la racine, sans pitié.

— Sans pitié.

— La raison d'Etat avant tout, comte Fabiano.

— Avant tout.

L'envoyé, de retour, donna cette réponse au marquis :

— La lettre apportée par un domestique de la maison Braschi à M. de Mersanes lui a été remise exactement à son lever.

— Vous voyez, marquis Viani, dit Fabiano, c'est de l'amour chauffé au maximum : la lettre après le rendez-vous. J'avais, moi, une intrigue dans ce genre, à Paris ; une femme d'une exigence !.. Excusez-moi, cher marquis ; j'avais vingt ans, l'âge des folies ! Un jour, je lui fis annoncer par un ami éploré que je m'étais brûlé la cervelle pour lui prouver mon amour. — Le lâche, dit-elle, il n'a pas eu le courage de se pendre !

— Tout cela est bon, cher comte, mais nous nous écartons de la question.

— Il faut attendre les événements...

— Que parlez-vous d'attendre ! comte Val di Nota ; attendre que le mal soit plus grand !.. je vais user du pouvoir discrétionnaire que notre loi nous donne contre les étrangers soupçonnés d'intrigue politique.

— C'est cela ! vous allez le faire arrêter ; très-bien.

— Je ferai ce que j'ai fait vingt fois depuis 1830, et pour des choses bien moins graves certainement.

— Eh bien ! cher marquis, je vous baise les mains ; je vous laisse à vos affaires administratives... nous nous verrons plus tard.

— Je vous remercie, comte Fabiano, de m'avoir mis sur la trace de ces intrigants...

— Oh ! marquis, remerciez le hasard qui a donné cette tournure à une conversation scientifique... Faut-il ébruiter cette affaire ?..

— Diable ! non ! le plus grand secret ! bouche close ! c'est entre nous, rien qu'entre nous !

— Bien ! mon cher marquis ; c'est entendu.

— Que je vous serre les mains, mon cher comte ; le crime sera foudroyé.

— Marquis Viani, je vous dirai ce que Dante dit à Virgile : « Maître, le sens de ces paroles est terrible ; » *maestra, il senso lor m'è duro !* chant troisième.

— Vous citez toujours heureusement..... Adieu, comte Fabiano.

On se sépara.

Fabiano ne s'écarta pas de la maison Viani. Il voulut épier le mouvement des hommes de police, et s'assurer, par ses propres yeux, si le marquis jaloux dirigeait habilement ses opérations.

A la même heure, et dans le voisinage, le comte Anatole de Mersanes décachetait en tremblant une lettre embaumée comme une fleur du matin ; son visage s'illumina du rayon céleste qui luit au front du prédestiné ; une extase de béatitude remplit son âme ; c'était un billet de la femme adorée ; c'était le bonheur en trois lignes ; c'était l'univers qu'il tenait dans sa main.

Comment dévorer ces heures, ces siècles de minutes qui allaient éterniser ce jour jusqu'au lever des premières étoiles ! quelle patience d'homme ne devait pas succomber dans ce martyre ! Le comte de Mersanes regarda autour de lui, et il rougit de se voir si pauvre en face de cette rayonnante lettre qui venait le couronner comme un roi ; il se sentait oppressé par ces viles murailles, trop étroites pour contenir l'immensité de son bonheur. Ce qu'il lui fallait maintenant, c'était un palais de marbre, comme Serra ou Durazzo ; c'était l'escalier superbe qui monte aux jardins suspendus ; la nymphée verte de feuilles, rouge d'oranges, retentissante de fontaines, les grands tableaux de la galerie, les rideaux de soie des balcons, les mosaïques des salons de bal.

Ces beaux rèves le firent tomber dans la réalité de la vie commune, et il ne se consola de son indigence qu'à l'idée de se remettre bientôt en possession de sa richesse abandonnée, et que l'héritière avait offert de lui rendre généreusement. Si cette réflexion ne l'eût pas soutenu, il aurait renoncé, dès ce moment, à l'amour d'une grande et riche dame, de peur d'être regardé un jour comme un aventurier qui avait tenté un coup de fortune dans un établissement avantageux. Ayant mis ainsi sa conscience en repos, il ne songea plus qu'à la villa Braschi, cette résidence aérienne voisine du ciel, et qui n'attendait qu'un seul élu.

Brûlé de cette impatience fiévreuse qui ne laisse prendre à l'esprit aucune distraction, le comte Anatole s'habilla comme pour le plus beau jour de fête, et sortit de l'hôtellerie du pas triomphant de l'homme heureux qui met à son insu toute une ville dans la confidence de son bonheur. Lazare, sorti du tombeau après sept jours, ne montra pas une plus radieuse figure au peuple de Jérusalem. Notre jeune Français passait à travers les grandes lignes monumentales de la cité superbe, seul cadre digne de son amour, et il plaignait les nobles seigneurs de ces palais qui avaient le néant pour locataire, et qui n'auraient pu acheter un seul sourire de la plus belle des femmes avec ces montagnes de marbre ciselées par des artistes géants.

Une rencontre l'arracha violemment à ses extases. Le comte Fabiano, qui ne perdait pas de vue son heureux rival, l'aborda d'une façon étourdie, et lui prenant les mains au milieu de la *Strada Nuovissima* :

— Eh ! quel heureux hasard, s'écria-t-il, vous a fait passer ici à cette heure? Cher comte, on ne vous voit donc plus? Parole d'honneur, je croyais ne plus vous revoir que dans un ermitage! Diable ! quel magnifique négligé du matin ! Vous allez au bal avant déjeuner ?

— Comte Val di Nota, dit Anatole, tout étourdi de cette rencontre, je vous croyais à Villa-Bianca ; j'ai eu l'honneur de me présenter deux fois chez vous en ville pour vous faire ma visite.

— Oh ! cher comte, entre nous c'est sans façon. La tyrannie des visites est intolérable. On se visite dans la rue à la première rencontre ; c'est le privilége de l'amitié. Voulez-vous prendre mon bras, cher comte ?

— Volontiers, monsieur.

— Eh bien ! que dites-vous de nos belles dames génoises ? Moi, je raffole de toutes. J'ai les mœurs françaises. Avez-vous entendu ma sérénade cette nuit ? je l'ai donnée à la princesse sicilienne qui habite le palais Doria. C'était ravissant sur l'eau... Vous n'avez pas l'air de vous amuser beaucoup, comte de Mersanes.

—Pardonnez-moi, monsieur, je mène une vie assez retirée, mais assez conforme à mes goûts.

— Venez donc ce soir chez la marquise Grimaldini, ma tante ; nous avons un concert, un souper. On ne parlera pas de Dante. La princesse nous honore de sa visite... puis-je compter sur vous ?

— Ce soir... ce soir, monsieur le comte... je n'ose pas m'engager... j'attends un voyageur... un Français...

— Allons ! un bon mouvement... amenez avec vous le voyageur... puis-je vous annoncer à ma tante ?..

— Vraiment, monsieur le comte... c'est impossible... je suis au désespoir...

— Eh bien ! venez donc pour le souper, au moins... à onze heures...

— Impossible ! croyez bien...

— A minuit !.. que diable ! on n'a plus rien à faire à minuit !

— Oh ! cela renverserait toutes mes habitudes... je suis réglé comme un vieillard.

— Comte de Mersanes, vous me désobligez... mais n'importe, je ne vous garde pas rancune : à chacun sa liberté. Ce sera pour une autre fois, n'est-ce pas, cher comte ?

De Mersanes se laissa serrer les mains, rendit l'adieu par deux signes de tête, et respira, débarrassé de cette amitié improvisée qu'il ne s'expliquait pas très-clairement.

D'ailleurs, cet incident fut promptement oublié. La grande pensée du jour absorbait toutes les autres réflexions dans la tête du comte de Mersanes.

Il y avait dans le billet de la comtesse cette indication: ***Prenez le chemin le plus long.*** Anatole songea donc à faire son plan d'ascension, conformément à l'ordre divin qu'il avait reçu. Il résolut de sortir de la ville par la porte de Pilla, qui s'ouvre sur la montagne. Arrivé hors de l'enceinte fortifiée, il se dirigerait vers la colline d'Albaro, coupée par le chemin de Toscane, et de là vers les longues lignes des aqueducs où il devait arriver une heure avant le coucher du soleil. C'est du point culminant de ces régions qu'il réglerait sa marche sur Villa-Braschi.

C'était un petit voyage qu'il fallait accomplir : de Mersanes ne recula pas devant une fatigue qui soulageait son impatience. L'agitation des pieds donne du calme à la tête. Il consulta le soleil, comme on regarde le cadran d'une horloge, et la position de l'astre dans le ciel lui promettait encore de longues heures; cependant il partit pour accomplir son pèlerinage d'amour, comme s'il eût craint que pour la première fois de sa vie, le soleil, imitant une étoile volante, ne tombât subitement des hauteurs du zénith à l'horizon de la mer.

C'était l'heure où, devant les eaux stagnantes, les cigales commencent à chanter sur les roseaux. L'œil ne pouvait supporter l'éclat incendiaire que se renvoyaient la mer et le ciel, double firmament de Dieu. Les aromates fumaient sur les collines embrasées comme l'encens dans les cassolettes; les dômes des couvents ressemblaient à des constellations de planètes, tombées sur la ville et rendant au soleil ses rayons; la volupté du midi, ce mystérieux démon qui cherche l'ombre du marbre ou des bois, courait dans l'air avec les parfums et les étincelles. La ville, enflammée de lumière, semblait descendre de son amphithéâtre pour se baigner dans son golfe, au brûlant milieu du jour.

Le comte de Mersanes franchissait la ligne des remparts sous la porte Pilla : personne, un seul homme excepté, n'aurait soupçonné le but de sa course, en le voyant marcher dans cette direction. Le pâtre du val d'Albaro, le quêteur franciscain, le soldat en maraude, seuls habitants de ces régions désertes, regardaient avec un long étonnement cet étrange pèlerin, en habit de bal, qui gravissait la montagne avec l'agilité du chamois. Quant à lui, il ne regardait rien; il se sentait légèrement attiré vers les cimes, comme s'il eût mis ses pieds dans la nacelle d'un aérostat. Par intervalles, il ouvrait la lettre de la femme aimée, et il s'élançait avec plus d'ardeur sur la pointe des rocs, comme le marinier consulte sa carte de voyage, et bondit de joie en retrouvant son chemin.

Cependant une contraction d'inquiétude assombrit soudainement le visage du jeune homme; il venait de remarquer, à sa gauche, trois hommes armés qui suivaient la même route, et qui le regardaient avec une attention singulière. Ce sont des chasseurs, sans doute, se dit-il mentalement; mais des chasseurs à midi, au mois de juin, sur une montagne, sont des êtres bien extraordinaires.

Il doubla le pas pour s'écarter d'eux, mais eux ne paraissaient pas vouloir s'écarter de lui.

Il s'arrêta, ils s'arrêtèrent; il s'assit, ils s'assirent.

Le comte de Mersanes, irrité des mouvements ironiques de ces hommes, marcha droit à eux, avec cette fierté d'allure qui vaut souvent la meilleure épée, et leur dit d'un ton décidé :

— Avez-vous l'intention de me suivre longtemps ainsi?

— Non, dit un de ces hommes en se levant, nous vous arrêtons de par le roi.

Et les deux autres saisirent le comte avec une vigueur qui prouvait que le marquis Viani et Fabiano avaient bien choisi leurs hommes.

— M'arrêter, dit le comte Anatole; et qui vous a donné ce droit?

— Vous allez le savoir bientôt... là-bas... oh! point de résistance, elle serait inutile et même dangereuse pour vous... regardez, voici encore trois des nôtres qui arrivent de la porte de l'Est, vous êtes entre deux feux.

— Mais c'est une méprise! s'écria le comte avec une voix déchirante.

— Non, ce n'est pas une méprise, vous allez voir; suivez-nous.

La lutte était impossible, il fallait se résigner; six hommes armés contre un seul!

On descendit au poste de la porte de Pilla, et le comte fut enfermé dans une casemate. Le chef des sbires lui montra l'ordre émané du *Buon-governo*. Cet ordre, scellé des armes royales, expulsait immédiatement des États de Carlo-Alberto, le comte Anatole de Mersanes, pour cause d'intrigues politiques et de connivence coupable avec des réfugiés et des proscrits.

— Mais, s'écria le comte, c'est une horrible calomnie! c'est une infâme trahison!

— Nous ne connaissons que les ordres des chefs, lui répondit-on.

— On ne peut pas me refuser de voir le consul de France. Conduisez-moi chez mon consul !

— Votre consul n'a rien à voir dans les affaires politiques de notre pays.

— Allez au diable avec vos affaires politiques ! Est-ce que je suis un conspirateur !

— Voilà l'ordre.

Ces deux mots furent dits d'un ton sèchement officiel, et la porte de la casemate fut fermée à triple tour.

Il fallait un accident aussi terrible, dans une circonstance aussi solennelle, pour arracher le comte de Mersanes à son calme stoïque ; mais le noble jeune homme ne tarda pas à rentrer dans son naturel ; il ne fit point de conjectures, parce que les conjectures n'ont jamais rien deviné ; il s'assit sur un grabat, et attendit, avec résignation, ce qui était dans son destin.

A tout hasard, il écrivit au crayon, sur son album de voyage, une lettre au consul de France, et il disposa sa missive de manière à être promptement glissée dans quelque main secourable ou vénale si elle se rencontrait sur sa route.

Au tomber du jour, la porte de la prison s'ouvrit, et l'escorte armée qui le conduisait descendit un sentier tortueux et solitaire, presque verticalement posé sur le rivage de la mer. Devant la batterie de l'École, une chaloupe et quatre rameurs attendaient le prisonnier. Deux hommes armés jusqu'aux dents s'y placèrent à côté du jeune Français. Le chef fit un signal, et la chaloupe vogua lourdement vers la haute mer.

A la dernière lueur du crépuscule, Anatole de Mersanes vit un petit bâtiment à l'ancre, et à une portée de fusil du brick, du côté de Gênes, l'ombre noire et immobile du *Cambrian*. La vue de ce vaisseau qui rappelait une si douce nuit, et une fête comme les étoiles ne devaient plus en éclairer, plongea le prisonnier dans une sombre tristesse.

Le capitaine de la bombarde génoise, *l'Assomption*, avait ordre de conduire à Marseille le comte de Mersanes, et les deux gardes de police, choisis par Viani, étaient chargés de veiller à l'embarquement. Tous les bagages du jeune étranger avaient été transportés de l'hôtellerie à bord de la bombarde.

La police avait mis tant de mystère et de précaution dans cette affaire que le jeune Français comprit qu'il y avait là-dessous quelque machination horrible dans laquelle la susceptibilité politique la plus ombrageuse n'avait aucune part.

De Mersanes se dit à lui-même, dans un monologue mental :

— C'est évident, j'ai un rival puissant qui prend, pour sauver l'État, toutes les précautions qu'on prend pour commettre un crime. Il n'y a plus de doute, cette adorable femme est en péril.

La chaloupe s'éloigna, et la bombarde mit à la voile. Un petit vent de terre soufflait sans rider la mer. L'étoile l'*épi de la Vierge* s'élevait sur le dôme de Carignan.

Le comte de Mersanes s'enveloppa d'un lambeau de voile latine, et s'étendit sur l'échelle triangulaire de la proue pour dormir à la fraîcheur de la nuit.

— Il a pris gaiement son parti, dit le capitaine, c'est un brave garçon !

IX.

RÉVÉLATION.

Le vent fraîchissait ; il n'y avait pas de temps à perdre. De Mersanes, couvert par son lambeau de voile, fit lestement sa toilette de mer, et sortant à pla ventre de son enveloppe, il se laissa glisser sans bruit dans l'eau, par une corde, au moment le plus favorable.

La voile resta sur la proue, en gardant la forme d'un corps absent.

La résolution du gentilhomme français avait été prise et exécutée avec la rapidité de l'éclair.

Le Cambrian n'était pas éloigné ; le jeune homme nagea dans la direction du vaisseau, et bientôt il l'atteignit.

Au cri de la sentinelle, un officier de service accourut ; le nageur, suspendu à l'échelle, nomma le commandant Hamilton, et il s'élança lestement sur le pont du navire.

Hamilton était accouru, et sa surprise fut extrême en reconnaissant le héros de son bal dans le plus étrange et le plus humide des costumes.

— Au nom de Dieu ! dit Anatole de Mersanes, ne m'interrogez pas, capitaine Hamilton ; je n'ai pas une minute à vous donner. Demain, je vous expliquerai tout. Je vous demande un habit, un canot et quatre rameurs, au nom de votre illustre aïeul, mon compatriote !

— Je ne vous interroge qu'en vous répondant, dit Hamilton... Voilà tout ce que vous demandez : habit, canot et rameurs.

De Mersanes répara promptement avec ces habits d'emprunt sa toilette absente. Et quand il fut prêt :

— Quelle heure est-il, capitaine Hamilton ?

— Neuf heures. Mes officiers viennent de partir pour le théâtre.

De Mersanes serra la main du commandant et se précipita dans le canot.

Traverser la rade, le port, la ville, cela fut fait avec toute la promptitude dont peut disposer le pouvoir humain. Le jeune homme courut sur le flanc de la montagne comme sur une plaine unie; son élan ressemblait au vol; ses bras étaient des ailes; le roc dur relançait son pied comme la planche souple du tremplin. Anéanti par cet effort sublime, il aurait dû succomber en touchant le but; la vue de la villa Braschi le ressuscita.

Un domestique polonais récemment arrivé à Gênes, et investi de la confiance de sa maîtresse, attendait depuis très-longtemps le comte de Mersanes en rôdant autour de la villa. Dès que le jeune homme sortit du bois derrière la maison, il fut introduit dans une galerie inférieure, et, quelques instants après, dans un salon où l'attendait la comtesse Hortensia.

La jeune dame, en voyant entrer de Mersanes dans un costume de marin et dans un désordre incroyable, ne le reconnut pas tout à coup et elle se leva pour fuir. Mais celui-ci prononça quelques paroles en français et se fit reconnaître à sa voix. La comtesse sourit, et reprenant sa place :

— Je comprends, dit-elle; vous avez voulu vous déguiser pour ne pas être reconnu; vous avez réussi, monsieur le comte.

Anatole murmura quelques paroles confuses, dépourvues de sens, qui signifiaient tout et n'exprimaient rien.

— Monsieur le comte, poursuivit la jeune dame, je vous prie de m'excuser si je vous ai appelé ici à pareille heure. Vous devez avoir trouvé mon invitation bien singulière, n'est-ce pas?

— C'est à moi, madame, de m'excuser si je suis venu si tard. J'ai voulu faire un trop long détour, et je me suis égaré...

— Oh! j'ai bien compris; ne vous excusez pas... Monsieur de Mersanes, nous sommes seuls; mes domestiques dorment, et ma tante est dans sa chambre. Cependant il faut parler bas. Sur cette montagne l'atmosphère est si pure qu'une parole trop fortement accentuée est emportée à cent pas aux environs.

Pendant que la comtesse parlait, le jeune homme la considérait avec des yeux remplis d'une expression indéfinissable : elle était belle à damner un ange; elle avait ce charmant désordre de chevelure et de toilette qui annonce une longue journée passée dans la plus fiévreuse agitation d'esprit; sa robe blanche, simple et unie, ondulait gracieusement jusqu'au tabouret de soie où se croisaient deux pieds divins.

— Madame, dit le comte avec un calme d'emprunt, je serai heureux de mettre ma voix à l'unisson de la vôtre.

— Le malheur a cela de bon, monsieur le comte, qu'il donne l'expérience et l'observation avant la vieillesse. Le bonheur donne l'étourderie; l'infortune donne la réflexion. Je ne crois donc pas me tromper, monsieur, si je reconnais en vous un homme digne d'estime et de confiance.

La comtesse s'arrêta. Le comte baissa les yeux et garda le silence.

— C'est bien! poursuivit la comtesse, ma parole n'a soulevé de votre part aucune de ces protestations bruyantes qui annoncent un dévouement qui ne se dévoue jamais. J'ai lu votre lettre, monsieur; elle sort du cœur comme la vérité; je n'ai pas voulu voir dans cette lettre ce qu'on appelle une déclaration d'amour, je ne la regarde que comme l'épanchement d'une âme qui cherche une sœur pour lui faire sa confession.

— Madame, j'accepte tout.

— Maintenant, je veux vous rendre confidence pour confidence; je voulais retarder aussi longtemps que possible notre entrevue; mais un accident est survenu l'autre nuit, et je me suis décidée à vous appeler sur-le-champ. Vous vous souvenez, monsieur le comte, du bal du *Cambrian*?

Anatole leva les yeux, et joignit les mains convulsivement.

La comtesse poursuivit :

— A ce bal, monsieur, vous avez remarqué chez moi un changement subit, et une émotion que je laissai trahir par mes larmes ?

— Oui, madame.

— Vous n'avez pas cherché à deviner pourquoi une douleur si vive m'accablait après tant de folle étourderie ?

— Je ne devinai rien, madame ; seulement, je vous avoue que votre douleur me frappa bien plus que toute votre nuit de gaieté.

— De gaieté !.. pauvre monde ! comme on le traite !.. Et vous aussi, monsieur, vous avez cru à ma gaieté ?

Elle arrondit son bras d'ivoire vers un angle du salon, et elle sonna. Un domestique parut.

— Stanislas, dit-elle, avez-vous fermé soigneusement toutes les portes ?

— Oui, madame la comtesse.

— Toutes les fenêtres des salles basses ?

— Oui, madame la comtesse.

— C'est bien ; retirez-vous, et ne dormez pas... Excusez-moi, monsieur le comte, dit la jeune dame, si je passe d'une chose à une autre..

Elle soupira et appuya sa tête sur sa main, son coude sur le coussin du divan ; puis :

— Monsieur le comte, c'est une lamentable histoire que la mienne, une histoire comme les étoiles de mon pays n'en reverront plus. Vous savez que Varsovie mourut dans une bien terrible et bien sanglante nuit. Notre maison était à Praga, dans la rue Saint-André. J'étais avec d'autres nobles dames dans les batteries polonaises, lorsque ce faubourg fut pris. C'est là que j'eus le malheur de perdre mon mari. Il avait un commandement sur la Vistule ; il périt comme tant d'autres hommes généreux, et je n'ai pas eu la consolation de lui élever un tombeau!.. Il faut bien peu de mots pour conter de grandes douleurs.

La jeune femme s'arrêta un instant et le silence de la nuit régna seul à la villa Braschi.

— Je rentrai chez moi, le désespoir dans l'âme; une nuit affreuse couvrait notre quartier; jamais plus affreuses ténèbres : amis et ennemis inondaient les rues. Ma maison avait été saccagée, mes domestiques avaient disparu, moins un seul, Stanislas, qui m'accompagnait. Je courus à la chambre où j'avais laissé ma pauvre fille, une fille unique, à peine âgée de quatre ans; le lit était encore tiède, mais mon enfant n'y était plus! Il y a un mot qui n'existe pas et que je voudrais inventer pour exprimer ma désolation de veuve et de mère. Je courus dans tous les appartements, je fouillai dans tous les recoins de la maison... ma pauvre enfant était perdue! perdue!..

Un torrent de larmes inonda le visage de la jeune femme. Anatole de Mersanes laissa tomber sa tête sur ses deux mains et pleura.

— Monsieur le comte, poursuivit Hortensia en faisant un violent effort sur elle-même, je veux respecter votre noble douleur, qui est la mienne. Je n'entrerai pas dans des détails qui briseraient votre âme et ne me rendraient pas ma fille. Qu'il vous suffise de savoir que toutes mes recherches furent inutiles. J'ai prodigué l'or pendant quinze jours et quinze nuits. Mon ange n'a plus revu sa mère!

La comtesse Hortensia fit encore une pause, comme oppressée par de cruels souvenirs; puis elle reprit :

— Bien après ces affreux événements, un jour, je sortis comme d'un long sommeil; on me dit que j'étais à Berlin. Un long délire m'avait privée de la raison. Lorsque l'arrêt de proscription tomba sur notre famille, un domestique et un parent de mon mari me portèrent mourante dans une chaise de poste, et nous quittâmes le territoire polonais.

— Affreux! affreux! murmura de Mersanes.

— Je suis obligée de l'avouer à ma honte : après mes malheurs, je croyais n'avoir plus rien à redouter... eh bien! lorsque j'appris que j'avais perdu la raison, lorsque je sentis encore dans mon cerveau fermenter le germe d'une folie incurable, une terreur inconnue glaça mon sang, et je ne pus supporter cet épouvantable avenir de mort vivante que j'allais traîner dans quelque enfer terrestre, au milieu d'autres êtres hideux, sanglants, échevelés, misérables comme moi. Dieu m'est témoin que ce n'était pas la mort qui m'effrayait.

La jeune femme parlait avec une voix tremblante et convulsive et le jeune homme n'osait interrompre cette pieuse confidence. Elle continua :

— Souvent je suivais le fil d'une idée comme pour essayer ma raison : je voulais m'assurer de l'état de mon cerveau, comme on éprouve du pied la planche du pont d'un abîme avant de la traverser. Mes premières idées se liaient entre elles avec assez de clarté : ensuite, à mesure que j'avançais dans cet examen de moi-même, je sentais monter à mon front comme une brume épaisse et brûlante; des flots d'étincelles tourbillonnaient devant mes yeux; une lueur livide couvrait d'un crêpe la création; des larmes enflammaient mon visage, et je me voyais rire aux éclats en passant devant de grands miroirs. Alors j'entendais le canon de Varsovie, si clair, si distinct, que je tressaillais à chaque coup. Je suivais de l'œil un cadavre roulant sous le pont de Praga; un ouragan de feu m'emportait dans une ville ténébreuse et désolée, comme Ninive à sa nuit suprême, et j'entendais les cris de ma pauvre fille, entraînée dans les bois par une bande de bohémiens. En sortant de cet horrible rêve, je me retrouvai à la même place où j'avais commencé dans le calme l'examen de ma raison; et le désordre de ma toilette, la rougeur de mon front, la sueur de mes cheveux, le frisson glacial de mes pieds, tout me faisait aisément deviner à quel excès de délire frénétique je m'étais élevée devant ces épouvantables visions! Chaque jour aggravait davantage la blessure de mon cerveau, et chaque jour mes terreurs devenant plus vives, je sentis que je ne pouvais me sauver de la folie que par une ardente et continuelle distraction. Je me lançai avec une sorte de joie dans la vie des voyages; je me cramponnai à la planche d'une berline comme un naufragé à la planche de son salut. Cette excitation de tous les instants eut pour moi des effets favorables. Mes crises furent moins fréquentes; j'avais des jours entiers de pleine raison; j'avais dans mes nuits quelques heures tranquilles, et un réveil plein de sérénité comme à l'âge de mon bonheur. A l'expiration de mon deuil, j'habitais Rome, et le tiers de l'Europe m'était connu.

La comtesse Hortensia s'arrêta encore une fois, et resta quelques minutes comme abîmée dans ses souvenirs. Anatole de Mersanes n'osait rien dire, dans la crainte de trahir l'émotion de son cœur. La comtesse poursuivit ainsi :

— Le monde m'avait tout enlevé : le monde avait été si cruel envers moi, que je ne me crus engagée dans aucune obligation envers lui. Je résolus de continuer cette vie d'étourdissement moral et de fatigue physique pour obtenir la complète guérison de mon esprit, me souciant fort peu des amères railleries d'une société qui, d'ailleurs, nous désole toujours, sur quelque sentier que nous passions. Une idée surtout me soutenait dans cette vie de gaieté hypocrite; l'espoir de retrouver ma pauvre fille : j'avais besoin de toute la plénitude de mes facultés pour calculer chaque jour de nouvelles combinaisons et arriver ainsi à cet heureux résultat. Souvent, la nuit, lorsque je quitte mes habits de fête dont l'éclat ment à tous les yeux, excepté aux miens, je cherche encore à quel coin du monde j'écrirai une lettre pour demander mon enfant; et je souris amèrement à travers mes pleurs, quand je songe à la stupéfaction qui saisirait ce monde joyeux que je quitte, s'il me voyait, après ma gaieté menteuse au bal, abîmée comme Rachel et Niobé dans mes incurables douleurs!

Aujourd'hui que le temps et le remède ont raffermi mon front, je puis me donner la volupté de la douleur sans retomber dans mes terreurs anciennes. Après avoir eu le facile courage de la mort, je m'applaudis d'avoir eu le courage de la vie. L'espoir est toujours là, vivant et doux comme une consolation.

Il m'est fort indifférent de mentir par mon visage et mes habits à la foule qui me regarde passer : mais il y a toujours quelqu'un dans cette foule aux yeux duquel on tient à paraître ce que l'on est. Souvent, après avoir bien regardé autour de soi, on ne consentirait à rire que pour une seule personne, et si celle-là vous applaudit, l'assentiment ou la censure des autres vous touche peu. C'est ce qui explique aujourd'hui, monsieur le comte, ma position vis-à-vis de vous. Si j'ai hâté l'heure de cette confidence, je vais vous en donner la raison.

Vous ne serez point étonné, maintenant, si je vous dis que mes nuits sont souvent si agitées qu'elles s'écoulent sans sommeil. La nuit dernière, comme je regardais blanchir l'aube sur la mer, à travers les persiennes de ma chambre, je vis passer sur la terrasse un homme dont l'allure était pleine d'audace et de résolution. Je le reconnus tout de suite; c'était ce jeune seigneur sicilien, qui a de l'esprit comme en aurait un mandrille s'il parlait; c'était le comte Val di Nota. Que cherchait cet homme à pareille heure et dans ce désert? A coup sûr, il ne courait pas après une bonne action, soit dit sans le calomnier. Il rôdait, les narines au vent, avec de souples ondulations de corps, comme la panthère autour de l'étable; et je voyais luire, dans le crépuscule, ses yeux fauves, qui semblaient mesurer la hauteur des balcons. Cette apparition m'a effrayée. Rien ne trouble l'esprit comme de savoir qu'une mauvaise pensée tourne autour de vous, et qu'elle n'attend que l'heure propice pour se traduire en mauvaise action. Il faut d'ailleurs bien moins que cela pour alarmer une femme isolée, une étrangère sans protection, et que chacun, faible ou puissant, croit pouvoir insulter de la brutalité de son amour, parce qu'il n'y a pas à côté d'elle une épée au bout d'un bras.

Le comte Anatole se leva vivement, et étendant sa main droite sur la belle veuve, il dit avec une voix calme :

— Un seul mot de votre bouche, madame, et le défenseur sera trouvé.

— Oh! monsieur, dit la comtesse avec mélancolie, si j'avais un défenseur à choisir, je n'irais pas le chercher hors de cette maison, croyez-le bien. Mais vous n'êtes pas mon mari, mon frère, mon parent, mon compatriote. Votre courage, monsieur le comte, votre dévouement ne seraient qu'un scandale de plus et ne me protégeraient pas. Je vous ai appelé ici pour rendre témoignage à la vérité, non pas demain, ni à aucune autre époque, rapprochée ou lointaine, que je puisse déterminer, mais quand les convenances permettront que cela soit; je veux que vous puissiez attester par serment que vous avez vu le comte Val di Nota rôder autour de cette demeure comme un bandit; car c'est un homme d'acharnement, il reparaîtra cette nuit, j'en suis certaine. Si cet homme n'a pas quelque violent projet d'attaque nocturne, il a un projet plus infâme encore; il veut me déshonorer de la manière la plus lâche, il veut faire croire à des rendez-vous en descendant de Villa-Braschi au lever du soleil, et d'un pas secrètement ostensible, et silencieusement bruyant, ainsi que se vengent certains hommes dédaignés. S'il le faut, monsieur le comte, vous me serez témoin un jour que le comte Fabiano n'a jamais franchi le seuil de cette maison.

De Mersanes étendit horizontalement la main vers la comtesse sans prononcer une parole.

Dans toutes les conjectures que le comte Anatole avait faites en montant à la villa Braschi par ordre d'Hortensia, il avait tout prévu excepté la tournure que venait de prendre ce rendez-vous nocturne et mystérieux? Eh bien! les nobles âmes sentiront qu'à tous les incidents prévus ou imprévus, y compris celui qui était le plus doux au cœur d'un jeune homme passionné, le comte de Mersanes aurait encore préféré ce chaste entretien, cette confidence intime, cette nuit de pieuse révélation.

Alors, prenant la parole, il raconta ses événements du dernier jour et du dernier soir à la jeune dame qui l'écouta, la bouche béante, les yeux fixes, comme si cette narration eût justifié ses craintes ou ses pressentiments de la veille.

— Comte de Mersanes, dit-elle en prenant la main du jeune homme, tout ce que vous venez de me raconter est l'œuvre du Sicilien. Mais, au nom du ciel, comte Anatole, point de vengeance! point de scandale; songez que maintenant votre conduite ne vous appartient plus.

— Liez ou déliez mes mains, madame, j'obéis.

Au même instant, le visage de la jeune femme se couvrit de pâleur, et de Mersanes sentit sur sa bouche la plus belle et la plus blanche des mains.

Hortensia se leva sur la pointe des pieds, et fit signe à son compagnon de la suivre aux appartements supérieurs.

Anatole suivit le signe et monta l'escalier, réglant son pas sur le pas de la comtesse; cependant, malgré leurs précautions de prudence silencieuse, leur souffle trouvait encore un écho dans le sonore vestibule de marbre de la villa.

Arrivée à la galerie du premier étage. Hortensia dit à l'oreille d'Anatole :

— Je ne me suis pas trompée, mais je ne l'attendais pas si tôt.

De Mersanes désigna par une pantomime interrogative le comte Fabiano. Un signe de tète répondit oui.

Anatole croisa les bras sur sa poitrine et les éleva par-dessus son front presque en même temps.

Le doigt indicateur de la jeune femme désigna une persienne dans une salle obscure. C'est là qu'ils prirent position tous deux.

Cette scène muette au milieu de la nuit donnait une volupté ineffable au cœur d'Anatole; elle fondait d'ailleurs l'ère d'une intimité douce que rien ne pouvait plus rompre et qui permettait de tout espérer dans l'avenir.

C'était en effet le comte sicilien.

On le reconnaissait aisément dans l'ombre à cette allure de fierté audacieuse qui n'était qu'à lui. Il examinait la façade de la maison, comme ferait un général qui viendrait dans les ténèbres étudier une place forte pour donner assaut le lendemain : rien dans ses mouvements ne trahissait la moindre émotion, la moindre crainte : parfois il se promenait, pensif sur la terrasse, comme s'il eût été le maître de la maison, et que l'insomnie d'une chaude nuit d'été l'eût chassé de son alcôve. Puis, on le voyait tressaillir sous l'obsession violente d'une idée, et ses yeux siciliens, fixés sur les balcons, étincelaient comme deux astres de sinistre augure sous l'ébène des cheveux : et quand le moindre bruit sortait des bois ou montait de la mer, il inclinait son oreille vers le point soupçonné de recéler quelque mystère nocturne, et la simple ondulation de son corps annonçait que l'agile démon était prêt à l'attaque ou à la fuite, selon les exigences du moment.

Cette nuit, que la saison faisait si courte, n'amena aucun autre incident. A l'aube, le comte Fabiano disparut comme une vision nocturne effacée par le premier rayon.

De Mersanes n'avait prêté qu'une faible attention aux accidents du dehors ; il s'était enivré d'amour au voisinage de la femme adorée ; cent fois, dans cette nuit d'émotion, la jeune femme avait laissé tomber, à son insu, ses cheveux et son souffle sur le front d'Anatole ; et la molle clarté de l'aurore qui réjouit les yeux ne rencontra cette fois qu'une malédiction muette, partie d'un cœur trop fortuné pour la bénir.

Un point lumineux dorait la plus haute cime des montagnes de l'est, mais la campagne gardait encore un reflet des étoiles, lorsque le comte de Mersanes prit congé de la comtesse.

— Moi aussi, lui dit-il, madame, moi aussi, je suis proscrit. Il m'est défendu de mettre le pied dans la ville. Je vais, par de longs détours, réclamer encore l'hospitalité du *Cambrian*, et là je demanderai justice au représentant de mon pays... Et maintenant, madame, quand aurai-je le bonheur de vous revoir ?

— Vous concevez, monsieur le comte, qu'il m'est impossible de prolonger mon séjour à la campagne ; je descendrai à Gênes après le soleil levé. Vous en avez assez vu, maintenant, par vos propres yeux, pour savoir à quoi vous en tenir sur les calomnies que le monde attache à mon nom... Adieu... comte de Mersanes ; il ne vous sera pas difficile d'obtenir justice...

mais je vous recommande encore une fois, au nom du ciel...

—Dites au nom de votre patronne, madame.

— Je vous recommande d'éviter tout scandale avec ce démon sicilien.

— Madame, je vous le jure, mes lèvres sur votre noble main... je suis entré dans une maison, je sors d'un temple.

De Mersanes s'élança lestement du vestibule sur la terrasse, et tournant la maison, il s'enfonça dans le bois, et atteignit bientôt la cime d'un escalier taillé au-dessus d'une petite vallée qui conduisait à la mer hors de l'enceinte des remparts.

Arrivé au bas de cette échelle deroc, le jeune homme doubla un angle de terrain, et se trouva face à face avec un homme qui recula deux pas, en s'écriant :

— Vous ! ici ! monsieur!

C'était le comte Fabiano Val di Nota.

La chose qu'on appelle le hasard, et qui dans les existences orageuses est toujours si bien combinée qu'elle devrait enfin perdre ce nom, avait conduit Fabiano vers ce chemin, tout nouveau pour lui, comme pour Anatole.

Le premier homme qui vit le premier lever de soleil ne montra pas à cet astre une figure plus bouleversée d'étonnement que celle de Fabiano en reconnaissant le jeune Français.

Le Sicilien, par un instinct naturel, après avoir proféré son exclamation, mit sa main droite sur le pommeau de son poignard. Heureusement il n'y avait point de chance pour accomplir un crime ténébreux : à droite et à gauche du sentier, des religieux de Saint-François partaient pour la quête, et de pauvres paysans pour le travail.

De Mersanes mesura des yeux la taille du Sicilien, et continua sa route, sans ralentir ni hâter le pas;

mais Fabiano lui barra le chemin, et le força ainsi de s'arrêter un instant.

— Nous ne sommes pas seuls, dit Fabiano, et nous parlerons bas...

— Monsieur, interrompit de Mersanes d'un ton brusque et fier, vous n'avez rien à me demander, et je n'ai rien à vous répondre, moi !

— Je voudrais savoir, dit le Sicilien avec un calme hypocrite, lequel de nous deux, ce matin, est l'espion de l'autre.

— Je ne veux rien savoir, moi! dit de Mersanes de l'air d'un homme qui a peur de sa colère. Rien! laissez-moi passer, monsieur.

— Eh bien! je sais, moi, dit le Sicilien en jetant aux pieds d'Anatole une fleur d'hortensia, je sais que vous êtes un lâche; passez!

Le comte de Mersanes ne répondit pas un mot; il continua sa route tranquillement jusqu'au bord de la mer, et la première barque génoise qu'il trouva sous son pied le conduisit à bord du *Cambrian*.

X.

LA TADOLINA.

Une semaine après cette rencontre, Fabiano écrivit à son ami Octavien d'Oropeza la lettre suivante :

Gênes... juin 1833.

« MON CHER OCTAVIEN,

« D'après mes calculs, cette lettre, que je fais triple, doit te trouver à Varsovie, à Berlin ou à Vienne.

« Tu n'auras pas oublié d'écrire à madame Virginie Debard pour mettre ton amour à ses pieds, et j'espère bien que tu épouseras, dans la première semaine de juillet, cette héritière du comte de Mersanes. C'est une affaire convenue.

« J'attends tous les jours de toi une lettre de Varsovie qui doit m'apprendre bien des choses importantes, et dont mon adresse doit tirer un parti merveilleux. J'aimerais mieux te voir arriver toi-même en guise de lettre.

« La belle comtesse est en ville depuis quelques jours; elle n'a reçu que le marquis; c'est toujours l'homme dangereux par excellence. Je suis maintenant son meilleur ami. J'ai fait chasser des États de Sardaigne le comte Anatole; mais le drôle s'est réfugié à bord du *Cambrian*, et dans ce fort inexpugnable, il négocie diplomatiquement pour rentrer à Gênes. Il ne réussira pas. Le marquis Viani ne me fait aucune confidence : je ne connais pas un péché plus capital que cet homme-là, qu'il faut deviner à travers son mysticisme épais, son pathos scientifique et sa froideur de diplomate. Je lui prépare un tour de son métier.

« Quand j'aurai déblayé ma route de tous les buissons épineux qui me voilent l'adorable femme, j'agirai; tu me connais, lorsque j'agis!

« J'espère aussi que tu n'auras pas oublié d'écrire à madame Virginie Debard, ta future, de se hâter de vendre tous les immeubles de la succession, et de placer l'argent en bonnes mains. Anatole de Mersanes est ruiné; il restera ruiné. Les belles comtesses n'aiment pas longtemps les ruinés.

« Adieu; éventre Varsovie, et arrache-lui du cœur le secret d'Hortensia.

« Ton fidèle banquier,
« COMTE V. D. N. »

P. S. « J'ai fait une découverte. L'Anatole est un poltron; je crois que la comtesse a des bontés pour lui;

mais tu conçois que dans ma position je suis obligé de refouler la médisance dans ma bouche. Si je parlais, je serais ridicule comme un mari, puisqu'aux yeux du monde, les yeux du marquis exceptés, je suis le favori de la comtesse. Il y a donc des occasions où l'on est forcé d'être discret et de respecter l'honneur des femmes. Je n'aurais jamais cru cela; me voilà vertueux par nécessité! »

Cette lettre écrite, le comte Fabiano courut chez le marquis Viani.

Il traversa galeries et salles d'un pas déterminé, comme l'ami intime de la maison, et il s'annonça lui-même à la porte du cabinet. Le marquis s'occupait en ce moment d'une correspondance fort active au sujet de l'affaire de M. de Mersanes, que défendaient énergiquement le consul de France et le commandant Hamilton.

— Bonjour, marquis, dit Fabiano en se précipitant sur les mains de Viani; avez-vous un engagement pour ce soir?

— Pour ce soir? dit Viani préoccupé; pour ce soir?.. Attendez..., non...; j'ai ma soirée libre, cher comte.

— Dieu soit loué!.. Ma tante, la marquise Gesualda Grimaldini, qui, par parenthèse, vous aime de tout son cœur, réunit ce soir quelques intimes autour d'un plateau de sorbets. Nous sommes bien aises, ma tante et moi, de vous présenter ce soir le marquis d'Isola-Bella et sa femme... Vous allez dire oui.

— Cela vous oblige, mon cher comte?

— Cela m'enchante.

— Accepté.

— Oh! si c'étaient de ces ennuyeux personnages qui voyagent pour faire des lieues, et compter les marquis et les princes qu'ils rencontrent à travers l'Italie, je vous dirais le premier, ne venez pas. Mais je vous promets des étrangers hors de ligne. Le marquis d'Isola-Bella est un érudit de vingt-cinq ans qui a vécu deux siècles à Rome. C'est l'ami intime du célèbre Vescovagli, qui a déterré tous les faux dieux d'Anaximandre, de Praxitèle et de Phidias. La marquise d'Isola-Bella sa femme, est une jeune Parisienne de vingt ans ; un ange ! Fort belle personne ; une blonde dorée au soleil, avec des mains blanches comme la neige, et des pieds d'enfant. J'ai vu avec plaisir qu'elle menait son mari par le nez, qui est fort long, comme le nez des antiquaires. Cela soit dit sans mauvaise intention, car, vous le savez, la médisance m'est en horreur.

— Eh bien ! cher comte Fabiano, agissons sans façon entre nous ; j'ai beaucoup à faire aujourd'hui ; vous allez me laisser à mes travaux, et je me dédommagerai ce soir de ce que je perds ce matin en ne causant pas avec vous.

— Ah ! voilà les procédés que j'aime ! mon cher Viani ; voilà, certes, la vie comme je la comprends !.. Adieu, je me sauve ; à ce soir. Sabrez votre travail, et soyez à nous de bonne heure.

— Adieu, comte Fabiano.

Le comte sicilien employa le reste de sa journée à combiner des plans à Villa-Bianca ; il s'était chargé de faire les invitations à la soirée de la marquise Grimaldini, et il ne voulut admettre aux salons intimes de sa tante que cinq ou six familles bien connues de lui.

A l'heure indiquée, le comte Fabiano était déjà sur le seuil de la porte du premier salon pour recevoir les invités. Il se posait avec une fatuité charmante devant les groupes, lançait la conversation sur un sujet joyeux, et se replaçait à son poste d'introducteur, dès que les propos étaient animés.

Comme chacun se montrait avide de savourer ce qu'on appelle les délices de la conversation, le comte Fabiano n'eut pas besoin d'exciter beaucoup son monde. Les langues effrénées jaillirent aussitôt comme des aiguillons de serpents.

On servit à ce festin trois ou quatre réputations de femmes; et la faim exigeante des convives n'était pas assouvie.

Un jeune homme qui n'avait pas encore payé son écot, se donna, sur son fauteuil, un léger balancement de corps, et dit :

— A propos, mesdames, puisque le marquis Viani est absent, nous pouvons lui donner un tort; vous savez qu'il se marie.

— Avec la comtesse de Varsovie; c'est une nouvelle vieille de six mois, dit une voix aigre de vieillard incorrigible.

— Il parait que le comte Fabiano a rompu avec elle? dit quelqu'un.

— Mais, dit un monsieur qui était debout devant la cheminée, et qui accompagnait chaque mot d'un coup de lorgnon sur sa main gauche, mais il me semble que Fiabano a été d'une constance adorable; il a vécu deux longs mois avec sa comtesse! soixante jours, un carême et demi!

— Je ne sais trop vraiment ce qu'on trouve de rare dans cette femme! dit un monsieur qui regardait amoureusement une dame d'une laideur idéale; une femme n'a qu'à prendre la peine d'être étrangère pour être mise sur un piédestal.

— Son physique me conviendrait assez, dit un contessino qui avait un cordon de montre en cheveux noirs sur un gilet blanc; mais je n'aime pas son caractère : elle a dans sa tête la cervelle d'un moineau; c'est une folie qui ne rêve que bals, spectacles, intrigues, festins, et qui dit son fait à un homme avec l'audace d'un grenadier.

— Excepté pourtant, lorsque l'homme est jeune et beau, dit un monsieur d'un certain âge qui mettait beaucoup de malice dans le verre de ses lunettes.

—L'observation est bonne, remarqua le comtessino.

— Croyez-vous que nous la verrons ici ce soir? demanda une douairière prude.

— Oh! non, répondit un homme grave; la comtesse Grimaldini a choisi son monde ce soir; la marquise a du tact. D'ailleurs, la comtesse polonaise s'est retirée à Villa-Braschi.

— Et pour cause! dit un avocat mystérieux.

— Ah! fit l'homme grave.

— La villa Braschi est devenue un nid d'intrigues aujourd'hui, dit un interlocuteur sérieux avec un accent de vertu indignée.

— Chut! dit le groupe, voici le marquis Viani.

La maîtresse de la maison causait avec une de ses amies; elle se leva pour recevoir dignement le marquis Viani; Fabiano prit son bras avec une familiarité d'ami, et fit plusieurs tours de salon avec lui en causant de choses indifférentes.

Tout à coup on annonça M. le marquis et madame la marquise d'Isola-Bella.

La transformation était merveilleuse. L'œil même de Fabiano faillit se tromper.

Antonini avait laissé sur son visage fort peu de place à la chair, presque toute envahie par les lunettes, la moustache et la barbe. Il portait son habit de soirée avec l'aisance d'un dandy consommé. Il marchait nonchalamment et la tête un peu inclinée, comme un jeune homme que l'étude a rendu de bonne heure grave et méditatif: le mouvement gracieux qui inclina et releva son torse, sur le seuil du salon, annonçait un noble seigneur, qui, dans sa vie, avait salué toute l'aristocratie de l'univers.

La Tadolina était digne d'un tel cavalier.

Elle portait une robe blanche brodée à jour sur un fond rose; ses bras s'échappaient de deux cascades de dentelles; ses cheveux, ornés de tresses supplémentaires, étaient entremêlés de fleurs de *crista-galli* dont les reflets écarlates donnaient au front et aux yeux un éclat enivrant : comme luxe de toilette, elle avait noué à son cou, avec une négligence adorable, dix mille écus de diamants, de *prima donna*, équivoques bijoux qui empruntent leurs étincelles au lustre d'un théâtre ou aux bougies d'un salon.

Fabiano, masqué d'un sérieux superbe, présenta ces deux visiteurs à la marquise Grimaldini, laquelle retint à côté de son fauteuil la marquise d'Isola-Bella. Le prétendu mari se mit à passer en revue les tableaux en prenant de magnifiques poses de connaisseur.

La Tadolina fut également présentée au marquis Viani, qui venait de s'asseoir dans le groupe de madame Grimaldini.

— C'est vraiment un miracle d'avoir décidé mon mari à sortir de l'hôtel ce soir, dit la Tadolina d'une voix nonchalante et avec des minauderies de chatte métamorphosée en femme, mon mari passe à l'état d'ermite de jour en jour. Il est absorbé par son grand ouvrage.

— Ah ! dit le marquis Viani, M. d'Isola-Bella s'occupe d'un grand ouvrage ?

— Hélas ! oui, marquis Viani; et vraiment cet ouvrage est mon cauchemar. Il veut démontrer au monde savant que le temple des Géants ou de Jupiter Olympien en Sicile n'a pas été bâti; et que les Grecs, pour faire une niche à la postérité, n'ont taillé qu'un seul tronçon de colonne, avec des canelures qui peuvent servir de guérites à trente sentinelles.

— Mais croyez-vous, madame, que les Grecs aient été capables d'une pareille mystification ?

— Au nom des Grecs, marquis Viani, n'élevez pas un doute de cette nature devant mon mari; il nous ferait un discours jusqu'au lever du soleil; il nous parlerait de son ouvrage; c'est bien assez qu'il l'écrive.

— Ferez-vous encore un long séjour en Italie? demanda la marquise Grimaldini.

— Nous avons tout vu, madame, et je brûle de rentrer dans ma jolie petite maison du boulevard des Capucines, à Paris. Maman et ma sœur se désolent; une toute petite sœur de onze ans qui m'écrit des lettres charmantes, chère ange! Mon mari va faire encore, pour son ouvrage, une tournée en Sicile, et je l'attendrai à Gênes. A son retour nous partons pour Paris.

— Vous me permettrez, madame, dit la marquise Grimaldini, de vous faire les honneurs de notre ville.

— Ce sera une bonne fortune pour moi, madame. Gênes me paraît au premier coup d'œil une ville fort agréable. Je n'aime pas Venise! Oh! quelle réputation usurpée! Venise ressemble à une ville qui se noie par ennui, et l'on est tenté de la retenir par sa chevelure de clochers.

— Ah! c'est délicieux! s'écria le comte Fabiano; voilà un trait qui restera!.. Et Naples, madame d'Isola-Bella, que pensez-vous de Naples?

— Ne me parlez pas de Naples, comte Val di Nota! Il me sembre, quand je m'y endors, que je dois me réveiller le lendemain dans un vitrage de musée avec une étiquette sur le front, comme toutes les victimes du Vésuve. J'ai quitté Naples avec joie en secouant la cendre de mes pieds.

— Adorable! dit Fabiano... Et Livourne, madame, que pensez-vous de Livourne?

— Livourne n'est pas une ville; c'est une rue sur le bord de la mer, une grande rue pleine de gens affairés qui ne font rien. J'aime mieux Pise, avec sa population de palais qui ont anéanti les habitants.

— Mais Florence! dit Fabiano en fredonnant ces mots comme l'*andante* d'une cavatine.

— Ah! Florence! Florence! chanta la Tadolina sur le même air; votre Florence m'a donné les vapeurs; je ne connais rien d'abominable comme ces statues qui vous regardent passer du haut de trente pieds, et qui vous poursuivent partout et qu'on retrouve toujours et qui vous lancent des œillades de Gibelins. J'avais fini par croire que j'étais une statue moi-même et que j'allais me briser en marchant.

Le faux marquis d'Isola-Bella s'avança gravement vers la marquise Grimaldini et dit, en appuyant sur chaque mot :

— Je vous fais mon compliment, madame, sur les tableaux de votre salon, ce sont de véritables magnificences, comme nous disons en terme d'agathophiles. Vous avez là une nymphe endormie de Gentileschi-Lomi que je regarde comme une rareté. Ce paysage de Poëlenburg est ravissant comme étude complète des grands phénomènes de l'air et de la lumière. Il est fâcheux que ce Poëlenburg ait deux *repeints*.

— C'est ma foi vrai! s'écria le comte Fabiano; il y a deux *repeints!* marquis d'Isola-Bella, vous avez découvert ce défaut, à la bougie, du premier coup! c'est fort!

— L'habitude! l'habitude! dit le faux marquis d'Isola-Bella, d'un ton modestement orgueilleux.

— Voilà ce que je n'ai jamais compris! dit la Tadolina; mon mari a étonné tous les artistes par son coup d'œil. L'hiver dernier, à Livourne, il acheta, pour deux louis, au bazar de Micali, un tableau dont je n'aurais pas donné deux pauls. A Rome, le cardinal Somaglia nous offrit trente mille écus de ce tableau. C'était un chef-d'œuvre de Schidone, le Christ au jardin des Olives. Mon mari pria le cardinal de l'accepter à titre de don. Je n'ai jamais vu un cardinal plus heureux.

Le mouvement de la soirée détacha successivement

les interlocuteurs du groupe de la marquise Grimaldini ; Fabiano entraîna Antonini dans une embrasure de croisée, et ils affectèrent tous deux de se plonger au fond d'un entretien sérieux, loin des colloques futiles. La Tadolina se trouva, comme par hasard, en tête-à-tête avec le marquis Viani.

— Vraiment, madame, dit le marquis, vous devez être fière d'un mari tel que le vôtre.

— Mais, il me semble, marquis Viani, dit la Tadolina, que je n'ai rien à gagner à la science de mon mari, et que je ne suis pour rien dans ses triomphes. Les maris de ce genre-là s'occupent d'ailleurs fort peu de leurs femmes. Le mien, par exemple, passerait toute une nuit en extase devant un tableau. Le soir de mes noces je le perdis. Je le fis chercher par mes gens ; on le trouva en contemplation devant un paysage d'Hobbema.

— C'est incroyable !

— Oui, marquis Viani, c'est ainsi. Mon mari raffolerait de moi si j'étais morte depuis deux mille ans, ou si je figurais à l'huile sur une toile signée Van Dick. Les savants n'aiment que la nature morte ; j'ai le tort d'être vivante aux yeux de mon mari... Maintenant, il va se donner encore un congé matrimonial de deux mois pour aller prendre des coups de soleil sur la cheville du mont Etna... On peut dire que la femme d'un savant est veuve du vivant de son époux... Hélas ! il faut se résigner.

— Eh bien ! madame la marquise, vous aurez le temps de faire ample connaissance avec notre belle ville de Gênes. Nous serons tous à votre disposition.

— Mon Dieu, je ne sais comme je suis faite, mais je ne suis pas curieuse du tout... Il est vrai que lorsqu'on a vu Paris !.. Je passe, moi, devant tous vos monuments avec une peur horrible des lézards. Les vieux Romains n'ont travaillé que pour loger les reptiles. Si vous saviez ce qu'on éprouve sur une ruine, en souliers de satin !.. Non, non, ce n'est pas cette folle vie de vagabondage artistique qui était dans mes vœux. J'aurais voulu un mari qui ne s'occupât que de moi, qui n'aimât que moi, qui ne regardât que moi. C'est peut-être un tort de notre organisation; mais les femmes sont ainsi faites; elles sont jalouses de toutes les attentions que leurs maris accordent même à des objets inanimés. Croiriez-vous, monsieur, que j'ai brisé une bacchante dans le cabinet de mon mari? Isola-Bella m'en a gardé rancune six mois.

— Cela fait l'éloge, madame, de l'amour que vous portez à votre mari.

— Oh! monsieur, vous me jugez avec trop de bonté! dit l'actrice avec une minauderie de duo bouffe. Je suis mariée depuis six ans; on m'a épousée à quinze, comme étude... Si l'amour nous a visités l'un ou l'autre dans ces six ans, je vous affirme que l'amour a gardé l'incognito.

En ce moment la marquise Grimaldini vint s'asseoir à côté de la Tadolina et lui présenta un sorbet.

Le comte Fabiano fit un léger signe au marquis Viani, qui se leva et vint le rejoindre.

— Cher marquis, dit Fabiano avec une voix suffoquée par l'enthousiasme, je viens de causer avec d'Isola-Bella... Quel puits de science! c'est une bibliothèque à deux pieds!

— Sa femme est ravissante, exquise, divine, mon cher comte!

— Oh! que parlez-vous de la femme! Le mari m'a cité toute la vie del Giovanni di Matha!.. Je suis écrasé.

— Et la marquise! la marquise!

— Oui, mon cher Viani, je conviens que la marquise est délicieuse. C'est une véritable Parisienne. Vénus était Parisienne... Regardez-la marcher... On croirait voir la plus belle des Grâces qui a perdu ses deux sœurs... Quel malheur pour moi que son mari soit mon ami et mon compatriote ! En Sicile nous respectons les femmes de nos amis ; c'est passé dans les mœurs depuis la questure de Cicéron, qui a écrit, à Syracuse, un fort beau chapitre là-dessus, comme vous savez.

— C'est que... malgré ses vingt-cinq ans, le mari ressemble bien...

— A un mari ; vous avez raison, cher Viani. Oui, d'Isola-Bella me paraît prédestiné à quelque catastrophe domestique. Au reste, il a tant de nobles distractions pour se consoler d'une distraction de sa femme ! Voilà le plus beau privilége de la science !..

— Parlez-vous sérieusement, comte Fabiano?

— Cher Viani, je parle toujours sérieusement : demandez à tous mes vieux camarades. Oui, la science console de tout, même de l'infidélité d'une femme et d'un ami... Vous concevez très-bien, marquis, que d'Isola-Bella court à son malheur, tête première. Le voilà qui part une troisième fois pour la Sicile ! et il laisse sa femme à Gênes ! Gênes, ville pleine de jeunes gens comme nous, qui ne demandent pas mieux d'adoucir l'ardeur de l'étude par le charme des galanteries.

— Vous croyez donc, dit Viani d'un ton nonchalant qui visait à la finesse, vous croyez donc que ce mari laissera cette charmante femme dans une hôtellerie?

— Dans une hôtellerie, non ; il est trop bien élevé pour faire une pareille inconvenance ! mais, ainsi qu'il vient de me le dire lui-même, il a loué une jolie petite maison à l'*Aqua-Sola*, entre cour et jardin ; et la belle marquise y attendra le retour de son mari, comme dans un couvent, avec sa femme de chambre et deux domestiques. Voilà le plan du marquis. Cependant, gardons ce secret pour nous.

Fabiano fit un signal convenu, et Antonini vint se mêler à leur conversation. Le faux marquis fit un salut imperceptible, et adressant la parole à Viani :

— Marquis Viani, j'ai quelques recherches à faire pour mon grand ouvrage; avez-vous en ville quelque bibliothèque où je puisse butiner?

— J'espère bien, marquis d'Isola-Bella, que nous trouverons à Gênes tout ce qu'il vous faut. Nous vous présenterons à Brignole, à Durazzo, à Pallavicini.

— Il me faut l'*Istoria universale* de Bianchini, ou bien celle de Galazzo Gualdo.

— Oh! nous aurons cela, dit Fabiano.

— Il me faudrait encore, poursuivit Antonini, la *Vita di san Romualdo*, par Castgnizza.

— Nous demanderons cela aux chartreux, dit Viani.

— Pourrai-je me procurer aussi la *Roma Sacra* de Cecconi?

— Mais je pense que oui, dit Fabiano; je m'en charge.

— Ou à défaut, il *Rittrato di Roma*, de Morlani?

— Ah! je crois que je l'ai, dit Viani; oui, je l'ai chez moi.

— J'aurais aussi un besoin indispensable d'un ouvrage fort rare de Vilopoggio, intitulé : *Antipaita de Francesi e Spagnuli*.

— Ah! vous pouvez compter sur celui-là, dit Fabiano; je l'ai vu chez le marquis di Negro.

— Voilà tout, dit Antonini; pardon, messieurs, de la peine que je vous donne... Il est déjà fort tard pour moi... j'ai fait un *extrà* ce soir... Nous allons prendre congé de la marquise Grimaldini.

Il y eut alors un échange de formules obligées, et les groupes se dirigèrent vers la porte, où la marquise Grimaldini et son neveu reçurent les adieux et les serrements de main.

Viani sortit le dernier, et ses dernières paroles furent celles-ci :

— Mon cher comte Fabiano, le marquis d'Isola-Bella est un puits de science, cela est vrai, mais sa femme est un miracle de grâce et de beauté ; vous avez découvert le mari, et moi la femme.

— Eh bien ! dit Fabiano en riant, gardons chacun nos conquêtes.

— J'accepte de grand cœur, dit Viani.

— Je crois bien, dit Fabiano, vous avez pris la plus belle moitié.

— Adieu, comte Fabiano, je vous attends demain ; nous ferons ensemble nos visites aux d'Isola-Bella.

XI.

LA MAISON DE L'AQUA-SOLA.

Le comte Fabiano avait complétement réussi dans ses projets sur le marquis Viani ; sa perspicacité avait bien jugé la position de cet homme vis-à-vis de la comtesse Hortensia. Le rusé Sicilien comprenait que le marquis, abusant de son pouvoir si redoutable contre une femme proscrite, devait à la longue arriver à une intimité qui le rendrait maître absolu de la maison Brachi ; qu'il était donc urgent de saisir une de ces heures où la passion d'un amoureux de cinquante ans se décourage devant une résistance invincible, pour lui montrer dans le plus prochain avenir quelque conquête brillante et facile dont l'espionnage du monde ne connaîtrait pas le secret ; puis, lorsque des combinaisons infernales auraient écarté ce dangereux rival du salon de la comtesse, il serait facile d'arriver à un autre résultat encore plus décisif.

De Mersanes était toujours à bord du *Cambrian*, où il attendait à toute heure une solution avantageuse pour lui.

Le comte Fabiano avait établi autour de la maison Braschi un espionnage vigilant pour découvrir cet autre rival qu'il n'avait plus revu. Le chef de ces espions était Antonini; il avait dépouillé l'habit du marquis d'Isola-Bella pour revêtir l'uniforme indigent des Facchini génois. La hardiesse de cet homme était si grande, qu'il entra, en plein jour, déguisé en quêteur franciscain, dans le palais Braschi, où il fit une visite domiciliaire, sans être aperçu par les domestiques.

Au centre de son réseau d'intrigues, Fabanio passait du calme froid à l'activité dévorante, selon le besoin de la situation, et il attendait toujours, pour frapper un coup décisif, une lettre dernière qu'Octavien lui avait récemment promise, et qui devait partir de Varsovie ou de Berlin.

Le marquis Viani avait cru devoir suspendre ses visites au palais Braschi depuis l'ordre d'expulsion qu'il avait donné un peu trop despotiquement contre M. de Mersanes.

Étonné de l'appui que le jeune Français avait trouvé chez le consul de France et le commandant Hamilton, il soutenait encore son droit contre l'autorité supérieure par des raisons spécieuses ou mensongères, mais à la fin, il paraissait incliner vers un accommodement; car il redoutait surtout que le gouverneur ne découvrit, à force d'enquêtes, que cet ordre de proscription avait son origine dans un accès de jalou sie et une intrigue de salon.

De son côté, la comtesse Hortensia ne savait à quel motif attribuer la retraite du marquis; et, bien que ses visites lui fussent odieuses, elle voyait encore moins de dangers pour elle dans cette obsession quotidienne d'un amour qui éclatait en menaces, que dans cette mystérieuse et soudaine absence qui laissait supposer toute chose sinistre à l'imagination.

La position de nos personnages étant ainsi établie à cette phase de notre histoire, nous entrerons dans la petite maison de l'*Aqua-Sola*, où la Tadolina reçoit depuis plusieurs jours les visites mystérieuses du marquis Viani.

C'est une résidence solitaire et pleine de ce charme qui retient le visiteur, et lui fait tout oublier. Fabiano avait admirablement choisi la position.

Les voisins, ces créateurs de l'indiscrétion, n'existaient, sous aucun sexe, autour de la maison de la Tadolina. Le jardin clos de murs, était encore, par luxe de précaution, bordé sur ses trois ceintures par trois rideaux de peupliers qui ne permettaient qu'au soleil de midi de lancer un rayon en passant. L'appartement de l'actrice respirait la grâce et l'élégance. Les fresques des quatre murs et du plafond avaient traduit les métamorphoses d'Ovide avec une grande ingénuité mythologique. Des guéridons en mosaïque offraient à l'ennui un luxe incroyable d'albums et de frivolités italiennes; et de tous les coussins du divan, les yeux pouvaient voir, à travers les vitres, tout ce que le jardin recélait d'enchantement et de caprice dans ses fleurs, ses treilles, ses fontaines, ses volières, ses berceaux.

Un soir, le marquis Viani arrivait dans cette charmante demeure avec une de ces espérances infaillibles qui réjouissent le cœur. Il entra de ce pas familier que prend l'amitié intime lorsqu'elle s'apprête à changer de nom, et son premier regard lancé dans l'appartement et sur la belle actrice le confirma dans toutes ses illusions; un sourire divin l'accueillit, et une main qui se leva et retomba nonchalamment sur le coussin d'appui lui fit signe de s'asseoir.

Le marquis Viani commençait plusieurs syllabes;

mais les dernières lettres mouraient dans sa bouche. Il mit la main sur son cœur, seule expression qui reste quand la parole manque.

La Tadolina, de son côté, joua le trouble avec une imitation parfaite, puis, quand elle eut réprimé son émotion de comédie, elle laissa tomber ses paroles en gammes indolentes :

— Vous m'excuserez, marquis, si je vous reçois dans ce négligé. Ma femme de chambre est en ville, pour un baptême. D'ailleurs, j'ai fait de la musique tout le jour ; j'ai essayé un piano de Spregh que j'ai reçu de Trieste. Vous m'excusez, n'est-ce pas, cher marquis ?

En disant cela, l'actrice tendit la main à Viani et ouvrit de grands yeux bleus remplis de muettes confidences.

Viani eut recours à ces bienheureux monosyllabes qui sont la ressource des hommes troublés par la situation et abandonnés par l'esprit. La Tadolina retira sa main, que Viani avait saisie, et continua :

— Croyez-vous aux rêves, marquis ?

— Je crois à celui que je fais en ce moment, répondit Viani, en s'étonnant lui-même d'avoir trouvé cela.

— Méchant !.. J'ai rêvé que mon mari avait naufragé devant Palerme, et qu'il m'avait écrit du fond de la mer une lettre amoureuse pour la première fois de sa vie, une lettre qui m'engageait à partir pour le joindre dans un palais de coquillages sous-marin qu'il avait acheté de la nymphe Calypso... Vraiment les rêves sont fous !

— Eh ! dit le marquis en prenant un air léger, chère marquise d'Isola-Bella, les rêves sont plus sensés que nous quelquefois !.. Il y a un veuvage là-dessous.

— Ma foi ! cher marquis, le veuvage est un état comme un autre ; je suis prête à le subir ; on s'expose à ce malheur en se mariant... Je vous avouerai pourtant qu'il est cruel de perdre son mari par un naufrage.

— Mais, chère marquise, c'est une mort comme une autre, il me semble.

— Oh! que non; si je perdais d'Isola-Bella de cette manière, je n'oserais plus regarder la mer; il me semblerait que chaque vague m'apporte un échantillon de mon mari.

— Quelle idée bouffonne, ma belle marquise!

— Pas si bouffonne, cher marquis. On aime bien mieux, quand on a le malheur d'être veuve, savoir que son mari repose en paix dans un bon tombeau, bien scellé, avec une épitaphe qui proclame ses vertus.

— Votre songe, belle marquise, vous a donné des idées de veuvage bien noires, que vous exprimez avec une gaieté charmante.

— Cher marquis, ce songe m'a fait rêver.

— Votre petit d'Isola-Bella ne m'a jamais paru cependant un mari intraitable, ma tout adorable marquise.

— Oh! ceci est une autre question! D'Isola-Bella est confiant et juste; mais je ne me dissimule pas quel horrible destin serait le mien, si je m'écartais du chemin de l'honneur.

La Tadolina prit la pose de la Polymnie du Louvre, et parut abîmée dans de sérieuses réflexions, comme Hélène méditant un voyage avec le royal berger de l'Ida.

— Vraiment! dit Viani avec l'étourderie d'un séducteur qui se moque de la colère des époux, vraiment! belle dame, votre d'Isola-Bella serait homme à garder rancune à sa femme pour un enfantillage, une distraction, une infidélité?

— D'Isola-Bella! dit la Tadolina d'une voix modulée par la terreur, a des passions vives, comme le premier ignorant venu. Il a puisé dans l'étude de l'histoire le goût des grandes catastrophes domestiques ; si je lui en fournissais le prétexte, il me poignarderait volontiers pour donner aux peintres le pendant du tableau de Virginie. Ces hommes nourris des horreurs grecques et romaines jouent avec la mort, et mon mari ne demanderait pas mieux que de m'envoyer dans l'enfer du Dante, moi et mon amant, faire vis-à-vis à Françoise de Rimini et à son coupable compagnon.

— *Soli eravamo e senz'alcun sospetto.*

— Ah ! dit Tadolina avec un sourire sérieux, je suis bien aise que vous connaissiez l'histoire de cet époux qui tua sa femme, et l'autre...

— Oui, dit Viani, mais Dante ajoute que cet époux est assis, pour sa punition, à côté de Caïn.

— Bah ! mon mari se moquerait bien du voisinage de Caïn ; il me tuerait, il tuerait l'autre, et le sopha de Caïn, qu'il occuperait après, ne nous ressusciterait pas... et pourtant, voilà le sort que l'on a fait aux pauvres femmes !.. Hélas ?.. on nous marie à seize ans avec celui que notre cœur n'a pas choisi ! on nous sacrifie à l'autel de l'hyménée (avec un geste tragique de sacrificateur) ! on nous pare de fleurs pour cette cérémonie de Tauride ! et puis.... longtemps après.... si nous voyons passer dans notre vie le mortel qui a le secret de notre âme et de nos vœux..... si l'invincible élan de la nature nous entraîne vers cette âme, moitié de la nôtre, un cri de réprobation s'élève contre nous du milieu de ce monde impur, trop criminel pour pardonner une erreur.

L'actrice se laissa tomber comme anéantie ; une de ses mains voilait ses yeux, l'autre se crispa, comme par hasard, sur le bras de Viani.

Le marquis, ému de toutes les émotions, saisit doucement cette main charmante qui se laissa saisir.

La nuit était déja sombre dans le jardin, et, comme

il arrive souvent aux entretiens intimes du soir, on n'avait pas demandé les bougies ; les étoiles seules luisaient sur les vitres, et les vitres renvoyaient dans l'angle du divan une lueur crépusculaire, sur laquelle se détachait encore l'éblouissante figure de l'actrice, comme un portrait de Van-Dyck, vieilli de deux siècles, par la négligence du possesseur. On n'entendait au dehors d'autre bruit que le mystérieux duo d'amour chanté par les fontaines et les arbres dans le calme des nuits d'été.

— Que ce bruit est doux à l'oreille ! dit la Tadolina ; il semble qu'une voix aimée vous fait une confidence au cœur !

— Bella ! Bella ! dit Viani avec toute la tendresse d'un adolescent, la voix qui vous dit d'aimer ne vient pas du dehors ; elle est ici... ici, reine de mon âme !

Et il tomba lourdement à genoux devant l'actrice, et sa bouche égarée osa effleurer les diamants qui luisaient à la racine de ses doigts.

— Que faites-vous, cher marquis ? dit-elle d'une voix encourageante... Reprenez votre place, et causons en bons amis, comme toujours.

— Bella ! je vous laisse l'amitié, laissez-moi l'amour, dit Viani d'une voix expirante.

— L'amour ! s'écria l'actrice ; quel nom avez-vous prononcé ?

— Je ne connais pas un plus gracieux nom après le vôtre.

— Silence ! taisez-vous ! dit la Tadolina en appuyant ses lèvres sur l'oreille de Viani.

Le marquis épouvanté se leva vivement, et l'obscurité ne permit pas de voir l'horrible pâleur de sa face, et ses gestes désolés qui faisaient des interrogations, en l'absence de la voix.

Des trépignements de pieds, et des voix furieuses retentissaient dans le vestibule.

— Mon Dieu! mon Dieu! s'écria la Tadolina en tombant à genoux, que se passe-t-il là!... Viani, fermez la porte à double tour... avec précaution... sans bruit... retirez la clé... Mon Dieu! ayez pitié de moi!

La porte était à peine fermée, qu'un horrible carillon de coups tomba contre elle à la hauteur de la serrure; et on entendit une voix tonnante avec ces mots:

— Ouvrez! madame! ouvrez!

— Désespoir! dit la Tadolina, en tordant ses bras autour du cou de Viani; et laissant tomber sa tête sur l'épaule de son compagnon anéanti.

— Ouvrez, madame! criait la voix extérieure; ouvrez! ou j'enfonce la porte à coups de hache!

— Malédiction! s'écria Tadolina, et elle tomba sur le parquet raide morte, avec ce mouvement rapide, dont les actrices ont l'habitude, et qui épouvante ceux qui n'ont pas comme elles, le talent de bien tomber.

Viani, éperdu, mesurait la hauteur d'une croisée qui s'ouvrait sur un bassin.

Au même instant un panneau de la porte vola en éclats sous trois coups de hache; une vive lumière extérieure éclaira soudainement le salon, et Antonini, un flambeau d'une main, et une épée de l'autre, s'élança sur Viani.

Le péril rendit la parole au marquis.

— D'Isola-Bella! je suis innocent! innocent! s'écria-t-il en tombant à genoux

— Innocent! s'écria Antonini d'une voix terrible et avec un éclat de rire infernal; innocent! eh bien! tu vas périr parce que tu mens!

— Une minute! une minute! au nom du ciel!

— Cesare! Cesare! criait Antonini, veillez sur la porte, le pistolet au poing!

— Cesare veille! répondit une voix lugubre dans le vestibule.

— Lève-toi, femme coupable! femme maudite!... Voyez-la! comme elle joue l'évanouissement! lève-toi! te dis-je, ou je te cloue sur le parquet!

La Tadolina fit un léger mouvement, comme à la fin d'un cinquième acte, lorsqu'une reine s'est poignardée, et qu'elle essaie de se relever pour achever un duo commencé en bonne santé.

Antonini s'écria, l'épée haute:

— Voyez! voyez! tout cela n'était qu'un jeu! qu'une comédie! l'infâme épouse feignait l'évanouissement devant moi, comme l'amour.

— Grâce! grâce! s'écria l'actrice en se redressant sur ses genoux, et joignant ses mains.

— Grâce! dis-tu? s'écria Antonini, au comble de la fureur jouée; sais-tu bien que ce mot est l'aveu d'un crime, et que ce crime, c'est ta mort!

Viani sanglotait, la tête appuyée sur un fauteuil.

Antonini, agitant son épée, se promenait d'un pas rapide d'un angle à l'autre du salon, et il récitait ce monologue, paroles de Fabiano, musique de Tadolina:

— Voyez-les! voyez-les ces deux misérables!.... Quelle horrible dégradation! comme le crime se peint bien dans leur attitude! Oui, oui, pleurez! pleurez!.. Vos pleurs me rendront-ils l'honneur et le repos à jamais perdu?.. Taisez-vous, monsieur! je vous défends de faire un signe! je vous défends de dire un mot!.. et à toi aussi, épouse indigne de moi!.. Quatre siècles de noblesse flétris en un instant! Notre famille, alliée aux Borromée! La voilà noyée dans la fange de l'adultère!.. Oh! je n'y survivrai pas!.. Il faut que mon sang se mêle au sang de ces deux infâmes!.. Je saurai me frapper au cœur... sur leurs cadavres!.. Ils étaient ici, les misérables! chez moi... Ils s'enivraient de délices; ils se juraient un amour éternel; ils cueillaient chaque minute comme une fleur; ils échangeaient entre eux ces paroles ardentes que le crime souffle de l'enfer à l'oreille des amants adultères... Et moi! moi! j'allais braver la colère de Neptune et les fureurs d'Éole, pour rapporter au temple de la science mon grain de sable péniblement récolté!.. Malheureux époux!.. Oui, il faut une expiation! elle sera terrible!.. Le soleil de demain ne verra pas le sang de cette nuit... ce sang sera couvert par la fosse... Oh! je ne croyais pas qu'il y eût tant de volupté au fond de la vengeance d'un époux... Je sens à mon tour que le crime a ses douceurs secrètes... mais il faut la savourer goutte à goutte cette vengeance... Stupide est celui qui tue son ennemi d'un seul coup... Il faut au contraire ménager cette vie, et la diviser en mille morts... n'est-ce pas, Viani?.. Il faut que j'enfonce, avec une délicate raffinerie, la pointe de mon épée sur toutes les écailles de ton corps, vil serpent...

La Tadolina poussa un cri, et, se relevant avec impétuosité, elle vint retomber aux genoux d'Antonini, en s'écriant, d'une voix d'Andromaque reconnaissant le cadavre d'Hector :

— Pardon! grâce! pardon! mon époux!

Antonini se précipita sur l'actrice avec une violence apparente qui effleurait à peine la robe, et la saisissant dans ses bras, il la jeta brutalement hors du salon; et Viani entendit la chute d'un corps sur le marbre du vestibule et un cri sec et déchirant qui annonçait que la bouche d'où il sortait se fermait peut-être pour toujours.

Viani répondit à ce cri par une exclamation sourde!

— Venez, venez voir votre ouvrage! lui dit Antonini... malheureux! c'est toi qui l'as tuée cette femme. viens donc la voir nager dans son sang... viens, que je t'immole sur son cadavre comme Polydore sur le corps de Priam, comme Euryale sur le corps de Nisus!

Natum ante ora patris, patremque obtruncat ad aras!

Antonini, debout sur le seuil de la porte, avait l'air d'assister au plus affreux des tableaux, et d'être en proie au plus violent désespoir; il garda quelque temps un morne silence, puis il s'écria :

— Cesare, ôte de mes yeux cet horrible spectacle! prends le cadavre de cette femme infortunée, et dépose-le dans une salle basse. Nous lui rendrons les honneurs de la sépulture demain.

La Tadolina dansait légèrement sur la pointe des pieds, au fond du vestibule.

— Cesare, efface sur le marbre ces horribles taches de sang, et reviens à ton poste avec le brave Poggioli. Bientôt j'aurai besoin de vous deux pour une plus sanglante expiation... Écoute, maintenant, infâme Viani, et obéis... Voici une plume, de l'encre et du papier... Relève-toi, et écris sous ma dictée...

Viani, épuisé comme par la sueur d'une agonie, obéit machinalement.

— Écris, dit Antonini... C'est à moi que ton billet est adressé.

Et Viani écrivit.

« Monsieur le marquis,

« Si mes remords pouvaient effacer mon crime, je « voudrais vivre un siècle d'une vie de remords. J'ai « porté le trouble et la mort dans votre noble maison; « je vous ai déshonoré; je suis l'infâme séducteur de « votre femme et son meurtrier. Je ne vous demande « aucune pitié, je n'attends que l'exécration due à « mon forfait.

« *Signé* : Marquis Antonio Viani.

« Juillet 1833. »

—C'est bien! dit Antonini en lisant le billet; c'est bien! l'écriture et la signature ne sont pas contrefaites... Maintenant, il me faut un second billet... Comment se nomme ton intendant, Viani?

— Marco Gaddi, répondit Viani d'une voix éteinte.

— C'est bien! reprends la plume et écris encore sous ma dictée :

« Mon intendant Marco Gaddi est autorisé à donner
« l'accès de mon jardin, soit de nuit, soit de jour, au
« porteur de ce billet. Je serai absent quelques se-
« maines pour le service du roi.

« Marquis ANTONIO VIANI. »

— La marquise d'Isola-Bella, dit Antonini, sera inhumée pendant la nuit dans le jardin de son meurtrier et de son vil séducteur. Quelle leçon!

Le marquis Viani joignit les mains comme pour une prière; et d'une voix déchirante, il murmura quelques mots qui faisaient pressentir une justification. Mais Antonini frappa si violemment le parquet avec son pied, et fit un signe d'épée si menaçant, que Viani n'ajouta pas un mot, et retomba dans son anéantissement.

— Maintenant, dit Antonini, je vais donner mes ordres et placer mes sentinelles, et quand il faudra mourir, sois prêt, Viani, sois prêt!

Antonini sortit dans le vestibule, où l'attendait le comte Fabiano. L'entretien qu'ils eurent ensemble fut court et à voix très-basse.

— Antonini, je suis content de toi, dit Fabiano; la scène a été bien jouée.

— Monsieur le comte est bien bon, dit Antonini en s'inclinant de respect.

— Donne-moi le billet pour l'intendant Marco Gaddi.

— Le voilà, monseigneur.

— Avec ce billet la comtesse Hortensia est à moi; tous les obstacles sont renversés.

— Monseigneur, vous êtes un grand homme.

— Antonini, garde notre Viani à vue ; tiens-lui toujours sur sa tête ton épée de Damoclès, mais ne la laisse jamais tomber. Songe que notre méchanceté ne doit commettre que des folies. Avec de l'adresse innocente on arrive à tout. Prends au contraire le plus grand soin de Viani. Cesare jouera le rôle d'un domestique compatissant qui trompe son maître, et prodigue des bienfaits clandestins à un malheureux. Tu m'as bien compris?

— Oui, monseigneur; Cesare sera censé soigner Viani à mon insu.

— C'est cela. Maintenant je pars pour achever mon ouvrage. Attends mes ordres ici. Tu ne les recevras qu'après-demain. Je descends un instant au jardin pour saluer la Tadolina, et la féliciter sur son admirable talent. Dans ma reconnaissance de grand seigneur, je n'oublierai ni elle ni toi.

XII.

LE SOUPÇON.

Un incident de la plus haute importance avait forcé le comte Fabiano à précipiter le dénoûment de l'innocente tragédie qu'il venait de faire jouer dans la maison isolée de l'*Aqua-Sola* : M. Anatole de Mersanes était descendu en ville, en plein jour.

Les instances du consul avaient triomphé de toutes les oppositions ; et l'on ne sera pas étonné des difficultés qu'il fallait vaincre, si l'on songe aux sourdes agitations qui fermentaient en Italie, à cette époque, et à la susceptibilité ombrageuse excitée par les Français dans les villes du littoral. Une seule condition avait été imposée à M. de Mersanes ; il s'était engagé à ne recommencer ses visites à la maison Braschi qu'après un certain laps de temps.

Fabiano, le rusé Sicilien, courut tous les quartiers habitables de la ville pour rencontrer M. de Mersanes, et l'aborder avec toute la franchise d'une hypocrite loyauté.

Cette fois, les circonstances aidant, il se croyait certain d'arriver à son but ; et toutes les circonstances lui arrivaient au gré de ses vœux, comme on verra bientôt. Pourtant il ne se dissimulait pas qu'il avait besoin, plus que jamais, d'une diplomatie et d'une finesse de langage merveilleuses ; mais il comptait sur son imperturbable aplomb, et sur la candeur de l'honnête jeune homme qui était son rival.

Dans l'étroite rue San-Luca, espèce de corridor où le débiteur ne peut éviter son créancier, le comte Fabiano tomba pour ainsi dire sur la pointe des pieds de M. de Mersanes. Celui-ci détourna brusquement la tête, par ce sentiment de prudence qui pousse un étranger déjà suspect à éviter toute nouvelle occasion de scandale, dans une ville où il est toléré par faveur ; mais Fabiano, avec une audace inouïe, s'inclina devant lui, chapeau bas, et lui prenant la main :

— Comte de Mersanes, lui dit-il, je bénis le hasard qui m'a conduit devant vous. J'ai des excuses à vous faire, et je vous les fais.

Ces paroles furent prononcées d'un ton de bonhomie saisissante et avec un jeu de physionomie digne d'un comédien achevé. Anatole de Mersanes, pris à l'improviste, ne répondit que par une pantomime embarrassée dont il n'aurait pu lui-même expliquer le sens.

— Je vous cherche depuis longtemps, poursuivit Fabiano d'un ton amical et léger, en prenant familièrement le bras d'Anatole, et l'entraînant avec lui vers les *Banchi;* mon injuste procédé me pesait sur le cœur. Je vous ai dit follement une parole d'absurde colère. Que voulez-vous? j'avais le sang au cerveau et c'est le délire qui a parlé.

— Je suis forcé, monsieur, dit Anatole avec une gravité digne, je suis forcé d'accepter des excuses et de pardonner au délire; nous sommes en pays étranger.

— Oh! je vous préviens, comte de Mersanes, dit Fabiano avec une inflexion de voix charmante et le plus gracieux sourire, je vous préviens que je veux être excusé par vous en meilleurs termes. Il ne faut pas que la politique intervienne dans nos humbles débats. La question est toute simple. J'avais une idée sur une femme; j'ai cru voir un rival en vous; je me suis oublié. Je reconnais mon tort et je vous prie de me le pardonner. Si notre scène avait eu des témoins, je vous ferais mes excuses devant eux. Fort heureusement nous étions seuls.

La mélodie qui accompagnait ces paroles était attendrissante. De Mersanes, trompé, comme se trompent toutes les nobles âmes qui ont souffert et qui ont trop réfléchi sur leurs malheurs pour s'être donné le temps d'étudier les hommes, de Mersanes prit la main de Fabiano et la serra.

— J'ajouterai aussi, continua Fabiano, que pour vous offrir mes excuses j'ai cru devoir attendre le moment favorable. Aujourd'hui mes illusions et les vôtres sont, hélas! évanouies; et il m'en coûte ainsi beaucoup moins à moi de vous offrir ces excuses, et à vous de les accepter.

M. de Mersanes baissa les yeux et réfléchit un instant, puis :

— Je ne vous comprends pas, comte Val di Nota, dit-il; prenons garde; il y a quelque malentendu. Votre dernière phrase n'est pas claire.

— Comte Anatole, il me semble que ma dernière phrase s'explique assez d'elle-même.

— Écoutez, monsieur, dit Anatole en regardant autour de lui, nous sommes entourés d'oreilles et d'yeux. Le lieu est mal choisi pour expliquer des phrases obscures...

— Eh bien! comte de Mersanes, prenons un canot devant les Banchi, et traversons le port jusqu'au jardin Doria.

Ce qui fut fait.

— Vous avez, si j'ai bien entendu, comte Val di Nota, vous avez parlé de nos illusions évanouies...

Fabiano fit un signe affirmatif.

— Si c'est un piége que vous me tendez pour m'arracher un secret, je vous préviens que vous perdez votre temps, et que vous me rendez les droits que j'avais sur vous avant notre rencontre à *via* San-Luca.

— Comte de Mersanes, dit Fabiano d'un ton de franchise plus vrai que la vérité, parlez-vous sérieusement? Ignoreriez-vous, par hasard, ce que toute la ville sait? Serait-ce vous qui me tendriez un piége?.. Je suis un enfant des montagnes de Sicile; mon cœur est sur ma main; je me livre au premier venu. Si vous prenez un détour pour provoquer de moi quelque confidence, c'est une peine inutile; agissez franchement; je ne demande pas mieux que de vous dire un secret, si j'en ai un au fond de l'âme. Par malheur, je vous le répète, le seul secret qui aurait pu vous intéresser est aujourd'hui le secret de tout le monde; il est du domaine public.

— Oh! dit Anatole avec une impatience contenue, je n'aime pas les énigmes trop prolongées. Voyons, quel est ce secret connu de tout le monde, et qui, par conséquent, peut se publier sans indiscrétion.

— Mais, dit Fabiano en étendant ses bras horizontalement dans toute leur longueur, mais il paraît, comte de Mersanes, que vous n'habitez plus Gènes depuis quinze jours? Avez-vous fait une absence de deux semaines.

— Le secret! le secret! comte Fabiano.

— Eh bien! la comtesse de Varsovie nous a joués, vous et moi; voilà le secret!

De Mersanes ébranla le canot par une secousse brusque, et prit vivement le bras de Fabiano.

— Maintenant, ajouta Fabiano avec une tranquillité admirable, maintenant je vois que vous ne saviez rien.

— Prenez garde! monsieur, dit Anatole avec un regard orageux; prenez garde! monsieur; vous parlez d'une noble dame, et vous avez encore le temps de vous repentir!

— Il ne savait rien! dit Fabiano avec un étonnement plein de naturel.

— Oui, monsieur, je savais beaucoup : je sais que la calomnie s'était ruée sur cette dame, comme elle fait sur tout ce qui est grand, beau, noble, envié. Je savais que tout ce qu'il y a de grisonnant, de difforme et de dédaigné parmi les femmes, tout ce qu'il y a de stupide, de méchant et de fou parmi les hommes, s'efforce d'échapper à l'ennui qui les ronge en s'acharnant sur toute réputation qu'une épée ne défend pas! Je savais cela, monsieur. Vous voyez que je n'ignore rien.

Fabiano écouta cette tirade les yeux fixes et la bouche béante, de l'air d'un homme qui sort d'un rêve et qui se demande si ce qu'il voit et entend continue le mensonge ou commence la réalité; puis, secouant mélancoliquement la tête, il dit :

— Comte de Mersanes, je rends hommage à vos nobles sentiments, et je suis fier de vous dire que ces sentiments sont aussi les miens. Mon épée est toujours prête à sortir du fourreau pour venger l'honneur d'une femme. Mais il ne faut pas que la sainte horreur que la calomnie inspire couvre du manteau de l'impunité la femme qui viole ses devoirs ouvertement à la face du soleil. Comte de Mersanes, je ne suis pas un enfant étourdi, et je sais que je parle à un homme grave et réfléchi. Lorsque j'ai donné cette tournure à notre conversation, c'est que je me sens assez fort pour aller aussi loin que l'incrédulité la plus exigeante le voudra. Une calomnie stupide ou folle ne sortira jamais de ma bouche. Il me faut cent preuves évidentes du déshonneur d'une femme pour y croire; il me faut un intérêt personnel pour en parler. Ces deux conditions se présentent aujourd'hui.

Le comte de Mersanes, en proie à une agitation violente, attachait sur Fabiano des yeux d'une expression inconnue.

— Comte de Mersanes, continua Fabiano, ce que vous éprouvez en ce moment, je l'ai éprouvé, moi. J'ai senti la fièvre à mes pieds et à mon front; j'ai senti mon cœur se fendre comme un cratère dans une éruption, et mes veines se gonfler comme si le désespoir eût doublé chaque goutte de mon sang; car, je vous l'avoue aujourd'hui, j'ai aimé Hortensia d'un amour impossible, d'un amour surhumain. Eh bien! lorsque cette femme, par un hasard venu du ciel, s'est révélée à moi dans toute sa coquetterie criminelle...

— Assez! assez! monsieur, dit le comte de Mersanes d'une voix sourde, et avec un geste qui se faisait violence pour retenir la menace; assez! assez!

Ils abordèrent au jardin Doria, et ils s'avancèrent silencieusement vers le bassin des Aigles.

Quoique M. de Mersanes eût interrompu Fabiano, il était pourtant facile de voir qu'une curiosité infernale le retenait encore auprès du Sicilien, et qu'il ne demandait pas mieux que de renouer la conversation, lorsqu'il aurait donné à son sang le calme nécessaire pour écouter quelque révélation épouvantable. Fabiano, en comédien accompli, affectait le maintien impassible de l'homme sûr de son fait, et qui attend la convenance d'un interlocuteur pour l'accabler par un dernier coup victorieux.

Sous l'obsession d'une pensée terrible, on répète machinalement le dernier mot qu'on a prononcé dans un entretien. Il y a même, dans cette répétition automatique, quelque chose qui ressemble aux monologues de la folie. M. de Mersanes, debout sur le bord du bassin des Aigles, disait, d'une voix sourde : Assez ! assez ! monsieur ! Et l'inflexion qui accompagnait ce monologue de trois mots, était notée de manière qu'elle semblait inviter Fabiano à poursuivre sa confidence interrompue ; de même qu'on entend quelquefois, dans une scène d'opéra, la musique de l'orchestre contrarier la musique des voix.

Le rusé Sicilien, assis nonchalamment sur le marbre, et caressant de la main l'aigle essorant des Doria, murmurait, sur un ton philosophique, cette phrase de situation :

— Oh ! si ces treilles, ces galeries, ces allées de myrthes avaient une voix comme nous, et si elles nous contaient l'histoire galante de leur âge d'amour, combien nos intrigues du moment nous paraîtraient innocentes devant le scandale monumental des siècles éteints !

— Ce qui est éteint est éteint, dit Anatole de Mersanes, saisissant le premier mot venu pour servir de transition... ; et il ajouta ces deux vers du Cantique des Cantiques :

Le lion mort ne vaut pas
Le moucheron qui respire !

— J'attends ! dit Fabiano avec un ton calme, une tranquillité angélique.

— Eh bien! écoutez-moi. Vous m'avez insulté l'autre jour, là-haut sur la montagne, vous me devez une réparation : consentez-vous à me la donner si je puis vous prouver que la confidence que vous allez me faire n'est qu'une atroce calomnie!

— Oui, dit froidement Fabiano.

Ce *oui*, glacé comme l'acier d'un poignard, fit tressaillir Anatole; ce *oui*, prononcé sans hésitation, lui sembla la préface d'une épouvantable vérité.

Fabiano croisa les bras, et lançant un regard triste par-dessus les mâts des navires, il secoua la tête et dit :

— Comte de Mersanes, la comtesse dont le nom ne sortira plus de ma bouche, reçoit chez elle un jeune homme tous les soirs, à dix heures, et ce jeune homme est son amant.

Les lèvres d'Anatole tremblèrent, mais aucune parole n'en sortit.

— Vous comprenez, poursuivit Fabiano, que si je vous dis une pareille chose avec ce calme, cette assurance et cette crudité d'expression, c'est que la preuve de ce que j'avance est dans mes mains.

— Dans vos mains! dit Anatole comme un écho usé par ses répétitions.

— Ou dans les vôtres, si vous aimez mieux.

— La noble comtesse Hortensia!.. Comte Fabiano! dit Anatole en joignant ses mains raidies, et les élevant par-dessus sa tête; la noble exilée!.. Savez-vous que tout votre sang versé par moi dans le mien ne laverait pas une pareille calomnie?

— Mon sang est à vous comme le vôtre, si je mens... Eh! mon Dieu! je donnerais ma vie de grand cœur si vous pouviez me prouver que je calomnie cette femme! il est si cruel de perdre sa plus belle illusion; c'est un apprentissage de la mort, c'est se donner la vieillesse à trente ans!

— Oh! je suis à l'agonie, comte Fabiano; frappez

donc un coup, un seul coup ; tuez-moi, si vous le pouvez, mais d'un seul coup.

— Pauvre jeune homme ! dit Fabiano avec un accent de vérité déchirant ; non, je ne veux pas vous tuer, je veux vous guérir comme moi... C'est le hasard, béni soit ce hasard ! qui m'a rendu le témoin de la criminelle étourderie de cette femme ! J'étais, la semaine dernière, en soirée chez le marquis Viani, avec les anthologistes ; les salons étaient brûlants ; je descendis au jardin pour respirer un peu de fraîcheur, je ne connaissais pas le jardin du marquis Viani ; ainsi j'ignorais qu'il fût séparé par une grille de fer, du jardin Braschi. Dix heures sonnaient à l'*Albergo de Poveri*. Cheminant au hasard sous les grands arbres, je jetai un coup d'œil sur la grille, et j'aperçus une femme dont les gestes et les éclats de rire annonçaient le caractère le plus jovial de l'univers : un jeune homme lui donnait le bras avec toute la négligence et tout l'abandon de la plus scandaleuse intimité. Il me fallut un quart d'heure d'observation pour me décider à admettre que cette femme était la comtesse Hortensia : l'allure folle que je lui voyais me révolta ; et s'il faut tout vous dire, je vous avouerai que je crus d'abord vous reconnaître dans le compagnon de sa promenade nocturne.

Après une attention plus scrupuleuse, je m'aperçus que le jeune homme n'avait pas votre taille, et je distinguai même, dans une éclaircie du jardin, la couleur de ses cheveux, bien différents des vôtres, car ils étaient blonds. Je l'atteste sur l'honneur, si ce mystérieux rendez-vous ne m'eût pas intéressé directement dans mes plus vives affections, j'aurais quitté mon poste à l'instant même, tant je sentais au fond de ma conscience un murmure qui accusait ma délicatesse et ma loyauté de gentilhomme. Mais j'étouffai cette voix intérieure, et je continuai un espionnage qui, dans toute autre circonstance, m'aurait paru odieux, en me révoltant contre moi-même. Par intervalles, le caprice de leur promenade les amenait si près de la grille que j'entendais distinctement leur conversation, et les paroles évaporées qui arrivaient alors à mes oreilles attestaient à quel degré d'intimité s'était élevé ce coupable amour. Tout ce que la passion a d'extrême éclatait dans chaque phrase du jeune homme, et la veuve folle répondait avec ces sourires divins dont les rayons se mêlaient aux rayons des étoiles. Vingt fois je fus tenté de pousser un cri désolant, comme le cri d'un spectre, et d'empoisonner cette ivresse criminelle qui croyait n'avoir pour témoins que les statues muettes du jardin; mais je trouvais une volupté de damné à me poignarder moi-même, minute par minute, à ce spectacle, à mourir à chaque instant d'une jalousie de feu, et à ressusciter encore pour mourir. Ils quittèrent enfin le bocage de la nymphée; une porte de la maison s'ouvrit et se referma; je ne sais si le dernier mot qui m'arriva fut un adieu ou une parole de tendresse; je n'entendis bientôt plus que le chant de la fontaine, et je restai seul, en proie à une si fiévreuse agitation qu'il me semblait encore voir ces deux êtres odieux passer et repasser devant moi.

Le comte Fabiano se tut, et un frémissement convulsif agita son corps; ses regards fixes attachés au sol semblaient, comme dans un rêve, assister au spectacle étrange de cette nuit.

M. de Mersanes était toujours debout, comme un homme qui regarde avec un effroi muet le coup de foudre qui l'a frappé, et qui fume encore à ses pieds. Il y avait dans le récit de Fabiano un luxe si complaisant de détails, et un accent de vérité si naturel, que le plus méfiant des amoureux ne pouvait le suspecter de mensonge. Après un moment de silence dévoré par un siècle de désespoir, le comte de Mersanes eut une réaction rapide de calme qui lui permit de parler.

— Comte Val di Nota, dit-il, en s'efforçant de raffermir sa voix, je vous fais l'honneur de croire que votre récit est vrai. En vous supposant tous les motifs imaginables pour me tromper, il est impossible d'admettre qu'un gentilhomme puisse inventer une aussi atroce calomnie et la développer avec une telle complaisance de détails. Si vous mentez, vous n'êtes pas un homme, vous êtes Satan.

Fabiano donna un regard mélancolique à de Mersanes, et, poussant un soupir :

— Je suis malheureusement un homme, dit-il, et un homme brûlé des tortures de l'enfer. Eh ! que m'importe à moi, qu'à cette heure vous n'ajoutiez pas foi à mes paroles ! Que m'importe une insulte de vous, si vous osez me la faire ! N'ai-je pas encore en mains une preuve dernière, une arme non soupçonnée avec laquelle je puis vous écraser? pourquoi ne me demandez-vous pas de faire briller à vos yeux cette arme formidable, déjà tirée à demi ?

Ces mots furent dits avec une tranquillité pleine d'amertume, d'ironie et de menaces. Chaque syllabe vibrait dans la poitrine d'Anatole comme un coup de tam-tam. Son attitude silencieuse interrogeait Fabiano.

Celui-ci continua :

— Comte de Mersanes, savez-vous bien que j'ai vu les mêmes choses ces nuits dernières, et que la même vision ne se répète pas? Savez-vous bien que, si par hasard je m'étais trompé la première fois, il vous est impossible d'admettre qu'une pareille erreur puisse se prolonger une semaine ! Savez-vous bien que je puis vous dire : Venez avec moi, et voyez ! voyez !

Le comte de Mersanes tendit la main à Fabiano et dit :

— Comte Fabiano ! serrez-moi la main. C'est une

action honteuse, la première de ma vie; j'en demande pardon à Dieu; je l'expierai de mon sang. La chair est plus faible que l'âme. J'irai!

— Bien! dit Fabiano; et vous donnez votre parole d'honneur que vous ne direz à personne que c'est moi qui vous ai révélé cet horrible secret?

— Je vous la donne.

Ils se serrèrent énergiquement les mains.

— Comte de Mersanes, ajouta Fabiano, écoutez-moi bien. Il faut beaucoup de prudence. Il faut tromper Viani lui-même, le premier espion de l'Italie. Il faut marcher à pas de tigres sur un terrain délateur.

— Je suis prêt à tout.

— Comte de Mersanes, songez aussi à tous les caprices du hasard. Si vous ne voyez rien ce soir, ne m'accusez pas; ayez la patience d'attendre demain.

— J'attendrai.

— Bien!.. je vous promets de vous satisfaire... et au-delà même de vos espérances... Comprenez-vous?

— Oui, monsieur.

— Vous serez content de moi.

— Tout mon sang pour vous remercier, ou tout le vôtre pour payer une calomnie, comte Fabiano!

— Je n'accepte pas votre sang, et je garderai le mien.

— La nuit approche. Comte Fabiano, prenez mon bras et rentrons.

Les deux jeunes gens rentrèrent en ville par le faubourg, et, sans ajouter un mot de plus, ils se dirigèrent, par de longs détours, sur la place de l'Annonciade. La nuit couvrait la ville.

Il y avait beaucoup de monde sur les terrasses et aux balcons du palais. Des groupes gracieux éclairés par les lumières intérieures se montraient et paraissaient aux balustrades de marbre. On entendait partout le chant italien des nobles dames de Durazzo et de Brignole, comme le chœur aérien des anges; on entendait les applaudissements des hommes heureux qui les écoutaient dans les salles splendides. L'éclat d'une fête rayonnait partout. La mer envoyait sa fraîcheur à la Strada-Balbi, et les nymphées pleines de fleurs et d'oranges embaumaient cette nuit d'amour.

Une seule maison ne montrait ni lumière, ni femmes au balcon de sa façade : les yeux du comte de Mersanes regardaient seuls cette maison ; il semblait qu'elle se recueillait en elle-même pour savourer sa joie intérieure, loin d'un monde qui a besoin d'afficher son bonheur en public pour se croire heureux.

— Cette maison est bien silencieuse ! dit Anatole.

— Ce silence trahit des secrets, dit Fabiano.

— La maison Braschi serait-elle déserte ?

— Sur sa façade.

— Comte Fabiano, je suis prêt.

— Patience ! l'heure sonnera.

En ce moment, un chœur lointain de musique et de voix descendait la *Strada-Nuovissima*, et à chaque mesure les sons plus distincts arrivaient aux oreilles. Il y avait un charme inouï dans cette mélodie nocturne dont les notes d'or semblaient rebondir sur les marbres du palais. On aurait dit que la rue sonore accompagnait le chœur comme un orchestre, et chantait avec lui, aux étoiles, les splendeurs du ciel italien, dans une nuit du milieu de l'été. Cette mélodie d'instruments et de voix respirait une langueur voluptueuse, inconnue dans l'étroite enceinte des théâtres ; elle semblait descendre des étoiles, monter de la mer, jaillir des fontaines, s'exhaler des jardins : l'âme s'épanouissait de délices en l'écoutant ; et les yeux croyaient voir toute l'amoureuse et ardente jeunesse du moyen-âge, ressuscitée un instant, descendre des villas Spinoletta et Pallavicini, avec ses musiciens et ses poëtes, et chantant la gloire des grands seigneurs et des grands artistes qui avaient épuisé l'or et le marbre pour élever un trône à la reine de la mer.

Tout le monde heureux des palais voisins se pencha sur les balcons pour voir passer ce fleuve d'harmonie qui coulait dans un lit de marbre. La maison Braschi garda seule son indifférence mystérieuse; mais un rayon pâle, qui se glissa timidement à travers une persienne, prouva que les appartements n'étaient pas déserts.

Dans la foule de la rue, personne ne remarqua cette lumière isolée, qui paraissait trembler sur la frange de soie, comme la main qui la portait.

— C'est une sérénade d'amour! dit le comte de Mersanes.

— Je sais qui la donne, dit Fabiano.

— Et je vois qui l'écoute, dit Anatole.

— On la donne à toute une ville pour une seule maison!

Le chœur passait en ce moment, et chantait les strophes suivantes, qu'on peut mal traduire ainsi!

CHANT DU TASSE A SORRENTE.

Fleurs qu'adore
La beauté;
Ciel que dore
La gaîté;
Loin des villes,
Frais asiles,
Flots tranquilles,
C'est l'été!

Lune pleine,
Mer qui luit,
Tiède haleine
Qui la suit;
Sous la treille
Douce veille
Sans pareille,
C'est la nuit!

Feu qui dore
Tout séjour,
Et dévore
Chaque jour;
Deuil et fête
Dans la tête
Du poëte,
C'est l'amour!

Le chœur s'éloigna, descendit jusqu'au palais Mari, et remonta la rue de Marbre jusqu'au Carlo-Felice.

— Quelle nuit! quelle fête! quelle extase! disait de Mersanes; l'amour est partout; l'air est plein de ses caresses! Est-ce du poison ou du bonheur que je respire ici, moi? est-ce la vie ou la mort?

— Suivez-moi, dit Fabiano en lui serrant la main.

Ils marchèrent silencieux dans San-Ciro, et ils ne s'arrêtèrent même pas sur le seuil de la maison Viani, car la porte était ouverte.

Fabiano prenait ou feignait de prendre les plus grandes précautions pour tromper la vigilance des domestiques; mais il était venu le matin montrer l'ordre de Viani à son intendant, et cet ordre écrit lui ouvrait, comme on sait, la maison et le jardin, de sorte que l'on peut croire que l'absence des domestiques avait encore été combinée par lui. Fabiano et Anatole entrèrent donc dans le jardin avec autant de facilité que s'ils en eussent été les propriétaires : ils traversèrent les allées sombres et se blottirent dans un massif de jasmins à côté de la grille du jardin Braschi.

— Comte Fabiano, dit Anatole à voix basse, il me vient une idée étrange, et je suis obligé de vous la communiquer.

— Voyons! dit Fabiano.

— Je pense qu'il vous serait facile de m'assassiner cette nuit si vous le vouliez.

— Certainement, vous avez raison; la chose me serait facile; êtes-vous armé, vous, comte Anatole?

— Non

— Eh bien! je suis armé, moi! comte de Mersanes; vous voyez bien qu'il m'est facile de vous tuer.

Fabiano tira un poignard de sa ceinture et le lança dans un bassin.

— C'est à moi, maintenant, à vous faire des excuses, dit Anatole; mais aussi, quel est l'homme à ma place qui ne donnerait pas audience à mille soupçons? J'aime mieux soupçonner toute chose que la conduite scandaleuse de cette femme!

— Silence! vos doutes vont finir.

Un horrible battement de cœur supprima la respiration du comte de Mersanes. Une porte s'ouvrit sur la terrasse de la maison Braschi, et la plus douce des voix résonna mélodieusement dans le silence du jardin et le calme de la nuit.

XIII.

LA VISION DU JARDIN.

La grille du jardin Braschi s'ouvrait sur une allée qui aboutissait au perron. L'allée était sombre; mais, à son extrémité, elle recevait une clarté vive des hautes croisées des salles basses de la maison.

C'est dans cet espace lumineux que la belle comtesse polonaise apparut, et celui qui ne l'aurait vue qu'une seule fois aurait pu la reconnaître du premier coup. Aussi, le comte de Mersanes n'eut besoin que d'un regard pour se dire à lui-même : C'est elle!

Au reste, quel œil d'amoureux ou d'indifférent s'y serait trompé! cette noble démarche de jeune reine, cette grâce adorable qui accompagnait chaque mouvement, cette auréole de beauté suprême n'étaient qu'à elle : dans la nuit la plus sombre, on l'aurait reconnue sans peine aux ondulations de sa robe blanche ; l'étoffe éblouissante trahissait le corps.

Auprès de la comtesse apparut aussi un jeune homme, plein d'élégance dans sa mise et son maintien; la joie la plus vive éclatait dans ses gestes, et sa pose semblait un acte permanent d'adoration.

Hortensia sortait de la maison, tenant à la main une lettre ouverte qu'elle couvrait de baisers, et qu'elle déposa dans un pli de son corsage, avec un tressaillement de bonheur trop significatif. Puis elle regarda sur la terrasse à droite et à gauche, comme si elle eût craint d'avoir commis une indiscrétion à la clarté des lumières intérieures, et prenant familièrement le bras du jeune homme, elle s'élança d'un pied leste, avec lui, de l'escalier du perron dans l'allée du jardin.

Le comte de Mersanes fit un mouvement de désolation e recula deux pas dans le massif, comme s'il eût dit à Fabiano : C'est bien! j'en ai assez vu; si je reste, je meurs ici. Mais Fabiano le retint vigoureusement par le bras, et sa pantomime expressive signifiait, Bon courage! il faut tout voir.

Onze heures sonnaient à l'hôtel des Pauvres.

La jeune femme parlait à voix basse, comme on fait la nuit dans les entretiens intimes, ses gestes annonçaient l'exaltation la plus vive, celle qui ne peut venir que du délire de la tête et du cœur. Le jeune homme l'écoutait avec des transports amoureux d'extase, et les paroles qu'il murmurait à son oreille étaient accueillies à leur tour par des démonstrations non équivoques de joie folle. Ils allaient et venaient ainsi du perron à la grille, et à chaque tour l'oreille d'Anatole s'inclinait sur la grille pour saisir au vol quelque lambeau de phrase, lorsque le groupe ambulant n'était plus séparé du groupe immobile que par une branche de jasmin. Quelquefois Anatole était sur le point d'arriver à quelque révélation échappée de la bouche du jeune inconnu; mais un souffle de l'air dans les arbres, un bruit de la rue, un craquement de feuille morte sous les pieds des promeneurs, une plainte de la fontaine, couvraient la voix et les mystères de l'entretien.

Enfin, au milieu de la nuit, une parole de l'inconnu s'échappa, claire, vibrante, passionnée, et l'oreille avide entendit ces mots foudroyants : *Je donnerais ma vie pour toi, mon ange adoré!*

Un élan de joie, parti du cœur de la jeune femme, répondit à cette ardente exclamation.

Le groupe remonta l'allée. Le comte de Mersanes sortit de sa retraite, et saisit convulsivement les barreaux de la grille, comme, dans la fresque d'Orcagna, le damné au soupirail de l'enfer; malgré le trouble de ses yeux et de son esprit, il lui fut aisé de comprendre, en suivant du regard la comtesse et l'inconnu, que l'entretien se poursuivait de part et d'autre sur le même ton.

— Assez! assez! dit-il, je consens à mourir, mais je ne veux pas mourir déshonoré dans un poste d'espion.

Et il entraîna Fabiano.

Il fit quelques pas en arrière, et, comme pour se donner un dernier coup de mort, il lança un dernier regard dans le jardin de Braschi. Le jeune homme et la comtesse, arrivés sur la terrasse, s'étaient arrêtés; ils paraissaient, les mains unies, se dire un adieu tendre, et retarder encore, par un échange de douces paroles, le cruel moment de la séparation.

— Venez! dit Anatole, et il sortit du jardin Viani sans s'inquiéter de savoir s'il était suivi par Fabiano.

Fabiano prit les devants, d'un pas leste, pour cuvrir les portes et montrer le chemin ; et les deux jeunes gens se trouvèrent bientôt hors de la maison.

Ils s'arrêtèrent dans San-Ciro. Anatole redemandait à l'air de la nuit la respiration qui lui manquait. Fabiano gardait un silence morne, comme un ami honteux d'avoir trop complétement raison, et qui demande grâce pour sa victoire dans la modeste attitude d'un vaincu.

— Comte Fabiano, dit Anatole en lui serrant la main, je vous remercie... Voyez ! je suis calme... j'ai résisté... Ces choses-là guérissent l'homme le plus épris... Il n'y a de terrible que le premier moment...

— Comte de Mersanes, dit Fabiano d'une voix douce comme l'amitié, vous m'avez forcé à vous ouvrir les yeux... je vous ai obéi.

— Comment ! je vous rends mille grâces !.. ma vie est à vous ! j'étais un enfant... un étourdi... Oh ! les femmes ! les femmes !.. Quelle leçon !.. Celle-là était un ange !.. Fiez-vous aux anges !.. Elle avait un horrible chagrin qui la dévorait ! qui donnait l'insomnie à toutes ses nuits !.. Atroce fourberie !.. Comme elle mentait, l'infâme !.. avec ses histoires d'enfant perdu !.. Quelle tranquillité j'éprouve, comte Fabiano !.. L'extrême malheur porte son remède avec lui... On l'a dit : c'est vrai... je le sens... Quel est cet homme qui a fasciné cette femme ?.. Il me semble que je l'ai entrevu quelque part... On voit mal sous les arbres, la nuit..... Cet homme se croit heureux !.. Fou !.. Il sera trompé comme un autre... Le monde avait raison... Le monde a des yeux infaillibles !.. Il ne calomniait pas cette femme !.. Est-ce qu'on peut calomnier les femmes ?.. Prenez-en une au hasard, accusez-la au hasard, vous ne la calomnierez pas !.. *Je donnerais ma vie pour toi, mon ange adoré !..* C'est bien cela qu'il a dit... N'est-ce pas ?.. Il y a un crime là-dessous... Venez, Fabiano... tournons l'angle de cette rue... je veux voir s'il sort, l'autre... Cela m'est bien égal d'ailleurs ! il peut sortir, il peut rester... que m'importe !.. Vous voyez, comte Fabiano, que je prends la chose fort bien ?.. avec beaucoup de calme et de sang-froid ?

— Beaucoup de calme, dit Fabiano avec un naturel exquis ; beaucoup de sang-froid... Au reste, cela ne m'étonne pas, comte de Mersanes, vous avez un caractère fortement trempé.

— Je veux assister à sa sortie... s'il sort !.. Allons dans la rue voisine...

— Allons... mais ne nous montrons pas ; ne gâtons rien... De la prudence ! comte Anatole... vous marchez d'un pas qui peut vous trahir... *pianissimo !*

Ils tournèrent l'angle et se cachèrent dans une étroite ruelle qui monte de la rue Balbi, presque perpendiculairement à l'amphithéâtre des jardins suspendus. Ils virent ouvrir la porte de la maison Braschi.

Le jeune inconnu sortit, et après avoir fermé la porte avec une précaution mystérieuse, il leva les yeux vers le balcon du premier étage. Le bras d'une femme souleva la persienne, et la comtesse Hortensia parut presque toute en dehors, faisant avec ses mains des signes multipliés auxquels répondaient d'autres signes. Le jeune homme envoya des caresses au balcon, et descendit la rue de ce pas triomphant qui annonce le bonheur consommé. Au coin d'une rue, il s'arrêta sous une lampe de madone, déploya une lettre, la lut, et la couvrit de baisers. Anatole ne perdit rien de tous ces divers incidents.

Fabiano, qui jusqu'à ce moment avait gardé le plus grand calme, et joué son rôle de spectateur compatissant avec un art admirable, jugea, dans ses infernales combinaisons, que le moment était venu d'éclater, pour donner passage à une rage longtemps contenue devant le désespoir d'un ami. Sa figure de comédien, habituée à tous les masques, parut se contracter sous une pensée de vengeance, et serrant vivement la main d'Anatole :

— Comte de Mersanes, dit-il, en appuyant sur tous les mots, comme s'il les eût déchirés au passage avec ses dents ; comte de Mersanes, nous ne devons pas consentir stupidement à servir de jouets à cette femme, vous et moi ! Il faut nous venger !

— Comment ?

— Oh ! je me charge d'organiser la vengeance. Je donne une fête dans le palais Grimaldi, chez ma tante, et là, devant toute l'aristocratie de Gênes, je publie hautement l'histoire secrète de la comtesse Hortensia.

Fabiano, en proposant cette vengeance odieuse, savait fort bien que M. de Mersanes ne l'accepterait pas.

— Comte Fabiano, dit-il, vous avez trop de délicatesse et d'honneur pour vous venger d'une telle façon. Vous flétririez cette femme, en vous flétrissant.

— Et que faut-il faire, comte de Mersanes ? demanda Fabiano en élargissant la base de ses pieds, et en croisant les bras sur sa poitrine.

— Il faut se taire... D'ailleurs, est-ce vous qui avez été trompé ? Cette femme par ses discours et ses paroles vous a-t-elle promis de l'amour ?.. je sais que non, moi. Je sais au contraire qu'elle se fit, un jour, un titre à mes yeux de repousser vos avances, pour mieux me cacher l'intrigue secrète qui vient de se révéler à moi cette nuit. Cette femme n'a trompé que moi seul, et je ne vous reconnais pas le droit de venger mon injure sans mon consentement.

Fabiano baissa la tête en signe de résignation.

— Adieu, comte Val di Nota, poursuivit Anatole sur le ton de l'amitié, adieu ; il est temps de nous séparer. Cette nuit nous a donné tout ce que nous lui avons demandé ; je suis content... Au revoir, à notre réveil... si nous dormons !

Fabiano prit la pose d'un homme anéanti par le

désespoir; sa tête et ses bras flottaient au hasard.

— Mon cher comte, dit-il en feignant de prendre haleine après chaque phrase, mon cher comte, j'ai lutté quelque temps avec un certain courage, comme vous; mais cette lutte a brisé mes forces... Oui, cette femme m'a repoussé de toute son âme... Je lui ai tout offert, elle a tout refusé... Mais je l'ai aimée!.. comme elle doit être aimée quand on ne la connaît pas!... Deux choses me sont odieuses à présent, cette ville et cette femme... Il faut que je m'en sépare violemment aujourd'hui même... Que ne puis-je voir lever le soleil dans les pays situés au-delà de cette mer!.. Adieu, comte Anatole... je vais me réfugier à Villa-Bianca, et demain je n'y serai plus. Le premier vaisseau m'emportera sous d'autres cieux... Adieu, comte Anatole, croyez que mon cœur se brise en vous quittant.

L'accent admirablement trompeur qui accompagna ces paroles émut le comte de Mersanes; le jeune Français tendit cordialement la main au démon sicilien; et si quelque témoin eût passé devant cette scène d'adieux il aurait cru assister à la désolante séparation de deux intimes et vieux amis.

Le comte de Mersanes rentra chez lui, et quand il fut seul, n'ayant plus à rougir de sa faiblesse devant un autre, il se livra sans retenue au plus atroce désespoir. Il adopta et rejeta mille projets de vengeance. Il résolut même, pour la seconde fois de sa vie, de porter contre lui-même des mains violentes; mais il se souvint de ce serment solennel qu'il avait formulé en ces termes : *Ma vie est à cette femme comme ma mort est à Dieu!* et quoique ce serment eût été déposé dans des mains coupables, il ne crut pas devoir s'en délier. Avant de quitter Gênes pour toujours, il caressa un instant l'idée de voir encore une fois cette femme, pour se donner la joie de l'écraser sous sa honte; mais il avait engagé sa parole de ne rentrer à la maison Braschi qu'après un certain délai.

Le pauvre naufragé chercha de toutes parts une planche de salut; enfin il s'arrêta, de projets en projets, à celui-ci : il écrivit ce billet à la comtesse :

« Madame,

Le comte de Mersanes ne peut se présenter chez vous; il est encore, aux yeux de la loi, sur un sol étranger, à bord du *Cambrian*. Il vous écrit donc ces deux lignes pour obtenir de vous une courte réponse. Il a de cruelles raisons de penser que cette réponse n'arrivera pas.

« Je serai au théâtre du Carlo-Felice demain soir. On joue *Othello;* on chante encore le duo d'*Armida*. Pourrai-je me présenter dans votre loge, madame? Y serai-je reçu sous l'invocation d'*amor possente nome?* Il y a beaucoup de choses en trois mots adressés à la femme, me disiez-vous un jour; il y en a beaucoup plus en trois lettres adressées à l'homme. J'attends votre *oui :* ma vie est dans ces trois lettres.

« ANATOLE.

« *P. S.* Il m'est défendu de vous envoyer un messager; je vous écris donc par la poste, et j'attends votre *oui* par la même voie. »

Dans les douloureuses crises d'un désespoir d'amour, la moindre résolution prise donne à l'esprit une sorte de calme. C'est une trêve que la souffrance veut se donner à elle-même, une goutte d'eau sur la langue du damné.

— Je sais bien, se disait Anatole à lui-même, dans un monologue mental, je sais bien que tout est fini entre cette femme et moi, et que l'abîme des enfers nous sépare à jamais. Cependant je veux voir jusqu'où peut aller l'abominable effronterie d'une femme. Je veux voir de quel front elle soutiendra mon regard plus accusateur que ma parole! Oui, je sens qu'un dernier mot d'amour accueilli par elle avec un doux sourire me donnera cette salutaire crise d'indignation qui sauve du désespoir et guérit.

A la pointe du jour, la lettre fut envoyée. Anatole se résigna patiemment à une fiévreuse attente. Il ne sortit plus; il compta les minutes; il suivit le soleil, comme on suit un aérostat dans une fête publique; il tressaillit à tous les bruits de l'escalier; il vit dans chaque passant de la rue un messager de la poste; il dévora deux siècles, il ne reçut pas le *oui* attendu.

A l'heure du spectacle, il courut au Carlo-Felice. Le théâtre se peupla. Toutes les loges s'ouvrirent, toutes, excepté la loge de la maison Braschi. On chanta le duo d'*Armida*, et Anatole ne vit que les ténèbres de la tombe, à cette place autrefois rayonnante de ce divin regard qui mentait à l'avenir!

Le délire éclata dans la tête d'Anatole comme une fusée de sang. Il oublia tout, hormis la femme qu'il voulait oublier. Il se précipita par-dessus l'escalier dans le péristyle; il traversa au vol les rues de marbre, il ne s'arrêta que sur le seuil de la maison Braschi, et fit résonner sur la porte son marteau d'airain.

La porte s'ouvrit, et un vieux concierge stupide parut.

Anatole agita longtemps ses lèvres avant de pouvoir en arracher une parole.

Le vieux concierge attendait tête basse.

— Madame la comtesse? dit le jeune homme.

Le concierge leva la tête et répéta lentement l'interrogatiore d'Anatole; puis il ajouta :

— Madame est partie.

Les yeux d'Anatole se voilèrent des ombres de la mort.

Le concierge s'assit sur la première marche de l'espalier et attendit une seconde demande qui n'arrivait pas. Enfin, de Mersanes dit d'une voix d'agonisant :

— Partie aujourd'hui ?

— Non, hier, dit le concierge.

— Seule ?

Le concierge baissa la tête, étendit les bras et ne répondit pas.

— Pour un voyage ?

— Oui.

— En France ?.. en Italie ?.. en Allemagne ?

Le concierge baissa la tête à chaque nom de pays et garda un silence obstiné

De Mersanes fit quelques pas dans le vestibule et sortit en s'écriant, la main dans les cheveux :

— Elle est donc partie avec lui !

Et il regagna précipitamment sa maison, escorté par trois furies qui devaient lui épargner un suicide : la fièvre, le délire, le désespoir.

XIV.

CESARE.

Avant le départ de la comtesse Hortensia, Fabiano avait fait jouer une scène d'un autre genre dans la maison isolée de l'Aqua-Sola.

Le domestique Cesare, digne serviteur de son maître, avait fort bien joué son rôle d'attendrissement devant le marquis Viani, et celui-ci, qui se croyait menacé de la mort à tous les instants, remarqua sur le visage de Cesare une compassion muette qui fit naître chez lui un rayon d'espoir.

Viani, enfermé dans une salle basse, comme le condamné qui attend le bourreau, n'avait pas encore, faute de courage et de force, adressé une question au domestique chargé de le servir à ses derniers moments; enfin croyant toucher à l'heure suprême, il hasarda cette question :

— La pauvre marquise d'Isola-Bella est-elle ensevelie?

— Oui, répondit Cesare, en feignant d'étouffer des sanglots.

— Pauvre femme!

— Oui, oh! oui! pauvre femme!

— A-t-elle bien souffert avant de mourir?

— Heureusement non; sa tête a frappé contre l'escalier; elle a poussé un cri... elle était morte!

— *Jésu! Maria!* dit Viani en baissant la tête sur ses mains jointes.

Cesare essuyait ses yeux avec ses mains, comme s'il y avait eu des larmes.

— Vous êtes un bon jeune homme, vous! dit Viani avec cette voix douce que les hommes fiers prennent vis-à-vis d'un inférieur dont ils dépendent.

— Vous êtes bien honnête, monsieur, répondit le domestique.

— Ce n'est pas vous qui aurez le courage de m'égorger, quand l'ordre fatal viendra!

— Oh! certes, non! plutôt m'égorger moi-même!

— Mais un autre, un autre, Cesare, aura ce courage?..

— C'est Poggioli qui est chargé de cette besogne ordinairement.

— Ordinairement! ah! mon Dieu! que dites-vous, Cesare?.. cette maison est donc un repaire d'assassins?

Cesare baissa la tête et garda un silence effrayant. Viani fit cette réflexion mentale : Voilà donc comme la police est faite à Gênes! comme les scélérats se jouent de notre vigilance et de notre autorité!

— Cesare, mon ami, dit Viani en posture de suppliant; Cesare, mon enfant, je pourrais faire ta fortune, si tu me sauvais.

Cesare recula deux pas, comme effrayé de cette proposition. Viani répéta sa phrase en pantomime.

— Si je vous sauvais, dit Cesare, je ne voudrais d'autre récompense que ma bonne action.

Un rayon d'espoir illumina la figure blême du marquis.

— Noble Cesare, dit-il, le Ciel t'envoie une bonne inspiration; il faut la suivre.

— Je vous avoue, dit Cesare avec un attendrissement fort bien joué, je vous avoue que je suis las des horreurs de cette maison. Je n'étais pas né pour mener cette vie abominable...

— Bien, mon ami! très-bien! Ton naturel est bon. Reprends la vie honnête que tu n'aurais jamais dû quitter. De quel pays es-tu?

— De Ponte-Centino.

— Serais-tu bien aise de revoir ton pays?

— Ah! dit le rusé domestique en joignant ses mains et roulant ses yeux comme dans un souvenir de bonheur; mon beau pays! Il y a une petite maison au bas de la colline et une jolie rivière qu'on nomme la Paglia! Je donnerais la Strada-Balbi pour cette rivière et cette maison!

Viani prit affectueusement les mains du domestique, et d'un ton patelin :

— Veux-tu que je te conduise, dit-il, à ton pays, avec de l'or dans tes poches, comme un Anglais!

Cesare se fit la contenance d'un homme qui n'ose prendre un parti.

— J'achèterai pour toi cette maison que tu aimes tant, poursuivit le marquis en posant ses mains sur les épaules de Cesare.

— Mais si le marquis d'Isola-Bella nous découvre, il nous tue tous deux.

— Nous le tromperons. Sois tranquille, je suis plus fin que lui.

— Oh! je vois bien que vous êtes fin; vous avez le nez des gens fins... Mais je suis obligé de vous dire que si vous remettez le pied à Gênes, vous êtes perdu. Vous êtes accusé de meurtre. On a trouvé un poignard marqué à votre chiffre dans le bassin de votre jardin. Le gouverneur a dit que vous aviez fait exiler un jeune Français tout exprès pour entraîner sa maîtresse dans un piége horrible, et que vous avez pris la fuite après avoir fait un mauvais coup.

— Eh bien! Cesare, tout cela est faux, ou à peu près, mais les apparences sont contre moi. Le marquis d'Isola-Bella peut me perdre, je le sais; je lui ai fourni des armes. Malgré tout, je puis me sauver. Donne-moi de l'encre, une plume et du papier: j'écris deux mots à mon intendant. Il te donnera ma voiture et quatre chevaux; il te donnera deux passeports en blanc. Tous mes fonds sont placés sur une banque étrangère. J'ai sur moi plus d'argent qu'il ne m'en faut pour te mener à ton pays, et comme arrhes du marché, je te fais cadeau de ma voiture et de l'attelage. Cela te va-t-il?

— Une bonne action et une fortune! ma foi, je risque le coup!.. Justement le marquis d'Isola-Bella est absent... et je suis à peu près maître de la maison... Je vais vous apporter ce que vous demandez. Au diable la peur! qui ne risque rien, n'a rien!

Comme on le pense bien, tout réussit au gré des vœux du marquis Viani. La position était originale. Viani demandait à genoux ce qu'on brûlait de lui accorder...

A la nuit close, Cesare arriva de la ville avec la voiture, les chevaux et les passeports. Il feignit de prendre les plus minutieuses précautions pour échapper à la surveillance d'une maison déserte; il donna sa livrée à Viani et prit son habit noir; il hésita même au dernier instant, sur le seuil de la porte, et parut reculer devant une trahison domestique; mais Viani se jeta à ses pieds et les arrosa de tant de larmes, que Cesare, vaincu, leva les mains au ciel, et dit :

— Allons!

Ils montèrent tous deux dans la voiture, et le postillon reçut ordre de prendre la route de Toscane. Viani embrassa Cesare.

— Voyez, dit le domestique, comme il est aisé de tromper la police! Il faut convenir que les gouvernements emploient souvent de grands imbéciles pour veiller à la sûreté des États, qu'en dites-vous, marquis Viani?

La réponse fut un soupir.

Viani, pour en parler une dernière fois, courut en poste jusqu'à Naples; de Naples il gagna Cadix, et il ne se crut en sûreté qu'à Londres : c'était là d'ailleurs que ses fonds avaient des placements sur divers comptoirs.

Un incident troubla, bien longtemps après la tranquillité dont il jouissait en Angleterre. Au Théâtre-Français de Londres, on jouait le *Misanthrope;* la salle était déserte, et si bien déserte qu'il y avait même, aux troisièmes loges, un homme pour prévenir quelque crime, dans le cas où l'ombre d'un spectateur s'y serait glissée imprudemment, sans méfiance.

Au coin du balcon le plus rapproché de l'avant-scène, Viani s'était placé pour se faire protéger au moins par les acteurs, en cas de danger, car son isolement le terrifiait! Cependant la comédie allait sérieusement son train, comme si la foule eût rempli le théâtre. Le directeur, M. Bone, disait :

— Mes amis, nous faisons ce soir une bonne répétition!

Au Théâtre-Français de Londres, ces cas de désert ne sont pas rares.

Le marquis Viani éprouva un certain sentiment de fierté en voyant que les acteurs l'élevaient à la dignité de public, et il crut devoir demeurer à sa place pour reconnaître la politesse. A l'entrée de Célimène, il tressaillit de peur ou de joie, car il crut reconnaître l'actrice chargée de ce personnage.

— Ma foi! se dit-il à lui-même, si la marquise d'Isola-Bella n'était pas morte, j'appellerais bien cette actrice de ce nom-là.

Célimène regarda le public et le reconnut :

— Tiens! dit-elle entre deux vers, c'est ce pauvre Viani!

Et l'actrice, laissant un instant son rôle de côté, s'avança vers la rampe et demanda cavalièrement au marquis des nouvelles de sa santé.

— Comment! s'écria le marquis, c'est vous, madame? vous n'êtes donc pas morte!

— Bah! dit l'actrice, vous croyez qu'on meurt comme cela! Je vous ai rendu, j'espère, un fameux service en ne mourant pas.

— Vous m'étonnez horriblement, madame!

— Excusez-moi, cher marquis, il faut que je continue la pièce; venez me voir; je suis logée *Agar-Street*, 2, en garni. Nous causerons un peu de ma mort et de mon enterrement dans votre jardin.

— D'honneur! je n'y comprends rien, madame! Et le marquis d'Isola-Bella, où est-il?

— M. Bone, notre directeur, l'a pris pour valet de chambre... Venez me voir, chez moi, 2, *Agar-Street.*

Viani ouvrait des yeux démesurés, mettait son visage dans ses mains, et le relevait pour s'assurer si le désert du théâtre n'avait pas son mirage comme celui de Syrie. Au troisième acte, le roi des gentlemen de Londres, et le seul habitué de *French-Theatre*, vint se placer à côté de Viani, et la salle se trouva presque peuplée.

— Pardon, monsieur, dit Viani à son voisin, quel est le nom de cette actrice?

— Mademoiselle Tadolin, répondit M. Dorsay.

Viani finit par découvrir tout ce mystère; il partit bientôt pour Gênes, avec l'idée de se venger. Il était trop tard.

Cette digression finie, nous reprenons le fil des événements.

Le lendemain du jour qui vit s'échapper le marquis Viani de l'Aqua-Sola, le comte de Mersanes reçut une lettre qui l'invitait à se rendre à la chancellerie.

Le jeune Français, devenu désormais fort indifférent à toutes les choses de ce monde, et s'apprêtant à quitter une ville odieuse pour s'étourdir dans les agitations d'un long voyage, hésita quelque temps avant de se rendre chez le consul d'Angleterre, avec lequel il n'avait plus rien à démêler.

Lorsque le cœur est dévoré par une douleur suprême, on éprouve un insurmontable dégoût à ce qu'on appelle les affaires; on sourit avec amertume à tous ceux qui ne vous entretiennent pas de votre mal.

Cependant Anatole se rendit à la chancellerie, où l'agent lui montra une lettre en lui demandant si c'était bien à lui qu'elle était adressée.

Anatole fit un signe de tête affirmatif, car il crut reconnaître l'écriture, et l'émotion lui coupa la voix.

— Cette lettre, lui dit l'agent, est écrite depuis plusieurs jours; elle a passé déjà par beaucoup de mains, à travers bien des formalités. Elle vous a été adressée, comme vous voyez, à bord du *Cambrian*. Le commandant Hamilton a fait ici une station plus longue qu'il ne le croyait; mais enfin il a levé l'ancre, et quand cette lettre est arrivée, il était parti pour les îles Ioniennes. J'ai envoyé consulter les registres de toutes les hôtelleries de la ville, et ce n'est qu'hier que j'ai découvert votre logement. Voilà ce qui explique le retard.

Anatole murmura quelques paroles de remercîment, et sortit pour lire cette lettre, qui lui semblait venir d'une main bien pure autrefois.

Il la décacheta en tremblant, et lut ceci :

« Gênes, juillet 1833.

« Comte de Mersanes,

« Vous vous feriez de moi une étrange idée si je quittais cette ville sans prendre congé de vous, au moins par quelques lignes d'adieu. Il faut que je parte sur-le-champ : c'est le plus impérieux des devoirs qui m'y oblige. Il m'est impossible de vous dire où je vais.

« Croyez bien que j'ai toujours pour vous les mêmes sentiments de haute estime. Vous qui connaissez la vie, ne vous étonnez pas des choses mystérieuses que le hasard nous jette, et attendez avec calme ce qui est écrit dans le livre de Dieu.

« Avec calme! entendez-vous? Le désespoir est la ressource des âmes pusillanimes. Songez à la Madone de Santa-Maria-Novella ; elle vous a consolé dans vos jours de tristesse mortelle ; eh bien! elle vous consolera encore; il y a des vertus mystérieuses attachées à ces images que la religion et l'art ont fait deux fois saintes.

« COMTESSE H. »

Cette lettre bouleversa de nouveau toutes les idées d'Anatole. Il la lut et la relut cent fois; il en commenta chaque mot pour en saisir l'esprit; car il lui parut évident qu'un sens mystérieux était enveloppé dans ces phrases; il fallait donc le découvrir.

La comtesse ne pouvait révéler, disait-elle, le lieu de sa retraite; mais cette affectation à rappeler la

Madone de Cimabuë, et à finir brusquement une lettre en glorifiant la vénérable image de Santa-Maria-Novella, fut pour lui un trait de lumière.

— C'est à Florence qu'il faut aller ! dit-il...

Et poursuivant en lui-même son dialogue mental :

— Oui, oui, j'irai à Florence, je la reverrai... mais qui chassera de mon souvenir l'horrible vision du jardin ?.. Comment pourra-t-elle se faire chaste à mes yeux cette femme à jamais déshonorée pour moi ? N'importe ! j'irai ! L'attrait de cette femme est si puissant qu'il anéantit toute considération !.. A Florence !

XV.

AU VAL D'ARNO.

Lorsqu'on se précipite au vol de la voile ou du cheval vers une ville où l'on va chercher un ami dont la demeure est inconnue, il semble que la première personne qui se présente sur le premier pavé sera cet ami : lui seul peuple la ville. On arrive, et tout ce qui vous entoure donne tort à votre imagination.

Les maisons, les rues, les places, les promenades ne vous montrent que des visages inconnus qui daignent à peine vous regarder ; des hommes qui n'ont pas eu besoin de vous pour vivre avant votre arrivée, et qui continueront leur vie, avec la même facilité, sans vous demander votre nom. Vous êtes moins isolé en plein désert de Syrie qu'au milieu de cette foule. Une sorte de découragement s'empare de votre esprit. Vous désespérez même de rencontrer cet atome perdu qui peuplait la ville au dernier relais.

Le comte de Mersanes, en passant sous la herse qui porte l'écusson d'or et les *tourteaux de gueules* des

Médicis, cherchait déjà la belle comtesse dans le corridor du faubourg.

A peine descendu de voiture, il courait d'hôtellerie en hôtellerie, consultant les registres des voyageurs, tous pleins de noms inconnus et vierges du nom désiré. Il y avait pourtant dans l'air de la ville quelque chose qui annonçait la présence de cette femme. L'affection vive est douée d'un instinct subtil qui s'inspire de l'émanation des atomes pour deviner ce qu'elle cherche. On n'explique pas cela, on le sent, quand on est organisé pour le sentir. De Mersanes parcourut au pas de course les beaux quartiers Via-Larga, Notre-Dame-des-Fleurs, le quai de la rive droite de l'Arno, la place du Palais-Vieux, demandant à tous les balcons, à toutes les vitres de lui montrer le visage adoré, quoique odieux. Les balcons ne répondaient qu'avec des exhibitions de groupes ennuyés; les vitres n'encadraient que des têtes florentines, paresseusement inclinées sur la rue pour ramasser une distraction.

A l'heure des offices du soir, quand la fraîcheur invite le beau monde à la promenade des églises, et lorsque l'heure de la dévotion a sonné, de Mersanes entra dans Santa-Maria-Novella, et longeant la nef de droite jusqu'à la chapelle des Rucellai, voisine de l'abside, il s'agenouilla devant les naïves images que Fiesoles aligna sur les murs, avec toute la candeur angélique de son pinceau.

Il donna un regard furtif dans la chapelle de Cimabuë, voilée à demi par le crépuscule charmant que le soleil d'été envoie aux églises, à six heures du soir.

Une femme priait devant la sainte et antique Madone du créateur de la peinture. Anatole aurait deviné le nom de cette femme sous le déguisement le plus trompeur : il resta immobile sur l'escalier de la chapelle, et des larmes de joie ou de tristesse tombèrent de ses yeux. Un souvenir de la vision du jardin vint se mêler aux impressions de ce moment, et Anatole se demanda, sans réponse, comment une coquetterie criminelle pouvait s'allier à tant de piété! Il aurait voulu pouvoir douter, mais l'œil de la passion ne se trompait pas; c'était bien la comtesse évaporée du jardin Braschi.

De Mersanes s'arma d'un courage surhumain, et résolut d'attendre la comtesse sur la place de l'église, et de l'aborder hardiment si la circonstance le permettait.

Cela conclu, il sortit et attendit la fin de la prière.

Une voiture stationnait devant un des obélisques de la place; une très-modeste voiture de louage, sans domestique, et gardée par un pauvre cocher endormi. Anatole jeta un coup d'œil par le store, dans l'intérieur, et vit sur le siége du fond un éventail et une fleur de magnolia.

La chose la plus simple fait tressaillir quand une idée de passion et un souvenir d'amour s'y attachent. La découverte d'une fleur a souvent donné plus de joie à un inconnu, que la découverte de l'Amérique n'en a donné à Colomb.

Mais cette indestructible vision du jardin était malheureusement toujours là, fixée au cerveau du jeune homme, et tous les magnolias du monde se seraient fanés sous l'obsession permanente de ce souvenir.

Enfin, sur le parvis tout inondé de lumière, entre les rayons du soleil couchant et l'ombre religieuse de l'église, parut une jeune femme qui ressemblait à la statue du Jour, que le souffle de Michel-Ange aurait envoyée vivante de la chapelle du *Pensiero*, à cette Santa-Maria-Novella, que le grand sculpteur nommait *son épouse, mia sposa!*

C'était bien elle! Le soleil sembla s'arrêter pour la couronner de rayons, et de Mersanes fit quelque pas dans la place déserte pour s'exposer au premier regard de la comtesse, et juger de l'effet qu'il produirait sur elle à cette soudaine apparition.

La jeune femme fit un mouvement de surprise instantané comme la réflexion qui le réprima; un calme sourire et un geste amical saluèrent le comte, et elle fit quelques pas vers lui avec une aisance hardie qui n'annonçait aucune émotion. Une légère teinte d'incarnat courut sur son visage; mais elle était sans doute l'indice de l'ardente ferveur de la prière. D'ailleurs, de Mersanes n'avait pas assez de sang-froid pour remarquer le calme ou le trouble de la comtesse; il fit aussi, de son côté, quelques pas, et s'inclina respectueusement devant elle, ayant soin de prolonger tous les petits détails qui accompagnent un salut solennel, ainsi qu'on fait quand on cherche, sans le trouver, le début d'une conversation.

Ce fut la jeune dame qui, voyant l'embarras d'Anatole, prit la parole la première :

— Vous devinez à merveille les énigmes, monsieur le comte ; je suis ravie de votre sagacité.

Ce ton familier rendit au jeune homme assez de présence d'esprit pour dire d'abord des phrases qui ressemblaient à des réponses, comme celle-ci :

— Je suis enchanté, madame, de recevoir un compliment de vous à votre première rencontre à Florence.

— Votre exactitude mérite aussi les plus grands éloges, monsieur le comte, vous répondez à l'appel de vos amis avec la promptitude d'un écho.

— Je vous prie de m'épargner, madame, votre bonté me confond.

— Veuillez bien me donner le bras jusqu'à la voiture... Excusez-moi, monsieur le comte, si je vous montre un équipage si indigent; il a bien fallu se réduire, tous mes biens ont été confisqués... Heureusement, ajouta-t-elle en riant, que dans ces biens on n'a pas compris l'amitié des nobles cœurs... Où êtes-vous descendu à Florence, monsieur le comte?

— Ici, madame.

— Comment ici! vous prenez Santa-Maria-Novella pour une hôtellerie?

— Je ne me suis pas encore mis en souci d'un logement, madame, j'avais en arrivant quelque chose de mieux à faire...

— J'espère que nous nous reverrons, dit la comtesse en montant sur le marche-pied de la voiture.

— Je n'espère que cela, madame..... Vous n'êtes pas descendue probablement dans un hôtel? Où me sera-t-il permis de vous rendre mes visites respectueuses?

— Ah! ceci est encore un mystère... nous verrons plus tard... En ce moment, je ne puis recevoir personne...

La vision du jardin éclata dans le cerveau d'Anatole; le fiel de l'écume de la mer mouilla sa langue et ses lèvres; une sueur froide courut sur son épiderme; la vapeur du sang voila ses yeux et brûla son front.

La comtesse, assise déjà dans la voiture, faisait un geste d'adieu. De Mersanes, la main droite sur la portière ouverte, se pencha dans l'intérieur, et d'une voix terrible, quoique contenue :

— Vous ne pouvez recevoir personne, dites-vous? Personne? Excepté l'homme qui vous a dit dans le jardin Braschi, *Je donnerais ma vie pour toi, mon ange adoré!*

Il y eut comme une éclipse de soleil sur la figure de la comtesse Hortensia. Son sein se souleva, ses bras se raidirent, et le cri sourd qu'elle poussa fut comme le cri d'une mère endormie qui voit, dans son rêve, son enfant broyé sur le pavé.

Le cocher s'avança vers la portière pour demander

les ordres de la comtesse; une main le repoussa vivement, et lui fit signe de se retirer bien à l'écart.

La même main fit un autre signe au comte Anatole, un signe impérieux, un signe irrésistible, un signe de reine à un esclave; c'était un ordre muet de monter dans la voiture et de s'asseoir sur le siége opposé.

De Mersanes obéit.

Toutes ces choses si longues à raconter furent dites et faites au même instant.

Le cocher ferma la portière et la voiture partit assez lentement.

De Mersanes, les bras croisés sur la poitrine, les yeux fixes comme ceux d'un somnambule, les lèvres agitées par la tempête intérieure, attendait la parole de la comtesse comme on attend une balle dans un duel.

— Vous avez prononcé une phrase, monsieur, dit la jeune femme, une phrase que je vous prierai de répéter.

Sa voix tremblait comme la corde agitée sur l'instrument.

Anatole, d'un ton calme, répéta la phrase et n'ajouta rien de plus.

— Et où l'avez-vous entendue, cette phrase, monsieur; qui vous l'a répétée? Comment la connaissez-vous? Je veux le savoir, dussé-je rester ici jusqu'à la nuit.

Anatole garda le silence.

— Vous ne me répondez pas, monsieur!.. Vous osez outrager une noble dame par votre silence.

De Mersanes secoua mélancoliquement la tête, et d'une voix pleine de larmes :

— Ah! madame! dit-il, votre émotion m'a rendu le calme. La colère a parlé par ma bouche... Et en voyant le mal que je vous ai fait, je voudrais racheter ce que j'ai dit par ma mort.

— C'est votre ton, monsieur, qui a été plus outrageant que votre discours. Vous avez eu l'intention de m'insulter; cette intention a éclaté dans votre organe, vos gestes, vos yeux. Qu'ai-je fait, monsieur, pour mériter une insulte? Vous n'êtes ni mon mari, ni mon frère; je vous croyais mon ami; je vous estimais; j'aurais pu vous aimer un jour, peut-être; car toute chose possible est dans l'avenir; eh bien! tout lien d'estime et d'affection est brisé entre nous. Maintenant, continuez à vous taire, vous êtes connu.

— Madame, dit Anatole d'une voix inouïe, je ne vous ai donné, moi, ni amitié, ni affection, ce sont des sentiments trop vulgaires; je vous ai donné un amour sans pareil; et quoique tous les hommes s'imaginent par amour-propre, que la passion de leur cœur n'a pas son égale au monde, je sens, moi, avec toute la puissance d'une foi souveraine, que j'ai raison contre tous.

J'ai emporté cet amour à travers l'Italie; partout, madame, où il y a une fleur, un arbre, une colline, une goutte d'eau, un rayon de soleil, j'ai laissé une pensée de cet amour; et si toutes ces œuvres de la création répétaient en chœur mes confidences, l'hymne qu'elles chanteraient en votre honneur serait peut-être digne de vous. Eh bien! j'ai cru devoir éteindre en moi cette passion. Pour arriver à ce but, j'ai réuni toutes les forces de mon âme; elle se sont épuisées à cet inutile labeur! Mon amour, ce poison qui tue ou qui fait vivre, est dans chaque goutte de mes veines. Pour l'anéantir, il faut renouveler mon sang. Voyez, maintenant, si la pensée d'un outrage peut venir de moi contre vous?

— Qu'avez-vous fait alors, monsieur, si vous ne m'avez pas outragée?

— J'ai été subjugué à mon insu, par l'impression irritante d'un horrible souvenir. J'ai eu tort, car je n'ai aucun droit sur vous. La comtesse Hortensia n'est pas ma femme, n'est pas ma maîtresse. Elle est libre de ses actions, je le reconnais.

— Vous m'étonnez singulièrement, monsieur, et vous vous justifiez par de nouveaux outrages, cette fois, du moins, dirigés avec le plus grand sang-froid, et déguisés avec art. Voyons; je veux bien entrer en explication avec vous. Ma dignité me commanderait autre chose, je le sens; mais on fait quelquefois l'inverse de son devoir. Point de détours, monsieur; parlez comme si vous étiez seul, mettez votre pensée brumeuse au grand soleil... oh! faites-moi grâce de ces regards et de ces soupirs plus irritants que toutes les accusations. Parlez.

— C'est un ordre, madame?

— Oui.

— J'obéis... Avant tout, madame, je vous demande pardon à genoux d'une faute... j'ai vu ce que je n'aurais pas dû voir; j'ai écouté ce que je n'aurais pas dû entendre...

— Point de préambules! parlez! parlez! au nom de Dieu!

— Vous vous rappelez, madame, le soir de la sérénade de la Strada-Balbi?

— Oui, dit la comtesse en pâlissant.

— Ce soir fut suivi d'une terrible nuit... un démon me conduisit à la grille du jardin de votre tante... et j'ai tout vu, tout entendu!

De Mersanes laissa tomber son front sur ses mains et sanglota. Il y eut quelques instants de silence.

— Ce démon se nomme Viani, dit la comtesse; je le reconnais... Je fus bien imprudente, ce soir-là... mais ma pauvre tête était si bouleversée... elle allait où on la menait!.. Il a été le témoin de cette scène!

Cela fut dit sur le ton du monologue, et ne provoquait aucune réponse; aussi de Mersanes l'entendit à peine, et il garda son attitude désolée.

La comtesse changeant de ton :

— Eh bien ! monsieur, dit-elle, si vous avez écouté aux portes, je ne comprends pas votre désespoir. Vous savez tout, et votre outrage est plus énigmatique pour moi que jamais.

De Mersanes leva la tète et regarda la jeune femme avec des yeux étranges.

— Je n'ai entendu, madame, dit-il, qu'une seule phrase, celle que je vous ai répétée... Il me semble que c'est suffisant.

— Alors, vous ne savez rien.

— Mais j'ai tout vu, madame.

— Alors vous ne savez rien.

Le regard que lança le jeune homme sur la belle veuve signifiait clairement, voilà une audace qui m'anéantit !

— Vous ne savez rien ! poursuivit la comtesse d'une voix radoucie, rien ! Au reste vous ne seriez pas désespéré à ce point si vous saviez quelque chose...

— Eh bien ! madame, dit Anatole, instruisez-moi, je saurai.

— Hélas ! vous me demandez l'impossible ! comte de Mersanes.

— S'il en est ainsi, madame, je vous prie de me permettre de sortir. Je ne vous comprends pas ; vous êtes un mystère vivant ; vous m'avez appelé à Florence... pour me tuer.

Un soupir de désespoir suivit ces paroles ; de Mersanes essaya d'ouvrir la portière ; Hortensia le retint.

— Comte Anatole, dit-elle avec l'accent des beaux jours, un serment lie ma bouche ; le plus grand de mes intérêts me lie à mon serment. Ayez confiance en moi. .

— Le jardin ! le jardin ! s'écria de Mersanes en se frappant le front.

— Vous avez été dupe des apparences...

— *Je donnerais ma vie pour toi, mon ange adoré!*

— Dupe des apparences!

— Quel est ce jeune homme, madame, qui vous parle avec toute l'intimité de l'amour?

— Eh bien! écoutez-moi, mon cher comte, dit Hortensia, les larmes aux yeux; je vois que j'ai perdu votre estime, par un de ces hasards dont la vie est faite. Je tiens à votre estime, et je suis touchée de votre désespoir. Je me tairai, parce que mon honneur et mon intérêt le plus cher me condamnent au silence; mais, pour regagner votre estime et vous sauver de la mort, peut-être, je me résigne à une démarche qui trouvera, dans mon intention, son excuse devant Dieu... Comte de Mersanes, voulez-vous voir ce jeune homme qui me parle avec tant d'intimité amoureuse?

— Oui.

— Voulez-vous entendre une conversation entre lui et moi?.. Vous ne répondez pas; je comprends votre hésitation... Elle est injurieuse... mais je vous pardonne... Il vous est permis, agonisant comme vous êtes, de pousser ma complaisance à bout... Vous craignez que je n'avertisse ce jeune homme par parole ou par écrit, et que je ne lui dicte une comédie dialoguée pour vous tromper... eh bien! vous ne me quitterez pas. J'attends ce jeune homme à dix heures, ce soir, dans ma chambre. Je vous réserve une place où vous verrez tout et entendrez tout sans être vu. Puisqu'on n'a pas hésité sans scrupule à se servir de ce moyen pour vous faire du mal, je puis l'adopter aussi pour le remède. Ma bouche restera muette; un autre parlera pour moi, et vous saurez tout.

Anatole saisit la main de la jeune femme et l'arrosa de larmes.

— Pardonnez-moi, madame, dit-il avec la voix du cœur, pardonnez-moi! je vais mettre le comble à mes torts; j'accepte! Je ne suis pas assez grand, assez noble, assez héroïque pour refuser. Je sens que mon devoir serait de vous dire : Je ferme les yeux et je crois. Mais je n'ai pas le courage du devoir. L'excès de mon amour me rend coupable. Si je vous aimais moins, je refuserais. Il y a chez moi une atroce curiosité qui vient de l'enfer comme un crime ; il y a une vision épouvantable qui brûle mon front : il faut un miracle pour me sauver, pardonnez-moi et sauvez-moi !

— Pas un mot de plus, comte Anatole ; je n'exige rien au-dessus des forces de l'humanité.

Le cocher reçut ordre de hâter le pas de ses chevaux. La voiture sortit de la ville et entra dans la route du Val d'Arno ; à peu de distance des remparts, elle s'arrêta au pied d'une colline. Le jour tombait. Analole et Hortensia montèrent par un sentier tortueux jusqu'à la grille d'une petite maison blanche, aux persiennes vertes.

Stanislas, le domestique polonais, ouvrit la porte, et Hortensia lui dit :

— Stanislas, ce soir à dix heures, un jeune homme viendra ; vous le laisserez entrer, et vous le conduirez jusqu'à la porte de mon appartement. Vous resterez dans le jardin avec son domestique. On vous appellera...

Puis, se tournant vers le comte de Mersanes :

— Maintenant, ajouta la jeune femme, comte Anatole, causons de choses indifférentes ; parlez-moi de vos voyages ; reprenez votre bonne humeur. Supprimons-nous de ce monde jusqu'à dix heures du soir.

Ce programme de soirée ne fut pas exécuté dans sa rigueur ; la situation était trop solennelle pour les deux personnages. Il y eut de longues interruptions pleines d'un silence morne. Parfois de Mersanes se levait convulsivement, comme entraîné par une secousse irrésistible, et il se promenait à grands pas en se demandant par quelle infernale supercherie de femme la comtesse parviendrait à rendre innocent le rendez-vous du jardin?

A l'approche de l'heure attendue, la comtesse monta aux appartements supérieurs avec Anatole, et lui désigna le poste secret où il devait tout entendre et tout voir. La jeune femme n'était pas émue; de Mersanes tremblait.

— Voyez, comte de Mersanes, dit-elle, en lui montrant la campagne à travers les persiennes, voyez comme ce bout du monde est bien choisi pour goûter un peu de repos. L'Arno coule à mes pieds dans son lit étroit de collines. Il y a de jolis couvents sur ces hauteurs; il y a partout de charmantes petites maisons qui ressemblent à un village éparpillé; c'est un paysage adorable. Dieu m'a délivrée de Fabiano, ce démon sicilien qui m'épouvantait jour et nuit, et de cet ennuyeux Viani, qu'il m'a fallu subir si longtemps par nécessité de position; enfin je respire un air libre dans un pays délicieux; c'est pour moi comme une vie nouvelle; je sens que j'existe : les heures sont si douces entre l'azur de ce fleuve et l'azur de ce ciel!

Quelle tranquillité d'esprit! se dit de Mersanes à lui-même; tout cela est trop calme pour être vrai. Cette femme joue un rôle. Elle veut me faire quitter la place, en prenant ce ton mélancolique qui semble exclure toute préoccupation sérieuse. Mais, je suis plus rusé qu'elle; je resterai jusqu'au jour s'il le faut... et si personne ne vient!.. personne! je serai joué!

Cependant un bruit de porte sur la terrasse décomposa soudainement la figure de la comtesse; mais cette émotion paraissait plutôt appartenir à la joie vive qu'à tout autre sentiment.

La jeune femme posa son index sur sa bouche, et l'autre main désigna le poste secret. Anatole obéit machinalement au geste, se raffermit sur ses pieds, et attendit.

Il y a dans ces moments une terreur qui n'est pas celle des grands périls, et qui fait refluer le sang au cœur, brûle la racine des cheveux et dessèche la langue, comme si la voix d'un corps invisible vous parlait à l'oreille dans la nuit; comme si une main de plomb glacée secouait votre main dans les terreurs de l'insomnie. Les femmes sont plus à l'aise que les hommes au milieu de ces émouvantes scènes; le premier moment de crise passé, les femmes se composent un visage, une voix, un maintien qui laissent croire qu'elles sont tranquilles; les hommes, dans les mêmes circonstances, tremblent jusqu'à la fin : il leur faut des dangers de mort, à eux, pour être braves : la nuit, entre une lampe et une femme, ils ont peur.

Un bruit de pas rapides se fit entendre dans l'escalier, et la respiration haletante d'un homme arriva même à l'oreille d'Anatole; car, dans cette maison isolée, que n'agitait aucun bruit extérieur, le moindre murmure de l'air trouvait des échos.

Trois coups lents et nettement accusés retentirent sur la porte.

— Entrez, dit la comtesse d'un ton décidé.

La porte s'ouvrit.

Les yeux d'Anatole se voilèrent d'un nuage; ses pieds faiblirent; le sang gonfla les veines de son cou, comme le fer d'un carcan. Il se retourna vers une fenêtre ouverte derrière lui pour aspirer le baume de l'air, et demander un peu de calme à la sérénité des étoiles.

Le couvent dormait sur la colline, l'Arno dans son lit, l'arbre sur la rive, la fleur agreste sur le gazon. La tempête d'une passion rugissait seule au milieu de cette tranquillité sublime.

Il lui sembla entendre un cri de femme.

Ce cri lui rendit son énergie d'homme, et dissipa le nuage de ses yeux. Anatole vit au fond de la salle la comtesse Hortensia dans une attitude alarmante ; son bras tendu vers un homme semblait lui défendre d'approcher.

De Mersanes regarda cet homme, et il se crut, au premier coup d'œil, dupe d'une illusion; mais le doute n'était pas longtemps permis : cet homme était signé de son nom de la tête aux pieds; c'était le comte sicilien Fabiano!

Il était debout, dans une attitude de respect assez rassurante; son geste paraissait humble et même suppliant; sa voix avait perdu cette vivacité orageuse et stridente qui semblait menacer toujours.

— Oui, madame, disait-il, je suis venu à la place de l'autre; vous ne vous attendiez pas à me voir, mais vous reconnaîtrez bientôt que je viens en ami... Point de scandale! point de cris! Je vous le répète, tout serait perdu! La moindre imprudence vous coûterait des regrets éternels... Vous savez ce qui m'amène ici. Votre bonheur est entre vos mains; je suis prêt à vous le rendre. Quand vos autres amis parlaient, moi j'agissais. J'ai envoyé, à votre insu, mon intendant, Octavien d'Oropeza, en Pologne. Ce qu'il a fait tient du miracle. Lui-même vous a donné, dans votre jardin, tous les détails de son expédition aventureuse. Il a vu vos amis à Varsovie; il vous a rapporté des lettres de toutes les personnes qui s'intéressent à vous, entre autres la lettre de votre amie la comtesse Zamoïska, que vous avez couverte de baisers sur le perron de votre jardin, la nuit de votre première entrevue avec Octavien; lettre qui se terminait par cette phrase de vous, adressée à votre jeune fille : ***Je donnerais ma vie pour toi, mon ange adoré!*** C'est toujours par mes conseils qu'Octavien vous a fait quitter Gênes le lendemain de cette entrevue nocturne et solennelle. Vous auriez pu trouver un obstacle à votre départ dans le pouvoir tracassier du marquis Viani; j'ai su mettre cet homme dans l'impossibilité de vous nuire. Octavien vous a dit, sans doute, que la première personne qu'il a vue à Varsovie est le peintre Wiganoski, une de vos intimes connaissances. C'est par lui que mon émissaire est arrivé à tout, en prodiguant l'or. Le vieux général, votre correspondant à Paris, n'a fait que des sottises, vous le savez. Nous avons triomphé, nous, de tous les obstacles. J'ai voulu qu'Octavien seul vous instruisît de tous les préliminaires, mais je me suis réservé le bonheur de vous annoncer le résultat. Octavien ne vous avait donné que de l'espoir, beaucoup d'espoir, il est vrai, et cela vous avait comblée d'une joie bien naturelle. Moi je vous annonce, moi, que votre petite Hortensia est trouvée, et que je puis demain même la mettre entre vos bras!

La jeune mère se laissa tomber sur un fauteuil, mais ce ne fut qu'une faiblesse d'un moment. Le noble sang des femmes fortes de sa race vint à son aide.

— Monsieur, dit-elle d'une voix sanglotante, venez-vous ici pour vous jouer du désespoir d'une mère? Ce rôle manquait à votre vie...

— Je m'attendais à cette injustice, madame. Vous êtes encore sous l'influence des calomnies débitées sur mon compte... Votre fille a été volée par une vieille femme du faubourg du Choletz, dépouillée de ses habits de luxe et couverte de haillons. Les vols de petites filles, vous le savez, sont fréquents dans votre pays : c'est le peintre Wiganoski, avec sa rare sagacité d'artiste, qui l'a retrouvée. On pouvait s'adresser aux tribunaux pour avoir justice de ce vol odieux; mais il aurait fallu prononcer votre nom, traîner l'affaire en longueur, subir un procès interminable; Octavien a tranché la question avec de l'or, en un instant. N'ayez aucune crainte, votre jeune fille est entre les mains d'une gouvernante qu'Octavien a prise à Berlin. Si vous ne la reconnaissiez pas à sa grâce enfantine et à sa beauté, vous la reconnaîtriez à une petite lentille charmante qu'elle a dans la fossette de la joue gauche, comme vous.

La comtesse éleva ses mains par-dessus la tête, et en les laissant tomber, elle dénoua le nœud de sa chevelure, et un torrent de tresses noires ruissela sur les épaules et sur le sein.

Puis elle dit d'une voix déchirante :

— Mon Dieu ! inspirez-moi ! est-ce une trahison ? est-ce un dévouement ?.. Quelle chose vous faites, monsieur, si vous mentez ! si vous prenez plaisir à déchirer un cœur de mère avec cette atroce et froide combinaison !

— Je ne vous comprends pas, madame, dit Fabiano avec la plus douce et la plus respectueuse des voix ; lorsque mon émissaire Octavien vous a demandé une première entrevue à dix heures du soir, loin des témoins et des importuns, vous l'avez accordée ; au nom seul de Varsovie et de vos amis, vous n'avez pas hésité. Octavien a dirigé tous vos pas dans cette soirée, vous l'auriez suivi au bout du monde. C'est la même volonté, la mienne, qui vous a fait quitter Gênes, qui vous a donné pour retraite le val d'Arno, et un pays libre, ouvert à tous vos compatiotes proscrits. Aujourd'hui, Octavien se retire ; c'est moi qui arrive à sa place, tenant votre enfant par la main, et vous me traitez avec la même rigueur que si je vous enlevais votre fille ! La panthère ne roule pas des yeux plus menaçants lorsqu'on lui arrache ses petits. Si vous agissez ainsi, madame, parce que vous vous méfiez de moi, expliquez-vous, je suis prêt à vous satisfaire ; j'ai des réponses victorieuses à donner à toutes vos demandes.

La comtesse fit un sourire, et son regard resta sérieux ; puis, avec un accent de sombre ironie :

— Vous êtes étonné, monsieur, dit-elle, de ma méfiance à votre égard ! Vraiment ! je suis injuste, n'est-ce pas?.. Vous tramez une bonne action comme on trame un crime, et je n'aurais pas le droit de me méfier de votre bonne action! Si vous avez un enfant à rendre à sa mère, rendez-le, monsieur, sans retard et sans condition, ainsi que ferait tout honnête homme.

— Oui, madame, tout honnête homme qui ne vous aimerait plus agirait ainsi; mais moi, madame, je vous aime d'un amour qui me tue : vous le savez. Je vous donne une éclatante preuve de cet amour en me dévouant nuit et jour à votre intérêt le plus précieux, à votre intérêt maternel; j'ai tout sacrifié pour rendre à votre âme une joie qui n'était que sur votre visage; et il ne me serait pas permis d'user de quelques moyens innocents pour obtenir la récompense d'un sourire! Oh! madame, si vous persistez dans cette rigueur, votre injustice deviendra une cruauté... Vous ne me répondez pas, madame; vous doutez, vous doutez toujours?.. Mais ayez la bonté d'apprécier ma position; si je remettais, à présent, votre enfant dans vos bras, je serais, sans doute, accueilli en triomphateur, mais je serais chassé demain comme un esclave... Je vous aime trop pour commettre une pareille faute; j'ai des droits victorieux, et je ne m'en dessaisis pas... Voulez-vous une preuve de plus? la voici... Lisez cette lettre du grand artiste qui a fait le portrait en pied de votre mari... la voilà, madame, lisez et remarquez la date, elle est des premiers jours de juillet 1833... lisez.

La comtesse hésita quelques instants; mais la noble curiosité de la mère l'emporta sur la dignité de la femme. Elle prit la lettre et lut :

A M. Octavien d'Oropeza.

« MON CHER MONSIEUR,

« D'après vos désirs, j'ai terminé chez moi, en quelques heures, le portrait de la charmante fille de la belle comtesse. Vous le trouverez frappant, j'espère. Il n'a pas fallu perdre de temps, puisque vous partez aujourd'hui. Vous direz de vive voix à l'heureuse mère que je n'ai pas reçu les lettres qu'elle m'a écrites, si elle m'a écrit. Mettez-moi à ses pieds divins.

« Vous montez en voiture place Sigismond, 3, à sept heures du soir; c'est là que je vous donne rendez-vous une demi-heure avant votre départ. Je vous attendrai à la grille de la Statue, et je vous donnerai le portrait de la petite Hortensia.

« Mille amitiés, W***. »

— Quel horrible martyre! dit la jeune femme en laissant tomber la lettre et la main sur ses genoux. Puis d'une voix éteinte, elle dit, sans regarder Fabiano :

— Et où est-il ce portrait? où est-il?

— Le voilà, madame, dit le Sicilien avec un gracieux geste d'abandon.

Hortensia prit le portrait, et le saisissement qu'elle éprouva n'arracha pas un cri à sa poitrine haletante; mais sa figure rayonna d'une joie immense, la joie qui aurait inondé Rachel devant la résurrection de ses enfants.

Elle se leva vivement, superbe d'amour; elle oublia tout : le lieu, la scène, l'heure et les deux passions grondantes autour d'elle, et la main fatale qui lui faisait ce don. Elle s'abîma dans sa contemplation de l'image adorée, lui prodigua ses caresses, ses larmes, ses sourires, ses sublimes élans, tous les trésors du cœur maternel; son visage sembla refléter le feu de l'extase des séraphins; tout ce qu'elle avait de mortel disparut; la flamme céleste de ses yeux couronna son front comme une auréole sainte; elle avait fui la terre, elle habitait le paradis!

Fabiano la contemplait avec des regards de démon; il ressemblait à Lucifer se disposant à tenter la faiblesse d'Ève.

Quant à l'autre témoin de cette scène, il était arrivé à cet état violent de surexcitation nerveuse qui chasse la pensée du cerveau. De Mersanes avait traversé toutes les phases émouvantes de ce drame, et il succombait sous cette oppression de secousses contrariées qui le courbaient et le relevaient, comme l'arbre exposé à la furie de tous les vents.

La comtesse Hortensia, épuisée aussi par l'excès de tant d'émotions, reprit sa place sur le même fauteuil qu'elle avait quitté, sans détourner un seul instant ses yeux de l'image chérie qui souriait à sa mère.

Le comte Fabiano se rapprocha d'elle d'un pas lent et légèrement appuyé sur le parquet; il se composa une voix douce, mais qui pourtant fit tressaillir la jeune femme, comme si elle eût été secouée dans un rêve.

— Madame, dit-il, je suis singulièrement étonné d'une chose en ce moment : dans toutes ces démonstrations de joie, si naturelles d'ailleurs chez une mère, dans tous ces nobles sentiments qui éclatent en vous, et qui me ravissent, je suis surpris de ne pas entendre une seule parole de reconnaissance adressée à moi. Il me semble que je mérite au moins un sourire de la mère dont j'ai sauvé la fille!

A mesure que Fabiano parlait, sa voix arrivait par gradations insensibles à l'accent de l'ironie poignante et de la colère contenue. La comtesse Hortensia regarda son formidable ennemi, et elle ne put se méprendre sur la nature des intentions de l'ardent Sicilien.

— Comte Fabiano, dit-elle, pourquoi n'avez-vous pas amené ici, avec vous, M. Octavien d'Oropeza? Vos ruses et votre audace, bien connues de moi, me donnent un étrange soupçon. N'auriez-vous pas surpris, par quelque machination infernale, le secret de M. d'Oropeza? n'auriez-vous pas...

— Excusez-moi, madame, si je vous interromps.

Octavien d'Oropeza est ici ; j'ai prévu le cas : si vous jetez un coup d'œil par cette fenêtre dans votre jardin, vous pourrez le voir causant à cent pas d'ici avec votre vieux Stanislas. Les étoiles donnent encore assez de clarté pour le reconnaître ; c'est lui que j'ai fait passer pour mon domestique.

La comtesse se leva dans une agitation folle, et elle comprit toute l'infamie du complot tramé contre son honneur, complot qu'elle avait soupçonné dès le premier moment.

— Comte Fabiano, dit-elle, vous avez pris bien des précautions pour rendre un enfant à sa mère. Les combinaisons de votre vertu ressemblent aux préparatifs d'un crime. Eh bien ! je n'ai pas tremblé devant les batteries russes, et je ne vous ferai pas l'honneur de trembler devant vous. Vos indignités me délient de toute reconnaissance. Mon enfant est en votre pouvoir, je l'aurai malgré vous. Dieu se sert quelquefois d'une main criminelle pour secourir une grande infortune : vous avez été son instrument : et je vous jure, par les cendres de Varsovie, que je vous arracherai mon enfant, comme une autre mère de Florence arracha le sien de la gueule d'un lion !

— Et je vous jure, moi, s'écria Fabiano d'une voix qui sifflait comme un ouragan, je vous jure par les cendres de ma mère que je ne vous rendrai votre fille qu'avec le titre de votre amant.

— J'aurai ma fille, monsieur, et vous ne ferez pas un seul geste de violence contre sa mère.

— Et qui m'en empêchera?

— MOI ! s'écria un tonnerre qui tombait devant le Sicilien, sous la forme d'Anatole de Mersanes.

Le comte Fabiano resta immobile, muet, l'œil fixe, comme la statue de Benvenuto sur la place du Palais-Vieux.

XVI.

A MONTENERO.

De Mersanes ressemblait à un cadavre qui aurait pris son visage et qui, en ressuscitant, aurait gardé la pâleur de la mort et deux tisons de l'enfer dans ses yeux. Sa taille, grandie par une colère sublime, semblait surnaturelle ; un rugissement aigu sortait de sa poitrine, et ses bras élevés au-dessus de sa tête s'agitaient avec des convulsions rapides comme deux tronçons de serpent boa.

— Pas un cri, pas un mouvement, pas un geste ! dit-il avec une voix surhumaine. J'ai amené avec moi six hommes du *Bargello* pour éviter le crime d'un coup de poignard. Vous êtes mon prisonnier, Fabiano, jusqu'à l'aurore.

Ces six hommes du *Bargello*, dont parlait Anatole, étaient un mensonge de nécessité.

Le démon sicilien, écrasé d'abord par cette foudroyante apparition, retrouva bientôt son audace, et croisant les bras sur sa poitrine :

— C'est admirable, monsieur ! dit-il; je n'aurais jamais cru qu'un gentilhomme de votre nation répondrait à une insulte par un lâche guet-apens ! Mettez le comble à votre héroïsme, monsieur, assassinez-moi !

Un sourire de spectre précéda la réponse d'Anatole.

— Comte Fabiano, dit-il, vous osez parlez de guet-apens, ici, en présence de cette noble dame que vos machinations infernales ont conduite dans ce désert, et sur laquelle vous leviez des mains violentes !

— Eh bien ! monsieur, si vous êtes le champion de

madame, votre courage de Français aurait dû vous dicter quelque chose de mieux que l'idée d'un lâche guet-apens : je répète le mot.

— Je connais mon devoir, monsieur, et si vous connaissez le vôtre en ce moment, vous garderez le silence, et vous respecterez la douleur de cette noble femme qui succombe sous tant d'émotions.

— Comte de Mersanes, je me tais toujours quand j'attends un défi après une insulte.

— C'est bien, monsieur.

La comtesse Hortensia, renversée sur un fauteuil, et tenant à deux mains le portrait de sa fille, accompagnait cette scène de ses sanglots. Elle poussa un cri déchirant et s'écria :

— Et ma fille ! ma fille ! qui me la rendra ?

— Madame, dit Anatole, il m'est prouvé que votre enfant est au pouvoir de cet homme ; mais cet homme est en mon pouvoir. Ainsi, madame, rassurez-vous ; nous sommes dans un pays de forte et bonne justice, elle vous sera rendue. Moi, je ne vous quitte plus, comte Fabiano, et lorsque vous aurez rendu l'enfant à sa mère, je vous rendrai votre liberté. Ce sera moi alors qui me mettrai en votre pouvoir.

— Comte de Mersanes, dit la comtesse d'une voix mourante, vous n'avez aucune satisfaction à donner.

— Pardonnez-moi, madame, dit Fabiano avec un calme d'emprunt très-bien joué ; bien avant cette scène, le comte de Mersanes a été insulté par moi, et je maintiens mon insulte en présence d'une femme.

— Je vous comprends, comte Fabiano, dit Anatole en mesurant son adversaire de la tête aux pieds ; vous êtes un spadassin sicilien, homme de longue épée et de bravoure courte, et vous croyez vous tirer d'affaire avec un duel. Eh bien ! je vous déclare que je ne me battrai pas. Mon sang et ma vie sont au service de cette noble dame qui n'a que moi pour appui.

La comtesse serra les mains du jeune homme.

— Madame, ajouta de Mersanes, laissez-nous seuls ici ; vous avez besoin de repos... Retirez-vous, madame, au nom du ciel et de votre enfant !

Hortensia ouvrit la porte d'un appartement voisin, en témoignant par ses gestes toute sa reconnaissance ; et les deux hommes, un instant après, restèrent seuls.

De Mersanes, qui n'avait pas quitté son poste d'observation à la distance d'un bras de Fabiano, dit à voix basse, mais ferme :

— Soyez tranquille, monsieur, je me battrai.

— Nous verrons, dit froidement le Sicilien.

— Pas un mot de plus !

Le jour ne tarda pas à paraître. Les cloches sonnaient, les villageois d'Empoli et de Ponto-d'Era passaient en chantant sur la route qui longe l'Arno ; les jardiniers des fermes voisines s'acheminaient vers la ville. La maison était tout animée par les bruits extérieurs. C'était l'heure joyeuse où l'on ne craint plus ni les fantômes, ni les assassins.

— Vous pouvez renvoyer vos sbires au *Bargello*, dit Fabiano ; voilà le soleil.

— Je n'ai pas de sbires avec moi ; il m'était permis de vous tromper, monsieur, pour arrêter un poignard dans votre main ; je sais que vous ne marchez qu'avec lui. C'est vous, monsieur, qui avez amené votre sbire avec vous, et il va me servir... Voici une plume, de l'encre et du papier, écrivez sous ma dictée, monsieur... écrivez, ou de cette croisée j'appelle tout ce monde d'honnêtes gens qui passent, et je vous fais traîner pieds et poings liés à *Buon-Governo !*... Vous êtes pris dans vos propres piéges ! Si l'enfer vous inspire vos combinaisons pour le mal, Dieu m'inspire les miennes pour le bien ! Vous êtes vaincu, Fabiano !

Le poil se hérissa sur la lèvre de Fabiano, et un râle de tigre siffla à travers ses dents serrées.

— Oh! siffle, serpent! dit Anatole; vautour, ronge ton propre foie!.. mais obéis! obéis!

— Lâche! dit Fabiano, c'est ainsi qu'il se bat! un Français!

— Prends cette plume, misérable! ou je te dénonce à tout le val d'Arno comme un voleur de nuit, comme un assassin!

— Et vous ne vous battrez pas!

— Sybarite efféminé du Val di Nota, je te mets à la torture avec ces deux doigts, si tu ajoutes un seul mot! Écris.

Fabiano fit une ondulation de tête, comme la hyène dans sa cage, et prit la plume. De Mersanes dicta, le Sicilien écrivit, et à chaque mot il s'arrêtait pour prendre haleine et pousser un rugissement sourd.

Voici ce billet :

« Mon cher Octavien,

« Je suis content de toi! Toi, ne perds pas une minute; pars avec le dévoué Stanislas. Allez tous deux à San-Miniato, dans la maison que tu sais, et conduisez la petite Hortensia chez le général polonais comte P..., de l'autre côté de l'Arno, devant *San-Spirito*. Je t'attends ce soir à sept heures, à la *Locanda de la Quercia Reale*, à Livourne.

« COMTE FABIANO VAL DI NOTA. »

De Mersanes écrivit, de son côté, ce billet au général P...

« Mon cher général,

« Vous recevrez une jolie petite fille de cinq à six ans, et vous la rendrez à sa mère la comtesse Hortensia, votre compatriote. Vous donnerez vos soins à ces deux anges jusqu'à midi.

« A midi, vous trouverez un prétexte quelconque

pour vous absenter, et vous partirez en poste pour Livourne, où je vous attends à la *Locanda* de l'*Aquila-Nera*, devant le canal, ce soir, à sept heures.

« Vous comprenez que si je vous écris de ce ton impérieux, c'est que la circonstance est plus impérieuse encore que ma lettre.

« Surtout, le plus grand secret ! ne montrez ce billet à personne !

« Tout à vous de cœur. COMTE DE MERSANES. »

— Comte Fabiano, dit Anatole, vous le voyez, je fais mes dispositions en homme qui ajoute foi à tout ce que vous avez dit. Tant pis pour vous si vous avez menti à la comtesse Hortensia ! Vous n'échapperez ni à la vengeance de la loi, ni à la mienne.

— Monsieur, dit Fabiano, je renonce de grand cœur aux droits sacrés que j'avais sur cette femme, en échange de l'inappréciable service à elle rendu par moi ; je révèle même avec joie et sincérité l'asile où j'avais déposé son enfant, pourvu que vous me donniez votre parole d'honneur d'ensevelir mes secrets dans la tombe qui recevra ce soir vous ou moi, après un duel à mort.

— Vous comprenez enfin l'horreur de votre position, comte Fabiano, et je vous en félicite. Vous tranchez de l'homme généreux ; vous sentez qu'il vaut mieux aller à Livourne pour affronter un pistolet que pour ramer au bagne de cette ville. Eh bien ! je vous accepte tel que vous êtes, et je vous donne ma parole d'honneur de ne tirer d'autre vengeance que celle qui me viendra du jugement de Dieu.

— C'est bien ! dit Fabiano de l'air d'un spadassin adroit qui est sûr de son coup.

— Maintenant, dit de Mersanes, je veux bien vous donner une dernière explication. Vous avez prononcé le mot guet-apens : si je vous avais tendu un piége, j'aurais paru devant vous armé ou suivi d'une escorte. Les six hommes du *Bargello* qui vous ont épouvanté se seraient réellement présentés avec moi pour me prêter main-forte. J'étais seul et sans armes; vous voyez bien que le hasard m'a conduit ici, et que je ne songeais pas à vous.

Fabiano fit un mouvement de tête et d'épaules qui signifiait : Tout cela m'importe fort peu !

De Mersanes sonna plusieurs fois; mais Stanislas ne paraissait pas. Octavien, fidèle à la consigne reçue, le retenait encore à l'extrémité d'une allée, assez loin de la maison, où l'appel de la sonnette n'arrivait pas.

— Oh ! s'écria Fabiano, il me tarde de voir finir tout cela !

Et ouvrant brusquement la croisée, il appela Stanislas d'une voix retentissante.

Octavien, reconnaissant la voix de Fabiano, poussa lui-même le domestique dans la direction de la maison.

De Mersanes garda toujours sa distance vis-à-vis de Fabiano; il observait son prisonnier, toujours prêt à s'élancer sur lui au moindre mouvement de rébellion.

Stanislas entra et fut étrangement surpris de trouver deux hommes dont les traits annonçaient une horrible agitation.

— Écoutez-moi bien, Stanislas, lui dit Anatole; vous donnerez cette lettre du comte Val di Nota, ici présent, à M. Octavien d'Oropeza, votre compagnon de cette nuit. Vous irez d'abord avec lui où il vous conduira. Ensuite, à votre retour de San-Miniato, vous irez à cette adresse chez le général comte P***, et vous lui remettrez cette autre lettre. Cela fait, vous prendrez un calessino, et vous viendrez ici pour conduire madame la comtesse chez le général, devant San-Spirito. Si M. Octavien d'Oropeza vous demande qui vous a donné tous ces ordres, vous répondrez que c'est le comte Fabiano..... Avez-vous bien compris?.. je vais vous le répéter, vous le comprendrez mieux.

Le domestique se recueillit pour entendre la même chose une seconde fois... puis il hésita quelque temps et dit :

— Que votre seigneurie m'excuse; je voudrais savoir si madame la comtesse m'autorise à faire cette commission.

— Ah! c'est juste!.. frappez à cette porte, et demandez si vous pouvez exécuter les ordres de M. de Mersanes.

Stanislas entra chez la comtesse, échangea quelques mots avec elle, et reparut en disant, sur un ton de respect :

— J'obéis à monsieur le comte.

De Mersanes vit bientôt, à travers les lames des persiennes, Stanislas et Octavien s'acheminant vers San-Miniato.

Alors le jeune Français écrivit une courte lettre à la comtesse, et la laissa ouverte sur la table. Il écrivit aussi un court billet au général, et le cacheta pour l'emporter avec lui. Ce billet était ainsi conçu :

« Cher général,

« Si je suis tué, soyez l'ange gardien visible de la comtesse Hortensia. Il y a autour d'elle un démon!

« Comte Anatole. »

Après, il prit Fabiano sous le bras, et lui dit :

— Maintenant, monsieur, nous n'avons plus rien à faire ici. Sortons. Nous trouverons à Empoli un calessino qui nous conduira droit à Livourne.

— Il est inutile, monsieur, dit Fabiano, que vous vous cramponniez à moi, comme vous faites; je vous préviens que vous ne m'échapperez pas.

— Excusez ce luxe de précaution, monsieur; j'ai peur de vous échapper.

Ce furent les dernières paroles qu'ils échangèrent. Tout était dit. Il n'y eut plus, de part et d'autre, qu'un silence menaçant et morne, comme celui qui se fait dans l'air à l'approche d'un ouragan.

Les pensées qui roulèrent pendant sept heures dans la tête de Fabiano et d'Anatole étaient bien différentes; les unes avaient tous les rayons de l'espérance, les autres toutes les ténèbres du désespoir.

Ils descendirent à Livourne sur la place d'armes. et traversant la Grande-Rue, ils s'arrêtèrent devant *la Quercia Reale.*

Les marchands ambulants d'armes de toute espèce abondent dans cette rue; ils forment, avec d'autres brocanteurs, le tiers de sa population. Il fut facile à nos deux jeunes hommes de faire, sans être aperçus, leurs provisions de combat. Ensuite, ils arrêtèrent entre eux les conditions irrévocables de leur duel.

Octavien d'Oropeza fut exact comme un serviteur fidèle et bien payé.

— Messieurs, dit de Mersanes à l'instant même où Octavien arrivait, je vais envoyer un domestique à l'*Aquila-Nera*, pour prévenir le comte P*** que je l'attends ici. Et vous, monsieur d'Oropeza, je vous prie de garder le silence sur tout ce que vous avez fait ce matin. Je ne veux rien savoir, rien.

Octavien regarda Fabiano qui fit un signe d'assentiment.

Le général polonais arriva ensuite, et tendit de loin les mains vers Anatole, comme pour lui demander par signes de quoi il s'agissait avant de le demander de vive voix. De Mersanes ne répondit qu'en mettant son index sur sa bouche; et dès qu'il put se faire entendre :

— Général, lui dit-il, ne me dites rien, ne m'annoncez rien, ne me demandez rien. J'exige de vous un service d'honneur, et un silence absolu... Général, prenez ce billet cacheté; vous ne l'ouvrirez que demain, ou vous me le rendrez ce soir.

— C'est donc un duel? dit Octavien à Fabiano.

Fabiano répondit oui par un signe de tête.

Octavien regarda de Mersanes d'un œil de commisération.

Le général mit la main sur sa bouche, et sembla dire en s'inclinant : Je vous obéis, mais je ne vous comprends pas.

De Mersanes reprit le bras de Fabiano, et ils suivirent à pied le chemin de Montenero. Le général et Octavien marchaient à quelque distance.

Au tomber du jour, ils arrivèrent devant Montenero, sur le bord de la mer. Le site était bien choisi. Il n'y avait d'autres témoins d'une mort sanglante que les vieux arbres de la montagne, les rochers nus, le sable du rivage et les flots qui blanchissaient d'écume l'écueil lointain de la Gorgone.

De Mersanes prit affectueusement la main du général et lui dit :

— Vous voyez qu'il s'agit d'un duel. Vous êtes proscrit, et vous trouvez ici, sous la protection du grand-duc, une hospitalité tranquille; eh bien ! je suis forcé à vous demander le plus grand des services : il faut que le brave général polonais viole les saintes lois de l'hospitalité, car le duel est un crime en Toscane; mais il y a des nécessités mystérieuses et indestructibles qui obligent un militaire à ne reculer devant aucune considération, lorsque les armes de deux hommes d'honneur se croisent devant lui. J'ai choisi exprès un port de mer qui, chaque jour, envoie des vaisseaux à tous les points du globe, afin que cette nuit même, les acteurs ou les témoins de cette affaire puissent quitter le sol toscan, s'il le faut.

Le général ferma les yeux, inclina la tête, étendit les bras horizontalement comme un homme qui accepte une loi malheureusement supérieure à tous les codes, la loi des exigences d'honneur.

— L'arme et les conditions sont réglées et acceptées par nous, dit Anatole; nous ne chargeons que deux pistolets, nous nous plaçons à vingt pas, et nous pouvons nous avancer jusqu'à six. Le dernier qui fera feu a le droit de décharger son arme à cette distance, et quand il le voudra.

— C'est atroce! dit le général! ce n'est pas même admissible!

— C'est irrévocable! dit Anatole; si nos témoins refusent, nous nous battrons sans eux.

— J'ai accepté toutes les armes et toutes les conditions, dit Fabiano; je regarde toute modification à ce pacte comme une lâcheté. Je ne veux point d'un duel d'écolier; je veux le duel qui tue au premier coup. Comte Anatole, vous voyez maintenant si j'avais envie de vous échapper!

A ces mots, le Sicilien se mit à regarder, avec une attention calme, un brick, léger comme un oiseau, qui, les voiles tendues, glissait sur la cime des vagues :

— Voilà un brick de mon pays! dit-il en souriant; c'est un oiseau de bon augure!

— Voilà les premières étoiles qui se lèvent! dit Anatole; ce sont les miennes!

— Votre arme est chargée, dit le général à de Mersanes. C'est une bien triste chose que je fais là, mais je ne puis rien refuser à un Français.

Octavien donna l'autre arme à Fabiano qui la prit, la caressa et lui sourit avec la joie d'Achille à Scyros.

Les deux combattants prirent leur poste, et armèrent leurs pistolets.

— Général, dit Fabiano, à vous le signal!

— Général, dit de Mersanes, une jeune fille a-t-elle été rendue ce matin à sa mère?

— Oui, répondit le général.

Et le signal fut donné par lui.

Fabiano franchit quatre pas en un seul et fit feu.

— Touché! dit Anatole; et il était déjà sur la dernière limite, si près de Fabiano, qu'Octavien détourna la tête pour ne pas voir assassiner son ami presqu'à bout portant.

— Cette jeune fille vous sauve la vie, comte Fabiano! s'écria de Mersanes.

Et il tira sa balle dans la mer.

Fabiano salua, et dit :

— Alors, messieurs, c'est au revoir.

— Non, monsieur, ce n'est pas au revoir, s'écria le général, vous allez quitter sur-le-champ la Toscane, car vous êtes dénoncé à *Buon-Governo*, et la seule faveur que nous puissions vous accorder, c'est de protéger votre fuite ou votre départ.

Octavien, qui était l'homme des bonnes et des mauvaises actions, pansait la blessure d'Anatole; heureusement, elle était fort légère : la balle avait effleuré le sommet de l'épaule droite, sans affecter les mouvements du bras.

— Ah! comte de Mersanes! dit Fabiano en s'avançant, c'est ainsi que vous tenez votre parole!.. vous m'avez dénoncé!

— Il m'était plus facile de vous tuer que de vous dénoncer, dit Anatole; vous vous dénoncez vous-même, en mettant les villes en rumeur quand vous les traversez!

— Maintenant, comte de Mersanes, dit le général, je puis vous dire que vous avez outrepassé les exigences les plus rigoureuses du devoir. Assez d'héroïsme, il y en a déjà trop. Prenez mon bras, saluez ces messieurs, et partons.

— Je reste donc maître du champ de bataille, dit Fabiano à son ami.

— Comme le cadavre reste maître de son tombeau, dit Octavien.

— Malédiction!

De Mersanes et le général étaient déjà bien loin.

Chemin faisant le général contait ainsi les aventures du matin à de Mersanes enivré de joie, et ce récit guérissait sa blessure.

— Oui, mon cher comte, disait-il, je ne reverrai jamais rien de pareil. Tous les élans de joie maternelle que le théâtre grimace ne peuvent vous donner une idée de cette scène d'intérieur à laquelle j'ai assisté, moi seul. Je connaissais depuis longtemps le courage héroïque de la comtesse Hortensia; je savais qu'elle pouvait supporter, sans fléchir, l'excès du bonheur ou de l'infortune. Aussi, je n'ai pas cru devoir prendre ces précautions méticuleuses dont on se sert pour préparer les âmes faibles à un coup foudroyant. Lorsqu'elle est entrée chez moi, je tenais sa fille sur mes genoux, une enfant délicieuse, un ange avec des yeux noirs superbes et des cheveux à mille boucles; sa mère en miniature! le ciel doit s'être ouvert pour voir ce tableau. Hortensia n'a pas couru; elle s'est précipitée sur moi, avec toute la furie de l'amour maternel; sa chevelure s'est mêlée à celle de l'enfant; ses lèvres ont murmuré, sur la bouche de l'ange, des syllabes inouïes qui s'élançaient du cœur, des paroles ardentes que l'homme ne connaît pas, et qu'un séraphin souffle à l'oreille des mères. Je voyais étinceler des larmes sur des joues vermeilles, comme à l'aube les gouttes de rosée sur des fruits exquis; et mes larmes, alors, ont coulé aussi; et je les sens, à cette heure, tomber encore de mes yeux, comme elles tombent des vôtres, mon cher Anatole; car s'il est un spectacle à convier les anges et à les attendrir, c'est celui d'une mère qui a pleuré son enfant, et qui le retrouve vivant dans ses bras.

Le comte de Mersanes fléchissait sous une émotion inconnue, et son corps brisé par une nuit et un jour pleins de secousses déchirantes demandait un peu de repos.

Il fallut donc faire une halte de quelques heures dans l'hôtellerie de Livourne, et, bien avant l'aube, un léger calessino emportait à Florence les deux amis.

De Mersanes voyait s'allonger devant lui cette route délicieuse qui semble promettre à tous quelque bonheur inattendu à son extrémité.

Une pensée d'amour s'épanouit avec délices sur ce chemin de fleurs et d'ombrages ; car l'amour n'est pas cette passion stupide et froide que l'ancien théâtre faisait beugler entre deux murs de carton peint ; il faut à cette passion divine un cadre d'azur et d'or, les rayonnements du ciel et de la mer, les horizons des collines et des campagnes : il faut que la création environne de ses splendeurs la femme aimée, comme si elle seule recevait les caresses de tout ce qui chante et brille dans les tièdes régions, jardins de l'univers.

C'est bien sur la route de la mer à Florence que toutes les voix de l'air accompagnent la voix de celui qui passe avec une illusion au cœur. Les noms même des villages endormis au bord de l'eau sont pleins de grâce et d'harmonie ; les cloches des collines et les arbres de la vallée semblent dire ces noms à vos oreilles : c'est Viarello, Piau-di-Pisa, Cashina, Ponto-d'Era, Empoli ; on dirait que ce chemin scande lentement un vers de Virgile, et qu'il est bordé de ces jeunes arbres qui croissaient avec les amours. Le charme des paysages adoucit la fièvre du voyageur ; la mer est déjà bien loin, et il croit encore entendre ses vagues, lorsque s'élèvent devant lui les deux monuments qui écrivent le nom de Florence dans le ciel : le campanile de marbre, et le dôme de Sainte-Marie-des-Fleurs.

Le comte de Mersanes traversa la ville comme un éclair, franchit l'Arno sur le pont de la Trinité, courut à San-Spirito, et monta d'un bond l'escalier du ciel.

Une porte s'ouvrit... La Madone *della Seggiola* qui se réjouit de son enfant, à la galerie de Pitti, n'est que l'ombre du soleil qui éblouit alors les yeux du jeune homme; il tomba aux pieds du groupe divin, et dans la silencieuse extase de son adoration, il sentit une main bien connue, serrant la sienne, et une caresse enfantine effleurant ses cheveux... Si la vie était toujours ce moment, la vie serait quelque chose!

Quand Anatole se releva, une voix douce comme un écho du ciel lui avait donné, pour la première fois, un nom qui annonçait que l'amitié prenait un caractère plus tendre, et que l'espoir avait quelquefois raison d'espérer.

Florence, qui garde tant de gracieux souvenirs d'amour dans ses larges dômes de marbre, se rappellera aussi la fête nuptiale qui fut célébrée, quelques mois après ces événements, à Santa-Maria-Novella, devant la madone de Cimabuë.

Le comte de Mersanes recevait au pied des autels la main de la belle Française de Varsovie; et, à côté des époux, on admirait avec une émotion de larmes une jeune fille habillée comme l'ange de Fiesole, peint sur les murs de la chapelle voisine, la chapelle des Rucellaï; et l'on se racontait dans la foule les douleurs de la mère, la résurrection de l'enfant, et le nouveau miracle de la Madone du premier artiste florentin.

FIN DE LA COMTESSE HORTENSIA.

LA FAMILLE DHERBIER.

LA

FAMILLE DHERBIER.

I.

UNE TABLE D'HOTE A TOULON.

Cette histoire commence le 9 août 1842. Ce jour-là il y avait un mouvement extraordinaire à l'hôtel de la Croix-d'Or à Toulon.

Depuis 1830, Toulon est le péristyle de l'Afrique. Le département du Var n'est séparé que par un ruisseau du département de l'Atlas; un pont de vapeur lie la France des prairies à la France des lions.

Aussi un jour viendra, quand l'Orient aura raison contre l'Occident, le Midi contre le Nord, le soleil contre la boue, un jour viendra où l'on ne dira plus à Paris qu'il faut abandonner Alger, mais où l'on dira, dans Alger, qu'il faut abandonner Paris.

Nous posons aujourd'hui, à notre insu, la première pierre de ce monument de l'avenir.

Quand Alger débarque à Toulon, vers les cinq heures du soir, la table d'hôte de la Croix-d'Or est un véritable réfectoire de caravansérail, ou une scène en action de Paul Véronèse.

Les convives y forment une étrange mosaïque de coiffures et de vêtements; c'est une bigarrure qui plaît à l'œil, et qui console un peu l'artiste de la sombre monotonie que le journal des modes inflige aux populations.

A la Croix-d'Or, on s'aperçoit qu'on se met à table aux portes de l'Orient : on y coudoie des caftans, des vestes de velours, des pelisses, des burnous; on met son chapeau sur un turban; on dépose sa canne ou son parapluie sur un trophée de damas, de yatagans ou de cimeterres; on interroge en langue franque des Arabes qui vous répondent en provençal; on sert du vin à des Turcs qui le boivent sans eau; puis quand arrive le dessert, la confusion des langues éclate avec tant de verve orientale, que le voyageur, rajeuni de cinq mille ans, peut croire qu'il est entré à l'auberge de la Tour-de-Babel, à l'heure où les maçons, fils de Japhet, prennent leur repas du soir.

Un fait bien digne de remarque est celui-ci : au moment où les Turcs de Constantinople adoptent notre costume stupide, notre redingote, notre pantalon à sous-pieds, nos bretelles et notre chapeau de castor, pour se mettre, disent-ils, au niveau de notre civilisation, nous, Occidentaux, nous adoptons le costume des Turcs.

Aussi, à la table d'hôte de la Croix-d'Or, les artistes, les spahis, les zouaves, les botanistes de l'Atlas, les poëtes, les Anglais, les chasseurs au lion, les Horace Vernet qui s'en reviennent d'Alger avec leurs barbes abrahamiques, leurs turbans, leurs larges brayes, leurs visages boucanés, humilient si fort notre déplorable nudité, tissue à Sedan et à Elbeuf, que bientôt la France entière rougira de la mode de ses tailleurs, et fera un échange complet de ses habits avec les fils du prophète. Toute la question d'Orient est dans ce progrès.

Ce jour-là, quand le dîner commença, toutes les places, moins une, étaient occupées autour de la table.

A côté du siége vacant s'était assis un jeune homme de vingt ans, dont la figure, pleine de vivacité, de fraîcheur et d'étourderie, contrastait avec les faces brunes et graves de ses deux voisins, officiers de spahis.

A la fin du premier service, le jeune homme, qui n'avait pas cessé de donner des signes d'impatience, appela un garçon et lui dit :

— Avez-vous annoncé à M. Dherbier que nous sommes à table?

— Oui, dit le garçon, le numéro 1 va descendre, il finit son courrier de Paris.

— Il paraît que le papa n'aime pas le rôti, dit l'officier de spahis au jeune homme en lui faisant une politesse d'assiette.

— Mon père est toujours accablé d'affaires au moment des repas, répondit le jeune homme.

— Il est dans les fournitures de l'armée, M. votre père?

— Non, capitaine.

— Je lui conseille, pour se mettre en appétit, de faire une traversée de Toulon à Alger. Il y a soixante heures, monsieur, que je n'ai mis un morceau sous la dent. Aussi, en arrivant, j'ai oublié mon courrier de Paris, moi.

— Capitaine, j'aime bien votre costume de spahis; il est superbe!

— Et encore nous sommes en petite tenue; il faut nous voir à Bab-Azoun, quand nous allons faire une course par là-bas.

— Avez-vous de beaux chevaux?

— Comme ça : nous pourrions avoir beaucoup

mieux. Moi, je ne me plains pas ; je suis assez bien monté. J'ai la cavale de Ben Aïssen, une fine bête, je vous en réponds.

— Arabe ?

— Diable ! je crois bien ; née à Constantinople en 29. On a beaucoup négligé les chevaux en Algérie depuis l'occupation. C'est un tort presque irréparable aujourd'hui. Si, en 1830, on avait établi des haras en Afrique, nous aurions la première cavalerie du monde, et nous serions maîtres partout.

— C'était une idée bien simple, capitaine.

— Voilà pourquoi elle n'est tombée dans la tête de personne. Ils ont voulu coloniser ! coloniser, quoi ? des rochers et des Arabes qui ont la tête plus dure que les rochers. Il fallait faire de l'Afrique le haras de la France et une haute école d'équitation. Aimez-vous les chevaux, mon jeune homme ?

— Oh ! c'est ma passion ! je suis fou des chevaux, capitaine.

— A votre âge, il faut monter à cheval souvent.

— Mon père a vendu tous ses chevaux... C'est que, voyez-vous, lorsqu'on est dans les affaires, il faut s'interdire tous les plaisirs.

— Vous aussi, vous êtes dans les affaires ?

— Eh ! mon Dieu, oui. Mon père me destinait à la médecine ; j'ai étudié un an, et me suis dégoûté de cette science. Je crains l'odeur des hôpitaux. J'ai passé à l'école de Droit, et après trois inscriptions, je me suis dégoûté du droit. Alors, mon père m'a reconnu une vocation pour les affaires, et il m'a nommé son commis-voyageur.

— Mon jeune homme, il n'y a plus aujourd'hui qu'une seule profession pour ceux de votre âge, l'état militaire. Que diable voulez-vous faire de votre temps et de votre jeunesse en France ! Voilà dix minutes que j'y suis, et l'ennui m'accable déjà. En Afrique, nous sommes au paradis. Nous vivons comme des hommes doivent vivre. Nous faisons une guerre charmante. Il n'y a que les maladroits de tués. Nous gagnons des croix, des épaulettes et des chevaux. Tel que vous me voyez, j'étais simple hussard en 1835. Lamoricière et Changarnier sont deux rois absolus. Le pays est superbe. Nos batailles sont des promenades à cheval ou des courses au clocher dans des jardins d'aloës, d'orangers, de jasmins et d'acacias. Nous ne savons jamais l'heure qu'il est. Il n'y a pas d'heures en Afrique. On s'amuse toujours. Que Dieu conserve Abd-el-Kader! Le drôle en campagne est aussi heureux que nous; il veut faire durer le plaisir. Un jour je l'ai tenu cinq minutes au bout de mon pistolet, ce coquin de marabout; sa vie était dans la phalange de ce doigt. Je ne l'ai pas tué pour ne pas tuer la guerre. Vous voyez que j'aime mon état.

Le jeune interlocuteur de l'officier de spahis écoutait avec un enthousiasme muet ces paroles, et il allait le traduire en expressions ardentes, lorsque l'arrivée subite d'un nouveau convive suspendit la conversation.

Le numéro 1, ou, pour mieux dire, M. Dherbier, entrait de l'air d'un homme d'affaires qui est furieux d'avoir de l'appétit comme un oisif.

Son front saillant et couvert de cheveux gris crépus, gardait encore dans ses plis tous les soucis déposés dans une correspondance de vingt lettres.

Il s'assit brusquement à côté de son jeune fils, releva les manches de son paletot de coutil, et dit au garçon qui lui présentait le potage : Je prends le dîner où il est; donnez-moi une aile de quelque chose et de la glace. Vite! vite! à six heures et demie, j'ai rendez-vous au Mourillon : il est déjà cinq heures vingt-cinq minutes, mon petit Antonio.

Antonio, en voyant entrer son père, avait pris un

air grave et mangeait avec la lenteur d'un homme qui pense à ses affaires, même en dînant.

— A propos! dit M. Dherbier, en rappelant le garçon de la table d'un signe impérieux de la main, j'avais oublié ces dames! Monte au numéro 1 une volaille froide et des confitures. Entends-tu?.. Antonio, ta mère et ta sœur ont perdu l'appétit. Il fait si chaud! Après le dîner, donne-leur un tour de promenade au Jardin-des-Plantes; on leur a dit qu'il y avait deux palmiers, et ta sœur Hélène ne rabâche que palmiers depuis ce matin. Les femmes n'ont que des folies en tête!

Antonio s'inclina devant l'ordre paternel.

— Diable! poursuivit M. Dherbier en promenant ses regards autour de l'ellipse de la table d'hôte, nous sommes quarante à trois francs cinquante centimes par tête, cela fait cent quarante francs. C'est joli! M. Durbec ne doit pas dire du mal de la guerre d'Alger. Autant chaque jour, cela fait deux mille cinq cent cinquante-cinq louis.

M. Dherbier se tut pour écouter le monologue d'un convive qui résumait une discussion sur l'Algérie.

L'orateur était un homme de trente-cinq ans, calme et grave dans sa figure austère et dans son torse raidi sur le dossier de sa chaise.

Il parlait en regardant son assiette vide, sur laquelle il battait la mesure avec la pointe d'un couteau.

— Oui, messieurs, disait-il, nous sommes dans ce moment à la période de la guerre de Marius en Afrique. Les deux situations sont parallèles. Abd-el-Kader est Jugurtha sous un autre nom, avec cette différence toutefois que notre jeune émir n'est pas sanguinaire et cruel comme Jugurtha. Car vous savez très-bien que Jugurtha fit périr dans d'horribles tortures le malheureux Adherbal, petit-fils de Massinissa. Nous n'avons aucun acte de cette nature à reprocher à Abd-el-Kader. A cela près, nos guerres sont les mêmes. Marius, comme dit Salluste, battait toujours Jugurtha, mais ne terminait jamais rien, ainsi que l'atteste ce passage : *Quæ postquam Marius gloriosa modo neque belli patrandi cognovit*, etc. Une ressemblance nous manque encore ; mais attendons, et l'histoire contemporaine nous la fournira ; car les siècles se copient mot à mot. Cette ressemblance la voici :

Un jour viendra où le général Négrier, lui ou son successeur, sera bloqué dans Constantine par Abd-el-Kader, comme Adherbal le fut par Jugurtha dans cette même ville, alors appelée Cirta. Il devrait résulter pour nous une bonne leçon de cette expérience antique. Ce serait de restreindre la conquête et de nous créer une colonie fertile sous le canon d'Alger. Nous aurions ainsi une province féconde, plus belle que la Touraine ou la Normandie, semée de petits villages à redoutes étoilées, se défendant l'un l'autre, et qui deviendraient bientôt des centres d'agriculture et d'industrie, dans un climat qui donne toujours beaucoup à ceux qui lui demandent peu. Il n'y a que trois choses pour nous en Afrique : Alger, le Sahel et la Mitidja. Alger est le château, le Sahel le jardin, la Mitidja la campagne. Aux deux extrémités de la campagne, nous fortifions Coleah et Blidah, et de redoutes en redoutes, ou de villages en villages, nous établissons des lignes de défense qui permettent à l'industrie et à l'agriculture de se développer, sans être inquiétées par les Arabes. Envoyons ensuite dans le Sahel quatre mille forçats qui auront au bout de cinq ans la perspective de la liberté ; employons leurs mains robustes à défricher ce beau pays, voisin d'Alger, ces riches vallées, ces ravins sauvages, où il y a tant de soleil, de sol généreux et d'eaux vives, et dans un laps de temps fort court, nous aurons une petite et jeune France sous l'Atlas qui nourrira sa vieille mère, comme autrefois la Sicile nourrissait Rome sous la questure de Cicéron. Au reste, messieurs, ceci n'est qu'une esquisse de mes idées; j'espère un jour développer à la tribune mon système avec quelque succès.

L'officier de spahis caressa le bout de sa longue barbe, et fit un léger mouvement d'épaules; mais tout son mépris pour la théorie du préopinant se borna à ces signes muets de désapprobation. M. Dherbier se pencha à l'oreille de son fils et lui dit :

— Ce monsieur parle supérieurement; c'est un député. Je saurai son nom. Il nous faudrait beaucoup de députés comme celui-là.

M. Dherbier, qui avait accompagné d'un long sourire approbateur le système de l'orateur de la table, cherchait une occasion de nouer directement l'entretien avec lui.

Elle ne se fit pas attendre.

Après un échange de phrases avec ses interlocuteurs, le partisan de la colonisation restreinte prononça ces mots :

— Au reste, messieurs, après avoir étudié la colonisation romaine dans les livres, il est utile pour un économiste d'observer la colonisation anglaise dans les Indes... Ce sera le but de mon dernier voyage.

— C'est un voyage bien court aujourd'hui, dit M. Dherbier; une promenade de quelques mois.

— Je ne suis pas bien fixé sur les détails et l'ensemble d'un pareil voyage, dit le voyageur; mais à Marseille je prendrai mes renseignements.

— Si monsieur le désire, dit Dherbier en s'inclinant, je puis les lui fournir moi-même. J'ai des actions dans la maison Waghorn et compagnie, de Londres. Nous avons l'entreprise du voyage de l'Inde.

— Ah! voilà qui se rencontre bien! Je vous serai très-obligé, monsieur, de votre complaisance. Je connais parfaitement l'itinéraire de Malte en Égypte.

Quel est le prix du passage de Suez à Bombay?

— Première classe deux cents roupies, et cinquante pour un domestique, les frais de la table en sus, bien entendu. C'est le prix de la cabine. De Suez à Calcutta, en faisant échelle à Ceylan et à Madras, une cabine pour deux passagers, choisie dans les meilleurs numéros 1, 2, 13 et 14, est payée quinze cents roupies. Vous voyez que c'est pour rien. Au reste, monsieur, si vous avez la bonté de me donner un quart-d'heure après dîner, je mettrai sous vos yeux le travail que j'ai fait sur le voyage de l'Inde; je le porte toujours avec moi. Il est là-haut dans mes papiers.

— On n'est pas plus obligeant, monsieur; j'accepte votre offre avec le plus grand plaisir.

Dans le tumulte qui accompagne la fin d'un dîner, M. Dherbier donna ce conseil à son fils :

— Antonio, mon ami, dans le long voyage que tu vas faire, ne dîne jamais seul dans ta chambre, comme un grand seigneur qui méprise l'instruction; prends toujours ton couvert à table d'hôte. On y rencontre des hommes érudits, on y fait d'excellentes connaissances, et rien n'est perdu. Voilà un député qui pourra m'être utile un jour : si j'eusse dîné dans ma chambre, je ne l'aurais pas connu.

M. Dherbier se leva, et, arrondissant gracieusement son bras, il dit au voyageur : — Monsieur, je suis à vos ordres.

Les convives reprirent leurs chapeaux, leurs épées, leurs cannes, leurs turbans, leurs calottes, leurs burnous, leurs casques, et se répandirent dans les corridors avec le fracas d'une charge de cavalerie à pied.

Antonio se laissa dépasser par son père, et ne voulut pas se séparer de l'officier de spahis sans lui faire l'adieu d'un bon serrement de mains.

L'officier frappa sur l'épaule d'Antonio, et, se relevant dans toute la souplesse de sa haute taille, il lui dit :

— Mon jeune homme, tous ces théoriciens de papier nous font plus de mal que les Arabes; méfiez-vous de ces gens-là. Votre père m'a l'air d'un bon enfant; qu'il se tienne sur ses gardes! Il a trop d'affaires pour avoir le temps d'être fin.

— Vous connaissez donc ce monsieur? demanda vivement Antonio.

— Non, je ne le connais pas, mais sa figure n'est pas de mon goût : il a le front dur, l'œil vert, le nez de l'aquilin le plus aigu, la bouche sans lèvres. Nous sommes habitués à voir des hommes, nous, puisque les armées en sont faites, et je vous réponds que je ne me trompe pas sur le compte de ce colonisateur à l'arrosoir. Il cherche à se coloniser. Adieu, mon brave jeune homme; venez nous voir là-bas; je vais marier ma sœur à La Rochelle, et je m'en reviens après le bal. Demandez le capitaine de spahis Rustan-Bey : c'est mon surnom.

— Capitaine, je ne l'oublierai pas.

II.

LA FAMILLE DHERBIER.

Lorsque Antonio entra dans l'appartement numéro 1, son père venait de présenter l'étranger à sa femme et à sa fille. Celui-ci disait en se relevant d'une profonde salutation : « Vraiment, monsieur Dherbier, on ne saurait deviner laquelle de ces deux dames est la mère de l'autre! »

En faisant la part de l'exagération qui accompagne souvent une galanterie, ce compliment était assez juste.

L'éclat de la jeunesse rayonnait sur le visage de la mère et de la fille ; on voyait que madame Dherbier avait reçu le titre d'épouse à l'âge le plus rigoureusement légal du code de l'hymen, ce qui donne souvent aux mères la joie de paraître les sœurs de leurs filles.

Madame Dherbier a sur toute sa personne cette distinction aisée dont les femmes intelligentes de la classe bourgeoise savent se parer de nos jours, dans les habitudes d'une grande fortune et d'une bonne éducation : c'est une blonde charmante, avec des traits d'une délicatesse exquise, avec des yeux d'un bleu vif comme le noir, avec des lèvres veloutées, où la parole et le sourire se confondent toujours.

Ses cheveux, d'une teinte lumineuse et douce, se divisant sur le front en ondulations gracieuses, viennent se rattacher avec opulence derrière la tête, et retombent en cascades d'or fluide sur l'ivoire arrondi du col ; la réunion de tous ces charmes ne constitue pas la beauté sévère et classique comme l'artiste la demande pour son œuvre ; mais en dehors des exigences de l'art, il y a une grâce et une séduction sensuelles qui donnent un attrait particulier à la femme en l'éloignant du domaine de l'idéal.

Telle est madame Eugénie Dherbier, et elle forme un contraste piquant avec sa fille Hélène, brune svelte, avec des cheveux d'un noir d'ébène, et une de ces figures d'anges sérieux, comme le peintre Fiésole les incline dans la scène du jardin des Olives.

Ainsi posées l'une et l'autre, la mère effleurant de ses lèvres le front adorable de sa fille, elles étaient bien la femme de la terre et la femme du ciel.

M. Dherbier traversa un archipel de malles, de caisses, de ballots, attirail ordinaire des riches familles en voyage, et ouvrit une cassette pleine de papiers qu'il éparpilla sur un guéridon avec la plus vive dextérité.

Les deux dames et Antonio, qui paraissaient avoir une mortelle aversion pour toute chose ressemblant à une affaire, se groupèrent sur le balcon, où les arbres et la fontaine voisine envoyaient une fraîcheur délicieuse.

L'étranger inconnu, dans lequel M. Dherbier s'obstinait à voir un député, suivait d'un œil attentif, et en silence, la revue des registres de commerce à mesure que la main exhibait au grand jour leurs numéros et leurs titres.

Cette opération lui donna, beaucoup mieux qu'un entretien aurait pu le faire, la plus haute opinion du rôle que M. Dherbier tenait dans l'industrie européenne : il voyait défiler devant lui tous les noms des villes commerçantes de l'univers, gravés en majuscules sur des couvertures de parchemin, et accolés à des initiales mystérieuses.

Tout en feuilletant cette bibliothèque universelle, pour y trouver le chapitre de la maison Wagorhn et compagnie, M. Dherbier faisait un monologue assez étrange : « Vous avez vu là, monsieur, disait-il, à peu près toute ma famille... J'ai déjà eu le malheur de perdre ma femme... la mère d'Antonio et d'une autre fille... qui n'est pas avec moi... J'ai déjà connu les ennuis du veuvage... Lorsque l'on est dans les affaires comme moi, et quelles affaires !.. il faut se marier, surtout si l'on a des enfants... Où diable ai-je fourré ce registre de Wagorhn ?.. Il était avec ma série des Indes Orientales ! Je me rappelle fort bien que mon associé me l'a donné à Paris... Oh ! nous le trouverons... j'ai encore un quart-d'heure à moi... Prenez la peine de vous asseoir... Antonio, je n'ai plus besoin de toi ; je te reverrai ce soir, à neuf heures, pour te donner ma dernière instruction. Conduis ces dames au Jardin-des-Plantes, sur le port, à l'Arsenal, où tu voudras.

Les dames et le jeune homme que cet ordre rendait enfin libres, firent en un clin d'œil leur toilette de promenade et descendirent l'escalier lestement, comme s'ils eussent craint d'être rappelés.

Comme ils mettaient le pied sur la place bruyante qui sert de cour à l'hôtel, des fanfares éclatèrent dans la rue voisine.

C'était un régiment qui partait pour l'Afrique, musique en tête, enseignes au vent.

L'orchestre militaire exécutait le finale du deuxième acte de *Robert*, ce superbe cri de combat que Meyerbeer a composé, une main sur le clavier, l'autre sur la garde d'une épée.

Les soldats, en défilant, semblaient faire éclater sous leurs pieds les notes fulminantes de l'hymne belliqueux.

On aurait dit qu'un ouragan d'harmonie emportait tous ces hommes, tous ces drapeaux, toutes ces baïonnettes, ce fleuve d'acier et de têtes menaçantes, à quelque bataille promise au lendemain.

Ceux qui les regardaient passer, entraînés eux-mêmes par l'excitation des fanfares, la furie des cuivres, l'ébranlement du sol, se ruèrent par les rues voisines, vers la rive du port, où les premiers guidons du régiment saluaient déjà les flammes des navires.

Le tableau s'était agrandi comme l'horizon.

Il semblait que la ville guerrière faisait de solennels adieux à une de ces armées qui allaient humilier les Pyramides ou l'Atlas.

Un murmure enivrant résonnait dans le flanc des vaisseaux et des citadelles.

Les tambours et les clairons échangeaient des roulements et des fanfares avec les orchestres lointains de l'escadre, et les regards qui suivaient le vol des canots, le flux et le reflux des soldats et des marins, le frémissement des ailes des frégates, le jeu des pavillons dans la douce lumière du soir, s'arrêtaient toujours sur le colosse à trois ponts, immobile devant la grosse tour, la proue tournée vers Alger, île noire qui n'attendait pour s'envoler comme un oiseau qu'un signe du doigt de l'amiral.

Parmi les groupes de spectateurs que nos soldats d'Afrique avaiént entraînés sur la rive du port, il s'en trouvait un plus intéressant que tous les autres, et qui, en toute autre occasion, aurait seul absorbé l'admiration et la curiosité publiques.

C'étaient nos deux jeunes dames de l'hôtel de la Croix-d'Or, et leur brillant cavalier, l'étourdi Antonio.

Ces trois personnes paraissaient attendries à ce spectacle, mais elles gardaient ce silence expressif qui accompagne une vive émotion.

Quand le régiment fut parti, la mère d'Hélène fit un sourire mélancolique et dit :

— Mon Dieu ! que cela est beau ! Il faudrait toujours voir de ces choses-là pour vivre ! Vraiment je rêverai de ce départ toute la nuit !.. N'est-ce pas, Hélène, que cela t'a fait du bien ?

La jeune demoiselle inclina majestueusement la tête.

— Ma sœur, dit Antonio, cela m'a rappelé ce vers de Victor Hugo que nous lisions ensemble, un jour... tu sais...

Et les vieux bataillons qui passaient dans les villes
Avec un drapeau mutilé.

Les dames et Antonio se turent pour écouter les lointaines musiques du régiment et de l'escadre, et pour suivre encore des yeux nos soldats qui saluaient en passant le vieux *Muiron*, cette frégate qui ramena Bonaparte d'Égypte, après la victoire d'Aboukir.

En ce moment un canot s'arrêta, et M. Dherbier, malgré ses cinquante ans, s'élança de ce canot sur les dalles du quai.

— Eh bien! mes enfants, vous êtes encore là! dit-il en serrant avec une véritable affection paternelle et conjugale les mains de sa femme, d'Hélène et d'Antonio; si je vous eusse donné rendez-vous sur ce carré de pierre, je ne vous aurais pas rencontrés. Prends mon bras, Hélène; Antonio, accompagne ta maman. Il faut rentrer à l'hôtel... J'ai cent choses à finir avant la nuit... J'arrive du Mourillon; vous voyez que je n'ai pas perdu mon temps... J'ai vu les ingénieurs; il n'y a rien à faire; le terrain est trop cher. J'écrirai au ministre. On agrandit Toulon de ce côté : l'idée est bonne. Toulon crève dans sa peau; il faut qu'il s'étende du côté de la mer. Le génie lui dispute la terre pouce à pouce. La mer est large avec de bons pilotis. A propos, mesdames, je ne vais pas seul à Alexandrie, j'ai un compagnon de voyage; ce monsieur que vous avez vu dans ma chambre, notre convive, tu sais, Antonio, celui qui parle si bien d'Alger. Il n'est pas député, il le sera; il se porte candidat au collége de... qui va faire une élection, parce que son représentant vient de recevoir une fonction salariée. Les électeurs sont furieux. M. de Cérau, c'est le nom de ce monsieur, m'a lu sa profession de foi. Ah! c'est fièrement touché! surtout le passage de l'Algérie. Antonio, mon ami, écoute. tu trouveras mes instructions sur le guéridon de ta chambre. Tu pars à neuf heures, ce soir, pour Aix. A Aix, tu as ta place à la malle-poste. Tu ne t'arrêtes à Paris que pour voir mon associé. Dans six jours, tu seras à Londres. Songe, mon enfant, que ton rôle d'homme sérieux commence. Tu dois être tout aux affaires, entends-tu? tout aux affaires. C'est l'esprit du siècle, et le meilleur. Jusqu'à présent, tu n'as rien fait; aujourd'hui tu as vingt-un ans; tu es majeur; tu me représentes à l'étranger. Ainsi, mon ami, je te laisse réfléchir sur tes devoirs, et je compte sur ton bon sens.

Ils entrèrent à l'hôtel. M. Dherbier appela son domestique et lui dit :

— Que les chevaux soient prêts à neuf heures; il nous faut une heure et demie pour aller à la campagne de mon frère ; nous arriverons au clair de lune et au frais.

Et M. Dherbier ajouta, comme en aparté :

— Ce cher frère, il y a vingt-cinq ans que je ne l'ai vu ! Voilà ce que coûtent les affaires ! Ah ! mon Dieu ! il faut se sacrifier pour ses enfants.

III.

EN ÉGYPTE.

En débarquant au port d'Alexandrie, M. Dherbier et M. de Céran étaient les meilleurs amis du monde.

M. de Céran, comme tous les esprits sérieux, ne craignait pas le mal de mer; il usa de ce privilége en passager officieux, et prodigua les soins les plus délicats et les plus assidus à M. Dherbier, lequel en témoigna la plus vive reconnaissance, dès qu'il put parler.

La terre ferme avait rendu à M. Dherbier la parole, le courage et l'activité.

— Nous nous séparons momentanément, dit-il à son compagnon de voyage, mais c'est pour nous revoir bientôt. J'espère que vous m'accompagnerez au Caire, à Suez et ailleurs.

— Dès que mes études me le permettront, dit M. de

Céran, je serai tout à vous. J'ai quinze rudes jours à passer à Alexandrie; il faut que je cause longtemps avec M. Gautier-d'Arc, mon ami, un homme charmant, qui connaît Mehemet-Ali comme je vous connais. Ceci se rattache à la question politique. La question commerciale aura son tour, et je veux l'étudier à fond dans les maisons européennes. Il faudrait que chaque député fît, comme moi, un noviciat en pays étranger. Quelles vives clartés peut jeter dans les affaires publiques un homme qui arrive avec l'expérience *de visu et auditu!*

Les deux voyageurs se serrèrent affectueusement la main.

L'un descendit à l'hôtel d'Orient, et l'autre à l'hôtel d'Europe, place des Consuls.

M. de Céran contracta le même jour quelques amitiés d'occasion; il essaya la vie orientale dans ses procédés les plus nonchalants; il fit de longues promenades avec le jeune docteur Gastal, du paquebot *le Scamandre;* il eut de charmants entretiens avec M. Wolman, ce voyageur aveugle qui écrit ses impressions de voyage et peint les ruines et les monuments qu'il a vus avec les doigts; il acheta des chibouques et des caftans de rencontre au Grand-Bazar; il abusa du sommeil, de la sieste et de la vie horizontale; et les quinze jours de ses graves études étant expirés, il se rendit chez M. Dherbier, en affectant le maintien d'un homme accablé sous le poids des veilles et des méditations.

M. Dherbier venait de terminer un faisceau de lettres qu'il expédiait aux cinq parties du monde.

Il se leva vivement pour recevoir M. de Céran, et rajustant sa toilette dévastée par les convulsions épistolaires :

— Mon cher monsieur, dit-il, je suis prêt à partir avec vous pour faire une promenade dans le désert; il y a de bons coups à faire de ce côté, je connais la place.

— Cette promenade nous délassera un peu, dit de Céran; quant à moi, je suis accablé; il nous faut des distractions, je le sens; il paraît que votre temps et le mien n'ont pas été perdus à Alexandrie.

— Oh! monsieur de Céran, j'ai travaillé comme un dromadaire, sans boire ni manger. Voyez mes papiers et mes notes : tout le commerce d'Orient est là. Je sais la partie des cotons sur le bout du doigt; je vais faire révolution avec ma maison d'Anvers; j'enlève au marché de Liverpool le commerce des cotons avec la Belgique; je le donne au Havre. Est-ce national, cela? La Belgique consomme chaque année huit millions de coton. Le Havre est appelé par moi à devenir l'entrepôt de la Belgique. Quarante-deux navires belges sont entrés au Havre en 1841. Vous voyez que mon idée est secondée par le mouvement naturel du pays. J'écris à mon fils Antonio, qui doit être à Liverpool à cette heure, et je lui donne dans cette lettre des instructions en conséquence. J'espère que voilà un heureux résultat!

— Un magnifique résultat, mon cher monsieur Dherbier! je vous soutiendrai à la tribune, dans la discussion du budget des affaires étrangères.

— Oh! ceci se rattache à la question de l'union douanière entre la France et la Belgique.

— Évidemment. C'est ce que j'allais vous dire, monsieur.

— Il paraît que vous avez étudié cette question?

— J'ai eu deux audiences d'Artim-Bey pour cette question. Seulement je pense que nous pourrons expédier d'Alger beaucoup de coton pour la Belgique.

— Oh! monsieur de Céran, le temps n'est pas encore venu...

— Il viendra.

— Oui, mais cet avenir appartient à nos enfants.

Songeons au présent; c'est l'essentiel. Nous partirons demain pour exploiter le désert, n'est-ce pas?

— Je vous accompagne au bout du monde.

— Il est bien possible que j'aille jusque-là.

Avec son *Tartufe*, Molière a rendu un mauvais service à l'espèce humaine; dès qu'un homme ne se présente pas en habit noir, les yeux baissés, en parlant de sa haire et de sa discipline, on ne se méfie pas de lui.

Aujourd'hui, on enlèvera facilement à un père de famille sa femme, sa fille, sa cassette, à condition qu'on ne remplira pas des *devoirs pieux*, et qu'on n'agira pas dans *l'intérêt du ciel* ; aujourd'hui, Tartufe serait le seul intrigant qui ne réussirait pas; à son premier vers on le chasserait de chez tous les Orgons.

M. de Céran portait sur le paquebot du Nil une veste blanche, un chapeau de paille et un pantalon de toile à la russe; allez vous méfier d'un Tartufe vêtu de cette façon!

Il appartenait d'ailleurs à l'école philosophique du dernier siècle, et, dans ses intermèdes d'esprit sérieux, il avait égayé M. Dherbier, en faisant un parallèle entre Joseph en Égypte et Artim-Bey, qu'il plaçait fort au-dessus du ministre de Pharaon. Son livre favori était *les Ruines* de Volney, ouvrage, disait-il, qui avait détruit à jamais l'hydre des superstitions.

— Vous méritez toute ma confiance, disait M. Dherbier à M. de Céran, et je puis maintenant, dans nos loisirs du paquebot du Nil, vous expliquer tous les secrets de mon voyage. La nature, je l'avoue sans amour-propre, m'a donné l'intelligence des vastes opérations. Je puis dire que je porte dans la tête la carte de l'univers commerçant. Interrogez-moi sur les besoins, les produits, la richesse d'un pays quelconque, et je vous répondrai avec les chiffres du plus exact des statisticiens. J'ai des maisons dans toutes les capitales du globe, et je connais la balance de mes grands-livres aussi bien que mes nombreux agents qui l'établissent en cent lieux différents. Je sais le travail qu'on me fait à Pétersbourg et à Calcutta, comme celui que je dirige moi-même à Paris. Personne, je le crois, ne représente mieux que moi le génie de ce siècle travailleur.

Les conquérants guerriers ne sont plus de mode; ils ont cédé leur place aux Césars, aux Alexandres, aux Napoléons du commerce. Nous rêvons aujourd'hui la conquête du monde; nous avons des armées de commis, des cavaleries de chevaux de poste, des escadres de vapeur, et une artillerie de lettres de change, tirées sur les quatre points cardinaux. Nous ne voulons pas souffrir que ce globe ait un rocher ou un grain de sable oisif. Tout est bon à quelque chose; si le désert est paresseux, c'est qu'on lui permet de l'être : le désert doit travailler comme la ville.

Mauvaise excuse de dire : Je ne fais rien, parce que je suis un désert. Voilà le Nil; un fleuve fainéant; un grand diable de fleuve qui reste les bras croisés pour amuser les crocodiles. Eh bien! nous exploiterons le Nil. Avant nous, savez-vous ce qu'on faisait? On dépensait une série de millions pour découvrir les sources du Nil! Mon Dieu! que nous importe, à nous, de savoir si le Nil a des sources, ou s'il n'en a pas! Il existe comme fleuve, voilà l'essentiel; il existe comme agent, comme moteur, comme trait d'union; après, qu'il vienne d'où bon lui semble, cela nous est fort égal! Approuvez-vous ce préambule, monsieur de Céran?

— Vous parlez comme un sage de la vieille Égypte, cher monsieur Dherbier. Cent fois j'ai fait les mêmes réflexions. L'autre jour, même, en lisant *les Ruines* de Volney, je fermai le livre, et je me dis : Pourquoi y a-t-il des ruines? à quoi servent les ruines? à domicilier des lézards, voilà tout. Il faut donc exploiter les ruines. Il ne faut pas que, lorsque tant de monuments travaillent au soleil, il y en ait qui restent oisifs, sous prétexte qu'ils tombent en ruines. J'ai lu dans Hérodote que l'Égypte était une longue rue de villes dont le Nil était le ruisseau ; cette rue était fort difficile à bâtir lorsque les pierres dormaient dans les carrières de la chaîne Lybique ; mais aujourd'hui les pierres sont là, sous notre main ; elles sont proprement équarries, elles ont leurs arêtes vives et leurs *queues-d'hirondelle*, elles n'attendent qu'un bras pour les remuer. L'Égypte est un chantier qui ne demande que des manœuvres.

— Les manœuvres viendront, monsieur de Céran. Nous réveillerons tout ce qui dort ; nous utiliserons l'inutile. Comprenez-vous qu'on ait laissé dans l'inaction, pendant quarante siècles, les pyramides du Caire, lorsque nous payons en France vingt francs le mètre carré, et dix francs quelques pouces cubes de pierres d'Arles pour bâtir une usine ? Avec Artim-Bey nous avons longuement causé pyramides ; nous sommes en marché pour la grande ; il me la cède à un prix raisonnable ; ce sera, dans un an, la plus belle raffinerie de sucre du monde entier, et à deux pas des Indes ; Bombay, Madras et Calcutta nous consommeront autant de kilogrammes de raffinés que ma pyramide leur en donnera. Je vais établir mon comptoir à Suez. La maison Waghorn de Londres m'écrit, par le dernier courrier d'*India-Mail : Achetez une pyramide à tout prix.* Artim-Bey m'a demandé en échange une machine anglaise de la force de cent chevaux ; j'ai demandé le grand Sphinx par dessus le marché. Vous voyez que l'affaire est en bon train.

— Superbe affaire, monsieur Dherbier !

— Mon excursion au Sinaï a un but beaucoup plus sérieux encore, mon cher monsieur de Céran. Je vais y fonder de vastes pépinières de nopals pour l'exploitation de la cochenille. Cet insecte, vous le savez, a une prédilection marquée pour le nopal égyptien, qu'il préfère au méméla, le nopal de Castille. Le méméla recueille la poussière, le nopal la repousse. Cet établissement me permettra d'avoir, dans le voisinage, une belle filature de soie. Les mêmes agents veilleront aux deux choses. La main-d'œuvre pour la raffinerie, les pépinières de nopals et la filature, est payée au taux le plus modique. Le Druse demande vingt-cinq sous par jour, et le fellah se contente de la moitié : je n'emploierai que des fellahs. Mon ingénieur, que j'amène avec moi, est chargé d'étudier l'embranchement que je me propose d'établir sur le *rail-way* du Caire à Suez. Le nouveau système de paquebots qu'on doit organiser en 1843 me permettra de prendre mes produits au Sinaï ou à Suez, et de les déposer le dixième jour sur le quai de Marseille, et le vingtième à Calcutta. Ce plan se combine admirablement avec une autre opération que j'étudie depuis six mois, et que j'amènerai à bonne fin. Le temps est venu de ressaisir le commerce des pelleteries sur les côtes de la Chine. Vous savez que le vaisseau *le Solide*, du capitaine Marchand, avait fait une belle expédition pour ce genre de commerce. A cette époque, il y avait des pays lointains; la Chine ou la lune étaient sur la carte aux mêmes degrés de longitude. Aujourd'hui la Chine est là, devant moi, sous les sycomores de cette rive du Nil. Derrière ce bouquet de palmiers il y a des Chinois; faites un pas, vous êtes à Siam; encore un, à Canton. Le globe est enjambé en quatre pas et nous travaillons à en supprimer deux. Le temps est précieux; une minute vaut cinq francs; qui perd une heure perd cent écus.

En causant ainsi, ils arrivèrent au Caire sans y songer.

Les caravansérails sont supprimés au Caire; il y a

des hôtels garnis dans la ville des Pharaons, dans la noble Memphis.

A la place des jeunes icoglans qui parlaient arabe, il y a des garçons qui parlent provençal.

M. Coulomb, de Marseille, le premier cuisinier de l'Orient, nourrit les Européens dans les villes d'Alexandrie et de Putiphar.

M. Coulomb a chassé les oignons d'Égypte et intronisé la cuisine anglo-française sur la tombe du maigre pannetier de Pharaon; il prépare de délicieux *rumpsteak* avec les bœufs Apis; il aiguise avec art l'*aïoli* compatriote, aimé de Virgile et d'Alexandre Dumas: mais voici ce qui met le comble à sa gloire, et ce qui doit lui donner un jour une pyramide pour piédestal; il a élevé le *pilau* turc à un degré inouï de succulence et de parfum.

Le pilau de Coulomb a cicatrisé les sept plaies d'Égypte.

Le riche marchand de la place d'El-Békié et le fellah pauvre de Boulak bénissent Coulomb à chaque grain de riz.

Ce n'est plus ce plat stupide inventé à Médine par les sectateurs d'Omar; c'est tout un festin de houris, c'est la joie du voyageur affamé après le jeûne du désert.

Coulomb, une main sur les fourneaux d'Alexandrie, et l'autre sur ceux du Caire, est destiné à compléter par la table, en Orient, la civilisation que Bonaparte y commença par l'épée.

Mehemet-Ali, en choisissant Coulomb pour son chef d'office, a compris son siècle et son pays.

Les voyageurs, enfin, dégoûtés des auberges de France où l'on mange mal, des auberges d'Angleterre où l'on mange peu, des auberges d'Espagne où l'on ne mange pas, iront retrouver en Orient les tables pyramidales des festins de Balthazar.

L'Orient, ce jardin et ce berceau du monde, longtemps pleuré dans la solitude et le désert, parce qu'il n'offrait à ses amis occidentaux que l'eau saumâtre et les racines, ces repas d'anachorète, et les dromadaires, ces précipices ambulants; mais dès que M. Waghorn a bâti des hôtels sur le sable où l'on plantait des tentes depuis Abraham, dès que Coulomb a versé la fumée odorante de ses fourneaux sur la colonne de Pompée, les bains de Cléopâtre et le lac Mœris, le monde émigrant s'est précipité entre deux roues à vapeur et deux cascades d'écume vers ces régions splendides; les tentes ont été brûlées, le sable a subi les *rails*, les racines ont été abandonnées aux grillons, les dromadaires ont passé à l'état de sphinx, les caravanes ont couru en chaises de poste, et on a donné des bals sur la mer Rouge qui noya Pharaon.

Nous ne devons pas nous étonner que l'imagination d'un puissant industriel, aussi vive que celle d'un poëte, s'exalte devant ces prodiges, et trouve au fond de ces détails, si puérils en apparence, le germe des révolutions sociales promises à l'avenir.

M. Dherbier dînait chez Coulomb, à l'hôtel d'Orient, à table d'hôte, place d'El-Békié. Le coup d'œil était plus beau et plus varié qu'à la table d'hôte de Toulon.

Les voyageurs des Indes, de Londres, de Marseille, arrivés le jour même, mangeaient ensemble à ce meeting gastronomique de la civilisation.

On y voyait des ambassadeurs de Siam, des mandarins lettrés, des Indiens sectateurs de Siva, des nababs du Bengale, des héroïnes du Caboul, des missionnaires de la Propagande, des députés coloniaux, des Anglais locataires de l'Himalaya, des voyageurs morts de soif en cherchant les sources du Nil; tous les caprices, toutes les fantaisies, toutes les passions, tous les ennuis, tous les intérêts du monde étaient représentés à ce banquet babylonien.

Coulomb, à la tête d'une escouade de domestiques, veillait avec intelligence sur ces appétits furieux que venaient d'exciter les brises croisées de la Méditerranée et de l'Océan indien.

Toutes les religions de l'Asie et de l'Europe, réunies à cette table dans un culte commun, chantaient un hymne à la gloire de la cuisine française, cette conquérante pacifique de l'univers.

M. de Céran, comme tous les esprits sérieux, estimait fort la bonne chère, et pendant le repas, il ne parla point, craignant moins de perdre ses paroles que ses morceaux.

A l'issue du dîner, M. Dherbier l'entraîna sous les sycomores d'El-Békié, et l'entretien suivant s'engagea.

IV.

PROJET DE MARIAGE.

— Vous avez beaucoup réfléchi à table, mon cher monsieur de Céran! N'est-ce pas!

— Beaucoup, mon cher Dherbier, puisque j'ai peu parlé.

— Et à quoi pensiez-vous?

— Vous voulez le savoir?

— Eh! puisque je vous le demande.

— Vous allez rire, Dherbier; je faisais un plan de mariage.

— Vous voulez vous marier?

— Pourquoi pas?

— Avec qui? Pardon de la curiosité.

— Je n'en sais rien.

— Ah! je comprends! c'est un désir vague de célibataire ennuyé; c'est une pensée de voyageur dans l'isolement.

— Mon cher Dherbier, c'est cela ou autre chose encore; à table, en voyant tant de maris et de femmes qui courent l'Asie côte à côte, avec leurs nourrices et leurs petits enfants, j'ai fait un système. Je me suis dit qu'en notre siècle, la mission de l'homme civilisateur était de voyager toujours, versant à pleines mains la semence de ses idées; j'ai pensé qu'il était absurde d'avoir pour patrie quelque sombre entre-sol de la rue Saint-Honoré ou du faubourg Poissonnière, et de régler les destinées de l'Asie en se chauffant les pieds à Paris.

— Très-bien, de Céran!

— Pour convertir les Arabes, il ne faut pas leur écrire des articles français dans des journaux qu'ils ne lisent pas; il faut leur parler, manger avec eux, courir avec eux, dormir avec eux; pour cultiver le désert, il faut tenir la charrue, autrement on bâtit sur le sable. Les Anglais l'ont si bien compris qu'ils abandonnent insensiblement l'Angleterre pour peupler l'Asie d'enfants anglais qui parlent l'arabe, l'indien et le chinois, et pour croiser les belles races du Nord avec les races du Bengale et de Siam. C'est ainsi qu'ils doivent acquérir la suprématie de l'Orient, en économisant les coups de canon. Il est honteux de songer qu'à ce dîner de Coulomb, nous n'étions que deux Français, vous et moi. Belle concurrence, ma foi! On leur montre, tous les six mois, deux Français comme deux phénomènes, et ils voient défiler chaque jour une armée d'Anglais : il est évident que, si les Asiatiques veulent s'abriter, un jour, sous un drapeau européen, ils choisiront le lion et la licorne et laisseront le coq.

— C'est évident! c'est profond.

— Les Orientaux doivent s'imaginer que la France

est un petit pays habité par quelques centaines d'individus, tolérés par l'Angleterre. Dans l'Océan anglais, nous avons pour colonies un rocher sans port, qui ressemble à un caillou lancé par l'Ile-de-France, lorsqu'elle s'amuse à faire des ricochets. Nous appelons ce caillou l'île Bourbon ; puis nous avons Pondichéry, avec un port désert, et un consul isolé comme un anachorète. Aussi les Indiens nous regardent du même œil que nous regardons Monaco. Nos hommes d'État n'ont pas le loisir de songer à ces choses; il faut donc y songer pour eux. Il faut faire ce que font les Anglais; il faut montrer la France à l'Asie; le grand chemin de l'Inde appartient à tout le monde, en payant deux roupies par mille à votre maison Waghorn; jetons-nous avec nos familles sur ce chemin; apportons au désert nos femmes, nos enfants, nos modes, nos cabinets de lecture, nos vaudevilles, nos opéras, notre Conservatoire de musique, nos vins, nos cuisines, enfin tout ce bruit charmant que fait la France quand elle a mis au monde une révolution en se déchirant le sein.

— Bravo ! mon cher de Céran.

— Toute la question de l'Orient est là. Ce que l'on fait à coups de canon ne vaut rien, parce qu'un autre, qui a plus de canons, vous le défait par le même procédé. Il ne faut jamais commencer une guerre sanglante, parce qu'il y a des mères dans les deux camps : il faut organiser la paix. Vous, monsieur Dherbier, vous avez donné déjà un noble exemple; vous livrez des batailles d'industrie et de commerce, et vous les gagnez au profit de l'humanité. Croyez bien que d'autres vous imiteront. Vous serez le Godefroy de la troisième croisade, la croisade de la civilisation orientale; je ne vous demande que l'honneur d'être votre historien.

— Oh ! s'écria Dherbier en serrant les mains de l'orateur, votre enthousiasme me fait rougir...

— Mon enthousiasme est sincère, croyez...

— Je le crois, je le crois ; je connais les hommes, monsieur de Céran, et je vous ai jugé, vous, du premier coup d'œil... Mais il me semble que nous avons oublié notre point de départ... Ne me parliez-vous pas d'une velléité de mariage qui vous a saisi tout-à-coup à table d'hôte ?

De Céran s'essuya le front, inondé de la sueur de l'enthousiasme et du Caire, regarda le ciel, puis la terre, et dit :

— Oui, Dherbier, c'est juste ! nous parlions mariage... je me suis laissé emporter... Excusez-moi... Parbleu, oui, je m'en souviens ; à table, tantôt, là, j'ai eu une idée sur le mariage... Si nous voulons donner aux Orientaux une bonne idée de nos mœurs domestiques, et nous présenter à eux sous cet aspect moral qui convient à tout missionnaire, il faut voyager chez eux en famille, et frapper leur imagination par le spectacle touchant de deux époux bien unis, subissant les mêmes fatigues et les mêmes dangers. Les Orientaux doivent croire que tous les Anglais sont mariés, et que tous les Français sont célibataires. Quelques jeunes gens de notre pays achèvent de nous compromettre, en se promenant en Asie avec des bayadères sous le bras. Tenez, voilà justement, à deux pas de nous, un Marseillais qui folâtre avec une almée ! C'est scandaleux ! Comment veut-on ensuite que l'Orient nous respecte !

— C'est vrai cela, mon cher de Céran !

— Eh bien ! me suis-je dit, puisque ma vocation impérieuse me pousse en Orient, je veux faire ce sacrifice au bien de mon pays, je me marierai. Je ne tiens ni à la beauté, ni à la richesse ; je veux une femme qui ait dans le cœur quelque chose de mon esprit aventureux et qui ne s'effraie pas au mot de l'Orient ; je ne serais pas fâché même qu'elle eût un petit côté romanesque dans l'imagination. Malheureusement, il faut beaucoup de loisir pour chercher une femme à sa convenance; on perd beaucoup de temps à étudier un caractère, et souvent on trouve au bout de ses études le contraire de ce qu'on cherchait. Le siècle est si occupé! Nous vivons à la vapeur; on n'a pas le temps de se marier; dans quelques années, on n'aura pas le temps de mourir. Il faudrait qu'un ami vînt à moi et me dît : Adam, voilà ton Ève; voilà l'épouse de ton choix, tu ne la connais pas aujourd'hui, demain tu l'aimeras. Oui, sur la foi d'un véritable ami, je prendrais cette femme, et comme le Malchus de saint Jérôme, je traverserais avec elle les déserts et les villes, heureux partout.

M. Dherbier était tombé en rêverie.

De Céran, qui avait toutes les physionomies à la disposition de son visage, regardait fixement, et d'un air séraphique, sa femme idéale dans une rêverie de prédestiné. Un silence de quelques instants fut interrompu par M. Dherbier.

— Mon cher de Céran, dit-il, je vous avoue que, depuis le premier moment de notre connaissance, vous êtes entré profondément, de jour en jour, dans mon affection. Un voyage d'un mois équivaut à une liaison de six ans. Il me semble que je vous ai toujours connu. Écoutez-moi, mon cher de Céran, seriez-vous disposé à vous fixer à Suez?

— A Suez, dit de Céran, baissant les yeux d'un air méditatif, et les relevant du côté de la mer Rouge, à Suez, mon cher Dherbier; mais pourquoi pas? Si j'avais une bonne position de propagande orientale, je me fixerais à Suez comme ailleurs.

— Et votre députation?

— Je serai député à Paris et industriel à Suez, dans l'intervalle des sessions. Il n'y aura bientôt que dix jours de Suez à Paris.

— C'est juste, de Céran. Eh bien! je veux vous établir, moi, et vous marier.

— Vous avez un parti sortable sous la main?

— Sous la main, de Céran. Il me faut un gendre éclairé pour veiller aux grands intérêts d'industrie que je vais créer en Orient; et ce gendre est choisi... ce sera vous.

De Céran prit une pose modeste et se fit une figure sur laquelle la surprise luttait avec la joie.

Le *moi* d'exclamation qu'il prononça eut l'air de ne pouvoir sortir de sa bouche qu'à la faveur de sa brièveté de monosyllabe.

Si ce *moi* avait eu trois lettres de plus, il restait enseveli dans les profondeurs d'un saisissement très-bien joué.

Dès qu'il pensa qu'il pouvait parler, de Céran saisit les mains de son futur beau-père et dit :

— Moi, l'époux de votre fille!.. de cette charmante personne que j'ai vue à Toulon, à côté de sa mère... que je n'ai vue qu'un instant... Oh! mon cher Dherbier, la joie ne tue pas... voyez, je respire... j'ai même oublié mon existence; j'ai deux âmes et deux cœurs... Et croyez-vous, mon cher Dherbier, que votre fille acceptera l'hommage de..?

— Ma fille, mon cher de Céran, est élevée dans les principes de la plus aveugle soumission. Elle ne connaît que la volonté de son père et de sa mère. Mettez votre main dans la mienne... Bien! voilà notre contrat signé. C'est ainsi que je termine toutes les affaires, moi... êtes-vous content?

De Céran fit un mouvement convulsif de joie qui ressemblait à un spasme nerveux; il reprit la main de son beau-père, la baisa filialement, et la mouilla de quelques larmes de crocodile.

M. Dherbier, qui, dans l'éternelle et dévorante préoccupation de ses affaires, avait de rares occasions d'être ému, versa de son côté quelques véritables larmes de joie; puis, comme pour réparer le temps perdu, il rentra dans son élément naturel.

— Mon cher futur gendre, dit-il, ceci est réglé, n'en parlons plus. Le courrier de l'Inde part demain; j'écrirai à ma femme. Allons attendre nos lettres à Suez.

M. Dherbier, l'homme des grandes affaires et des petits détails, employa les dernières heures de son séjour au Caire à causer cuisine avec Coulomb; il s'initia aux secrets de l'art culinaire, dans ses rapports avec les besoins et les appétits du climat d'Orient.

Son intention était de donner un peu du génie de Coulomb au chef de l'hôtel de la Mer-Rouge à Suez, ce caravansérail du monde ancien et nouveau.

Dherbier et de Céran, partis du Caire, arrivèrent à Suez après trente heures de route sans avoir rencontré ni les terribles Arabes de Thor, ni les flammes du Simoun.

On court plus de danger sur la route de Marseille à Paris.

V.

LES DEUX LETTRES.

Antonio et Hélène.

Antonio Dherbier à Hélène sa sœur.

« Londres... 1842.

« Me voici à Londres, chère et bonne sœur; mon père veut me donner le goût des affaires; nous verrons s'il réussira.

« Quand je serai père à mon tour, avant de donner un goût à mon fils, je lui demanderai le sien.

« J'ai remis mes lettres, en arrivant, à la maison Waghorn; tu ne peux pas te figurer la physionomie intérieure de cette maison.

« Les hommes ne parlent pas; les femmes étudient du matin au soir l'atlas de l'Asie et ont un professeur de chinois; les enfants jouent gravement avec de petits *rails-ways* de zinc, et font des machines à vapeur en carton.

« Ils m'ont invité à dîner.

« On m'a servi un bol de lave du Vésuve qu'ils appellent *soupe de tortue.*

« Je me suis incendié les poumons.

« J'ai demandé de l'eau pour éteindre le *turtle soupe*, un domestique a cherché de l'eau partout et n'en a pas trouvé.

« Un des associés m'a chargé d'un travail qui doit être terminé dans huit jours.

« Je dois étudier, sur l'atlas du major Lamb, le terrain de la presqu'île de Bengale, de Bombay à Madras, afin d'y établir un chemin de fer qui dispensera les paquebots de doubler le cap de Coromandel.

« L'atlas a cent feuilles, chacune de la dimension d'une nappe de vingt couverts.

« Il me faudrait dix ans pour mal terminer ce travail.

« J'ai ouvert ma croisée dans *Hart-Street*, au centre de la Cité.

« Tout pleure autour de moi, le ciel, le toit, la muraille, la vitre, la brique, la rue, le trottoir; je me suis mis à pleurer aussi en songeant à mon pays qui rit toujours.

« Rentré dans ma chambre, j'ai failli être suffoqué en voyant l'atlas du major Lamb.

« Si c'est pour vivre comme cela que nous avons le

plaisir d'avoir vingt-un ans, autant vaudrait passer du berceau à la tombe : ce serait plus court et moins ennuyeux.

« L'associé m'a invité à passer le dimanche chez lui.

« Je m'en faisais une fête.

« Je sais que la maison Waghorn a un château dans le Kent.

« J'ai mis mon plus beau costume de *rider;* je suis entré chez l'associé cravache en main, éperons aux bottes.

« La famille était assise autour d'une table, et chacun lisait la Bible.

« On m'a présenté la Bible de la société *for promoting christian knowledge.*

« J'ai ouvert la Bible, et je n'ai pas lu.

« J'attendais que quelqu'un ouvrît la bouche pour faire une question; personne n'a parlé pendant six heures.

« Je suis mort cinq ou six fois dans ce siècle-là ; enfin on a annoncé le dîner. On nous a servi six plats de pâtisseries sucrées au gingembre.

« J'ai mangé le gingembre pour me ressusciter; puis tout le monde s'est remis à la table de lecture, et chacun a repris sa Bible.

« A onze heures du soir, l'associé m'a permis de me retirer, en me disant que j'étais invité à cette fête de famille pour tous les dimanches de mon séjour.

« En descendant l'escalier, j'ai demandé des nouvelles du château de Kent à un domestique.

« Celui-ci m'a dit que ce château est magnifique, et bien situé dans les ombrages de Cricklewood, et que toute la famille s'y rend une fois par an, en hiver, à la première neige tombée, pour y chasser le renard.

« Heureusement, j'éviterai les invitations des dimanches.

« Une lettre de notre père vient de m'ordonner de me rendre à Liverpool, pour régler quelques affaires, et pour étudier le commerce des cotons, dans ses rapports avec le Havre et la Belgique.

« J'irai à Liverpool.

« J'ai pu survivre à la fête d'un premier dimanche, parce que je suis jeune et vigoureux; mais je sens que le second m'asphyxierait, comme la vapeur du charbon.

« Ce matin, au moment où je me promenais avec mélancolie, en long et en large, sur l'atlas du major Lamb, pour établir quelques pouces de *rail-way*, dans le faubourg de Bombay, j'ai vu quelque chose de jaune qui papillonnait sur le rideau, c'était un rayon de soleil.

« En deux bonds j'ai franchi mon escalier et ma porte, et je me suis lancé à travers les rues.

« Le flot du peuple m'a entraîné dans une longue rue qui va de Saint-Paul au bout du monde.

« J'ai vu des choses superbes, j'ai vu de belles maisons, de délicieux jardins, de riches boutiques, de nobles palais, de brillants équipages, et surtout des femmes charmantes.

« Devant *Buckingham-Palace*, j'ai assisté à une revue de cavalerie; j'étais fou de bonheur : il y avait des régiments de *Life-guards*, de *Price-of-Wales-guards*, de *Coldstream-guards*, et de *Light-dragons*.

« Je n'ai jamais vu de plus beaux chevaux.

« Quel amusant métier font ces soldats! Ils montent tous les jours à cheval et ils sont bien payés! Il faut que j'aille, moi, dans un wagon, étudier le commerce des laines à Liverpool! Plains-moi, chère sœur; adieu, je t'embrasse deux fois, et je te prie d'en rendre une à maman.

« ANTONIO. »

Hélène à Antonio.

« Hyères, 1842.

« Nous habitons un paradis terrestre, cher Antonio, mon bon frère; ce paradis appartient à notre oncle; il me le donnera, m'a-t-il dit, et je t'en donnerai la moitié.

« Quel excellent oncle! il est bon comme notre père, mais la comparaison s'arrête là.

« Maman dit que c'est le plus grand philosophe de l'antiquité.

« Il dort beaucoup, il parle peu, il regarde passer les vaisseaux, il gouverne des abeilles et des vers à soie.

« Il fait trois repas par jour, et il est abonné au journal d'Agriculture qu'il ne lit pas.

« Je t'envoie une aquarelle de la maison de campagne de notre oncle; c'est un échantillon du paradis.

« Hyères est dans le fond avec sa montagne volcanique, voilée de verdure ardente et jonchée de ruines féodales.

« A l'autre horizon, j'ai peint ce qu'on ne peut peindre, la mer; nous la voyons toute bleue, toute vive et radieuse, du haut de notre terrasse; il semble qu'elle nous appartient, comme le dernier ruisseau de nos jardins.

« Les vaisseaux de Toulon viennent se promener devant les îles voisines; et c'est charmant de les voir courir avec leurs voiles et leurs pavillons derrière les rideaux de peupliers, de pins, d'orangers, qui bordent le rivage.

« Tu reconnaîtras dans mon paysage les choses que j'aime, les sources d'eau vive, voilées par des masses d'ombre, les jeux du soleil couchant à la lisière du bois, les touffes de plantes agrestes et de fleurs sans nom, inclinées sur les ruisseaux, et ces petits détails de grâce adorable que la nature prodigue à tous les coins de terre où il y a un peu d'eau et beaucoup de soleil.

« Nous avons aussi, mon cher Antonio, de beaux groupes de palmiers, mais de palmiers sérieux, qui laissent tomber des chapelets de dattes, comme leurs frères d'Orient : ces arbres réjouissent les yeux et le cœur; on les embrasse comme des amis.

« Notre oncle est un homme excellent et plein de complaisance pour notre mère.

« Il est simple comme un enfant; il a vingt ans de moins que son âge, et il rajeunit tous les jours.

« Il montre une gaieté franche et il essaie de nous amuser quand nous sommes tristes.

« Maman a besoin de distractions; elle est taciturne et elle recherche la solitude qui augmente ses ennuis.

« Je fais tout ce qui dépend de moi pour l'amuser un peu; je chante au piano tout ce que je sais; je lui dédie tous mes paysages; je lui déclame par centaines des vers de Victor Hugo; elle est visiblement touchée de mes attentions, elle s'en récrée un instant, mais pour retomber dans son incurable mélancolie.

« La lecture lui est pourtant d'un grand secours; elle a commencé un délicieux roman de M. de Balzac dont elle a la bonté de me lire quelques passages.

« Il s'agit de deux jeunes mariées qui écrivent leurs mémoires.

« L'autre jour, maman me lisait une lettre de ce roman; une dame y raconte la vie charmante qu'elle mène avec son mari dans une jolie maisonnette, aux bois de Ville-d'Avray.

« J'écoutais cette lecture avec un plaisir infini, lorsque tout à coup maman s'interrompit brusquement, versa quelques larmes et sortit du salon.

« Je crois avoir compris le motif du chagrin de maman.

« Elle craint que le mari qu'elle veut me donner ne soit pas du goût de notre père, et tu sais qu'elle fait dépendre de cet établissement mon bonheur et le sien.

« L'autre jour, maman a reçu une lettre d'Afrique : d'abord elle ne voulait pas me la montrer ; mais à la campagne, il y a des moments d'ennui où l'on dit tous les secrets. Dans un de ces moments, elle m'a lu la lettre de ce jeune et brillant colonel qu'elle appelle mon futur.

« Il doit rentrer en France avec son régiment à la fin de la campagne, et il me demandera en mariage à M. Dherbier : il ne doute pas du consentement de mon père ; maman, elle, en doute beaucoup.

« Le colonel de St-*** écrit comme un ange ; il a des manières simples et distinguées, des goûts d'artiste et beaucoup d'esprit.

« A l'armée d'Afrique, son nom est cité en tête des plus beaux noms ; personne n'a un avenir militaire plus brillant que le sien.

« Je ne sais pas si je l'aimerai, mais je sais que je l'estime et que je l'admire, et que je suis prête à seconder les intentions maternelles.

« Cependant, il m'est bien cruel de penser que tout cela donnera peut-être des inquiétudes à notre famille, et que notre excellente mère interrompra tristement ses lectures favorites en pensant à moi.

« Nous n'avons reçu de papa qu'une seule lettre ; elle est datée d'Alexandrie et finit à la sixième ligne.

« Notre père est le meilleur des hommes, dit maman ; il sait tout, il songe à tout, il connaît tout ; il embrasse le monde, il donne la joie à des milliers de familles ; il ne ferme les yeux de son intelligence que sur sa femme et ses enfants.

« Après avoir fait le bonheur de l'univers, il aura oublié de faire le sien.

« Voilà ce que maman dit quelquefois : elle a peut-être raison. — Elle vient d'écrire à papa une lettre charmante, et elle lui parle adroitement du colonel.

« Adieu, mon Antonio; comporte-toi bien, et fais toujours ce que veut notre père : la volonté d'un père, c'est la volonté de Dieu.

« HÉLÈNE. »

VI.

LA SIRÈNE.

Pendant que les deux lettres que nous avons citées dans le précédent chapitre se croisaient sur la Manche, Antonio roulait en wagon vers le comté de Lancastre; il allait à Liverpool étudier le commerce des cotons dans ses rapports avec le Havre et la Belgique.

Il descendit à l'hôtel d'Adelphi, qu'il trouva d'un confortable achevé.

M. Jackson, correspondant de M. Dherbier, attendait Antonio, depuis quelques jours, dans son comptoir de la rue de l'Église.

Antonio ne mit pas beaucoup d'empressement à faire sa visite à M. Jackson.

Il se laissa emporter par sa curiosité d'enfant, et courut admirer le Jardin zoologique, les superbes colonnades de la Douane et de la Bourse, des docks de la Mersey, le tunnel et son péristyle, le grand marché public, et les riches quartiers de la bourgeoisie à Copperas-Hill.

A l'heure de la bourse, le jeune voyageur entra au comptoir de M. Jakson, avec l'espoir de ne pas le rencontrer, et il laissa une carte sur laquelle il écrivit au crayon le nom de son hôtel.

Il dîna et charma les ennuis de sa soirée au Théâtre-Royal, où l'on jouait un drame en vingt-deux actes, intitulé la *Vie de Napoléon.*

L'artiste qui représente l'empereur a six pieds de haut, il est très-fluet, mais il prend beaucoup de tabac.

Ce drame divertit beaucoup Antonio, il lui fit oublier davantage M. Jackson.

En sortant du théâtre, comme il traversait *William-son-Square,* il rencontra quelques hommes ivres qui sortaient du *meeting* annuel de la société de tempérance, tenu à *Jordans-Street.*

Il descendit avec eux sur le port en riant aux larmes de toutes les grosses plaisanteries que le porter et le porto inspiraient à ces membres tempérants.

A minuit, le silence imposé par les policemen régna sur la rive de la Mersey.

La ville haute devint déserte.

Toutes les boutiques se fermèrent.

Liverpool s'endormit de ce sommeil profond que le travail donne comme une récompense aux villes commerçantes.

Antonio était bien loin de son hôtel d'Adelphi : il demanda son chemin à chaque policemen qu'il rencontra, et le clocher gothique de la *chapel* sonnait une heure, quand il montait le *Ranelagh-Street,* devant Adelphi.

La clarté du gaz, plus vive à Liverpool que celle du jour, faisait ressortir dans ses moindres détails la belle façade de l'immense hôtel.

Les candélabres de la place auraient éteint les étoiles, s'il y en avait à Liverpool.

Les rues de Ranelagh, de Lime et de Copperas, qui débouchent sur Adelphi, paraissaient obscures auprès de cette éblouissante illumination.

Comme il n'y a pas, la nuit, de meilleure police que celle du gaz, les agents de la surveillance nocturne avaient abandonné cette zone de la ville et se promenaient ailleurs avec leurs baguettes plombées et leur sombre *water-proof*.

Antonio admirait cette merveilleuse éruption de gaz hydrogène qui semblait ne resplendir que pour lui : il se détachait sur ce fond lumineux avec tant de relief que tous les détails de sa toilette pouvaient être saisis à mille pas à la ronde.

Du trottoir de *Liver-theatre* on aurait deviné facilement que cet élégant et gracieux jeune homme appartenait à une famille opulente, et par conséquent son portefeuille de voyage devait être de quelque valeur.

A pareille heure, sur la crête des Apennins, entre Torrinieri et Riccorsi, Antonio eût été dévalisé en deux coups de griffes humaines; mais là, au centre du monde industriel et civilisé, le gaz et la police semblaient protéger l'étourdi voyageur et lui permettre de s'épanouir aux rayons d'un soleil artificiel dans sa charmante fatuité d'écolier fraîchement émancipé.

Or, voici une réalité terrible qui a le tort de ressembler trop à une fiction; aussi sera-t-elle perdue comme leçon et comme expérience.

Antonio, debout et immobile devant Adelphi, entendit à sa gauche un petit bruit de pas, un frôlement de robe, et le murmure doux et léger d'une respiration enfantine; il se retourna vivement, et aperçut à quarante pas de lui une jeune fille de quinze ans, d'une beauté merveilleuse; elle marchait avec lenteur et souriait d'un sourire d'ange; sa toilette annonçait une demoiselle de bonne maison; ses yeux noirs brillaient comme deux escarboucles entre deux cascades de cheveux d'or; ses joues avaient la fraicheur et l'incarnat des beaux fruits de l'été ; ses dents de perle se laissaient entrevoir sous une lèvre légèrement relevée par une ciselure naturelle ; genre de beauté assez commun chez les femmes du Lancastre. La jeune fille passa devant Antonio, qui se contenta de suspendre sur elle un cri d'admiration.

Revenu de sa première surprise, notre jeune voyageur fit quelques pas lents et indéterminés dans la direction de *Lime-Street*, où venait d'entrer la belle et mystérieuse enfant ; puis il accéléra sa marche, tremblant et honteux, comme à la première phase d'une mauvaise action ; mais parfois enhardi à l'idée que cette jeune fille était menacée de quelque danger et qu'il fallait la suivre pour la secourir.

Arrivée à la hauteur de la troisième ruelle qui descend de *Lime-Street* sur le quartier du théâtre, la jeune fille s'arrêta devant une maison de chétive apparence, et se retourna comme pour s'assurer qu'elle était suivie.

Antonio arriva bientôt au même endroit.

La belle inconnue avait disparu dans la maison, en laissant la porte entr'ouverte.

Le jeune homme n'aurait pu s'expliquer clairement à lui-même les motifs qui lui firent franchir le seuil de cette maison.

Une chandelle de suif éclairait l'escalier, et semblait placée là, comme pour indiquer le chemin à l'hésitation d'un étranger.

Antonio monta au premier étage, et trouvant une porte ouverte, il entra dans la plus étrange des chambres dégarnies.

Les murailles dévastées ne conservaient çà et là que des lambeaux de tentures vermoulues ; la moitié d'un miroir vingt fois fêlé se penchait sur le plâtre d'une cheminée de bois ; quelques escabeaux gluants, devenus trépieds par la perte du quatrième support, étaient rassemblés au centre, et leur position indiquait assez bien qu'ils venaient d'être abandonnés par les locataires.

L'alcôve était remarquable par l'absence du lit, et par le délabrement des rideaux, troués partout à la hauteur des mains, comme si les doigts convulsifs du désespoir les avaient déchirés dans une nuit de lutte violente et de terreur.

Le plafond ressemblait à une grande page d'écriture cabalistique, car toutes les mèches de suif s'y étaient promenées avant de s'éteindre, en y traçant des mots hideux.

Une vapeur fétide, comme celle qui s'attache aux haillons du crime, était l'atmosphère naturelle de la chambre, et faisait reconnaître, mieux que l'ameublement, à quelle espèce d'êtres fauves appartenaient les maîtres de cette horrible maison.

Voilà ce que du premier coup d'œil vit Antonio, mais il ne vit pas la jeune fille, et il ne devait plus la revoir.

Un bruit confus de paroles sourdes se fit entendre presque à son oreille.

En effet, dans un coin de la chambre, le plâtre écroulé avait mis à nu le bois de la mince cloison, et la lézarde trahissait les secrets de la pièce voisine.

Antonio sentit ses cheveux se hérisser, lorsque, en appliquant son front sur cette ruine de cloison, il vit luire, sous la prunelle cadavéreuse de l'orfraie, un œil ardent fixé sur lui.

Il comprit alors qu'il courait un danger réel, en s'obstinant plus longtemps à sonder les mystères de cette maison, et plein de confiance dans son agilité, il se prépara à franchir l'escalier d'un bond pour gagner la rue.

En ce moment, une porte cachée s'ouvrit, et une épouvantable forme, qui n'appartenait à aucun sexe et à aucun monde connu, vint barrer le chemin de la fuite au malheureux Antonio.

Cette apparition n'avait de la femme que le vêtement, et de l'homme que la voix : sur sa face de spectre s'agitaient comme des couleuvres des tresses de cheveux gris, et à travers les éclaircies de cette effrayante chevelure, on voyait jaillir deux regards intolérables.

Ce monstre, échappé de la ménagerie des rêves, s'élança sur Antonio, et le jeune homme sentit courir sur sa joue une lèvre froide, comme l'épiderme du lézard : une violente colère le préserva d'un évanouissement; il repoussa d'un bras vigoureux cet être sans nom, l'étendit sur le parquet gluant, et, poursuivi par les cris rauques du monstre, il franchit l'escalier et atteignit le vestibule de la maison.

Impossible de sortir : deux hommes d'une taille colossale, nus jusqu'à la ceinture, et les bras croisés sur la poitrine, défendaient la porte, fermée d'ailleurs à triple verrou.

Antonio chancela sur ses genoux ; il se cramponna au fer de la rampe, et prit une pose de résignation, comme une victime qui attend un sort inconnu.

Un de ces hommes étendit la main vers une salle du fond et accompagna ce geste d'un mouvement de tête qui signifiait : Allez là.

Le jeune voyageur se raffermit sur ses pieds, fit un appel énergique à son courage, et suivit l'indication de la main : les horribles histoires des assassinats commis en Écosse, dans l'intérêt de la science anatomique, lui revinrent en mémoire, et il s'applaudit d'avoir eu la force de supporter ce souvenir sans tomber d'effroi. La salle où il entra par ordre était démeublée comme tout le reste de la maison ; une chandelle de suif, collée à l'angle d'une table, lui donnait une clarté plus sombre que la nuit.

Trois hommes et une vieille femme, assis devant la table, buvaient de l'ale dans des gobelets de laiton.

La femme se leva et ferma la porte, elle reprit ensuite sa place et continua de fumer sa pipe de fer, en retroussant des manches de toile raide sur des bras de momie. Les trois hommes gardaient un calme et un silence effrayants.

Comme des bandits exercés qui n'ont pas besoin de se concerter pour savoir ce qu'ils ont à faire, leurs figures étaient empreintes d'une bonté sinistre; car, en pareil lieu et à pareille heure, les faces les plus patriarcales sont moins rassurantes que les contractions nerveuses communément prêtées aux assassins.

La fumée du tabac étendait une gaze flottante sur ces quatre personnages, et les plaçait dans la région vaporeuse des rêves des mauvaises nuits.

Le plus âgé d'entre eux, vieillard vénérable, retira sa pipe de ses lèvres de parchemin brûlé, la déposa nonchalamment sur la table, fit une aspiration gutturale, comme un orateur qui essaie sa voix, et s'adressant à Antonio par la menace de ses yeux et par la parole, il prononça ces trois mots de consonnance lugubre : *Give your all* (donne tout).

Antonio prit sa bourse et la jeta sur la table.

— J'ai dit *tout*, ajouta le vieillard avec le plus sérieux des sourires.

Antonio déposa tous ses bijoux de toilette à côté de sa bourse avec un geste résigné qui voulait dire, j'ai tout donné.

— J'ai dit *tout*, répéta le vieillard.

Le jeune homme réfléchit un instant, tira son portefeuille et le remit à la main large, noire et ridée qui se tendait pour le recevoir.

— Est-il bien rempli? dit la vieille.

Le brigand compta les *banks-notes*, et répondit : — Pas trop.

— Quand êtes-vous arrivé à Liverpool? demanda le vieillard.

— Hier, après midi, répondit Antonio.

— Vous avez bien fait de dire la vérité; nous le savions. Si vous voulez mourir, mentez... Hier, à quatre heures, vous avez fait une visite dans *Church-Street*. Que cherchiez-vous là?

— M. Jackson.

— Qu'est-ce que M. Jakson?

— Un correspondant de notre maison de commerce.

— Avez-vous des lettres pour lui?

— Oui.

— Où sont-elles?

— Dans ce portefeuille.

— Que veniez-vous faire à Liverpool?

— Mes instructions sont dans ce portefeuille; elles sont écrites de la main de mon père.

— Où est votre père?

— En ce moment, il est en Égypte.

L'affreux vieillard étala sur la table tout ce que le portefeuille contenait; il sépara les *banks-notes* des autres papiers, et appela, par un léger coup de sifflet, les deux camarades qui étaient restés dans le vestibule.

Une conversation à voix basse s'établit alors entre les cinq brigands; elle ressemblait au prélude d'un assassinat.

Antonio, rendu à son calme par la terreur de l'extrême péril, tâchait de lire sur les visages le sens de cet entretien.

Les brigands, pour ne pas être compris, parlaient une sorte de patois du pays de Galles, assez ressemblant au bas-breton; quelques mots de pur français arrivaient aux oreilles d'Antonio, et n'étaient pas du tout rassurants; ils exprimaient des idées de spoliation, de torture, de violence et de mort.

Les figures des bandits continuaient à garder une

bonhomie et une sérénité nullement en harmonie avec cette épouvantable scène ; la vieille femme leur donnait seule un caractère tragique, et lorsqu'elle soulevait sa paupière velue et grise, et qu'elle attachait sur Antonio son œil d'un vert orageux, celui-ci sentait s'éteindre en lui le rayon d'espoir descendu des faces tranquilles des cinq brigands, et il commençait la prière d'agonie, récitée au fond du cœur.

Le colloque cessa.

Une détermination venait sans doute d'être prise.

Un bandit fit un signe, et la vieille femme se leva, ouvrit une petite armoire, la fouilla longtemps, et en rapporta un encrier, du papier et des plumes.

Le vieillard fit signe à Antonio de s'asseoir et d'écrire, et il lui dicta le billet suivant, qui, dans la langue originale, par le choix des expressions et l'élégance de la forme, annonçait que le brigand était plus gentleman qu'il n'en avait l'air.

« Monsieur Jackson,

« Hier, en traversant Liverpool, je me suis présenté chez vous, pour vous demander quelques renseignements sur une affaire importante dont je ne puis vous entretenir que de vive voix.

« J'avais aussi des lettres de mon père, que je tiens à vous remettre en main propre.

« A mon retour, j'aurai l'honneur de vous voir, et de remplir mes commissions auprès de vous.

« On m'attend à Glascow, et je vais de ce pas m'embarquer à William-Dock.

« Votre vraiment dévoué,

« Antonio Dherbier. »

Quand l'adresse de ce billet fut écrite, un des bandits conduisit Antonio dans une salle basse et complétement fermée au jour extérieur; il lui montra un grabat dans un coin et sortit.

Deux verroux grincèrent sur la porte.

Le jeune prisonnier n'entendit plus rien..

VII.

A SUEZ.

Lorsque l'*India-Mail* arriva, chargé de ses dépêches, à Suez, M. Dherbier déjeunait à l'hôtel de la Mer-Rouge en tête-à-tête avec M. de Céran, son gendre futur.

M. Dherbier avait visité le Sinaï et le Liban; il avait médité une filature sur les ruines de Pétra; il avait rendu la vie à cinquante familles de Druses, qui mouraient de faim dans le désert, de père en fils, depuis Louis IX; il avait enrôlé sous les pacifiques drapeaux de l'industrie un escadron de dromadaires montés par les Arabes de Thor; il avait fait rebâtir à ses frais la façade écroulée d'un couvent maronite au Sinaï; il avait commandé d'immenses plantations de nopals et de mûriers pour la cochenille et la soie; ses mains venaient de créer un monde au désert.

Jamais, depuis Moïse, le désert ne s'était trouvé à pareille fête.

M. Dherbier racontait sa féconde incursion à M. de Céran, et lançant ses regards de l'autre côté de l'isthme, dans le golfe Arabique, il développait d'autres plans aussi merveilleux : — Suez, disait-il, étend ses deux bras, l'un à l'Orient et l'autre à l'Occident; cette position symbolique nous indique à tous notre devoir : cet isthme est le trait d'union de deux mondes.

Et M. de Céran lui répondait.

— La Bible nous dit que l'armée des Hébreux, c'est-à-dire les missionnaires de la première civilisation, était guidée au désert par une colonne de flamme et de fumée; cette image est encore un symbole pour nous; la colonne de flamme et de fumée, nous l'avons : c'est la machine à vapeur.

— Ceci est profond! disait M. Dherbier.

En ce moment on apporta la correspondance de l'univers à M. Dherbier; il y avait cinquante lettres au moins.

M. de Céran reçut les siennes aussi par le même courrier.

M. Dherbier se précipita sur le faisceau épistolaire et le dépeça comme un lion fait de sa proie.

Les enveloppes jonchèrent le parquet en un clin d'œil.

Le grand industriel lisait quatre lettres à la fois, et il donnait à chacune son commentaire en quelques mots.

— Hambourg marche bien.

La garance a réussi à Pétesbourg.

Je suis content d'Avignon.

Mes piastres sont arrivées à propos à Livourne.

Bon! mes blés sont partis d'Odessa!

La saison est favorable sur la mer Noire.

Crépin m'a compris à merveille à Constantinople.

Au Havre le résultat baleinier est superbe.

Je donnerai deux primes à Laurençon.

Mon sel est attendu à Calcutta; Guillemot doit avoir doublé le Cap; il trouvera les moussons.

Mes actions haussent à la Nouvelle-Orléans, je l'avais prédit.

La banque de Marseille est une superbe opération.

Mes Terre-Neuviers ont tenu ce qu'ils ont promis.

Succès partout.

Les commentaires furent suspendus par une lecture qui paraissait émouvoir vivement M. Dherbier; la lettre qu'il venait d'ouvrir était timbrée de Liverpool.

— De Céran, dit-il d'une voix tremblante et le visage couvert d'une pâleur mortelle, voici une lettre que je ne comprends pas, ou que je comprends trop! c'est de M. Jackson de Liverpool...

Il essuya quelques larmes et lut à haute voix:

« Monsieur,

« Votre fils, M. Antonio Dherbier, m'a remis vos honorables lettres, déjà de date assez vieille, j'ai réglé nos affaires avec lui, conformément à vos intentions. Notre compte réglé jusqu'à ce jour, je me suis reconnu votre débiteur de six mille trois cents livres, soit cent cinquante-sept mille cinq cents francs. Je lui ai donné une traite de pareille somme sur la maison Hobbes, de New-York, pour faciliter ses opérations avec cette place où il se rend.

« Sur ma recommandation, il a pu noliser pour neuf mille livres de nos produits les plus demandés aux États-Unis, sur le trois-mâts l'*Arthur*, à bord duquel il a pris passage ce matin.

« Notre maison Clark vous fournit sa traite de pareille somme, fin octobre prochain.

« Par le même courrier, M. votre fils vous confirmera la présente et vous donnera des détails sur son voyage à Glascow; je serai charmé d'apprendre qu'il vous fait bonne mention de l'accueil paternel qu'il a reçu dans ma maison.

« Votre vraiment dévoué, « JACKSON. »

M. Dherbier frappa la table de son poing, en s'écriant: Mon fils à New-York! mon fils à Glascow nolisant des navires! c'est le diable qui a pris le corps et le nom d'Antonio!.. et point de lettres de lui! voyez!..

pas une autre de Liverpool !.. Sa dernière, je l'ai reçue à Alexandrie... elle était de Londres... Antonio m'y parlait de son travail sur l'atlas du major Lamb... Ce garçon s'est perdu !.. il a fait quelque folie atroce !.. et il va bon train ! du premier coup, il me dévore un demi-million ! Ah ! voilà une lettre de madame Dherbier... je ne l'avais pas vue d'abord... elle me dit quelque chose d'Antonio peut-être... voyons !

« Hyères... 42.

« Mon ami,

« Nous avons tous des remercîments à adresser à votre excellent frère ; rien n'est doux comme son hospitalité.

« Nous passons des journées charmantes dans le plus beau site du monde.

« C'est bien ici que la nature... (Au diable la nature ! la voilà dans ses folies, ma femme !..) des horizons de palmiers et d'orangers... (Elle ne sortira pas de ses orangers !..) La sérénité du ciel donne la sérénité de l'âme... (Les livres la perdent cette pauvre madame Dherbier !..) Qu'il faut peu de chose au bonheur ! et... (Rien sur Antonio ! rien ! Il y a deux pages comme ça sur les orangers et les horizons... Ah ! il y a un post-scriptum...) Vous saurez, mon ami, que notre chère Hélène lit assez volontiers les lettres que votre frère reçoit du colonel... » (Ah ! qu'ils aillent se promener avec leur colonel ! Eh ! oui, introduisez-moi un soldat dans la maison, afin qu'il sabre tout.) Cette lettre de ma femme n'a pas le sens commun ! elle ne paie pas son port. Je vais lui répondre avec ma concision ordinaire : de Céran, vous allez être content de moi... Donnez-moi cette plume.

« Suez... 42.

« Ma chère amie,

« En recevant cette lettre, vous ne perdrez pas un

instant; vous écrirez à votre faiseuse de Paris, et vous lui commanderez le trousseau de noces d'Hélène; tout ce qu'il y a de plus beau et de plus complet, comme pour la fille d'un roi.

« Point de robes d'hiver; il n'y a point d'hiver dans le pays qu'habite le futur d'Hélène.

« On ne travaillera que sur les étoffes des autres saisons.

« Je recommande bien et je paie de même. La plus grande célérité.

« DHERBIER. »

De Céran tendit la main à Dherbier et la serra sans dire un mot.

M. Dherbier partagea cette effusion de cœur, et rouvrit la lettre de M. Jackson pour en méditer chaque expression.

Après quelques minutes de recueillement, il continua, d'un air sombre, le dépouillement de sa vaste correspondance, et il découvrit encore une lettre de famille; il la décacheta avec vivacité, dans l'espoir d'y trouver quelques nouvelles d'Antonio, et la lut pour lui seul. Elle était ainsi conçue :

« Hyères... 42.

« Cher frère,

« Ta femme, qui est ma chère belle-sœur, et ta fille Hélène, qui est ma chère nièce, sont deux femmes charmantes, mais je suis à bout de mes inventions pour les amuser.

« Elles ont abandonné la promenade en bateau, le whist, l'escarpolette, le jeu de bagues, le billard; elles ont épuisé leurs livres et les miens; je leur ai conté toutes mes historiettes; maintenant nous passons des journées entières à regarder la mer.

« Il faut trancher le mot, ces dames s'ennuient à la mort, et si tu n'y prends garde, ta femme Eugénie s'inventera une maladie que les médecins n'ont pas prévue, et qu'on peut appeler la phthisie mentale.

« Elle est arrivée au deuxième degré.

« Il me reste encore une ressource pour donner à ta femme vingt jours de contentement, mais je te préviens que je te passe en compte courant cette ressource, pour la somme qu'elle me coûtera.

« J'en ai déjà payé trois de ces ressources, et tu paieras la quatrième; je suis trop pauvre, moi, pour obliger des Crésus comme toi.

« Tu ne te fâcheras point de cette plaisanterie, cher frère; n'est-ce pas? Or, voici de quoi il est question.

« Je vais donner un quatrième bal chez moi; j'ai une terrasse magnifique, où ta femme et ta fille dansent avec un plaisir étonnant.

« Au dernier bal, j'avais quarante-deux dames et cent cavaliers.

« Nous avions trente officiers de marine, plusieurs colonels et trois jeunes lords qui habitent Hyères.

« Avec Hyères et Toulon, je pourrais donner un bal tous les jours, si j'étais riche comme toi.

« Ta femme est la reine de ces réunions champêtres; on l'entoure d'hommages, on l'accable de galanteries, on l'engage pour cinquante contredanses, enfin on la préfère à sa fille, qui est généralement appelée sa sœur.

« On danse jusqu'au jour; ta femme ouvre le bal, le continue et le finit.

« Voici le mauvais côté de ces sortes de plaisirs; ils ont un lendemain triste.

« Ta femme n'est plus reconnaissable vingt-quatre heures après; on voit qu'elle se souvient trop de sa joie innocente de la veille.

« Aussi, je suis bien persuadé que je vais la guérir de ses ennuis, en lui annonçant mon quatrième bal.

« Il y aura vingt jours de préparatifs qui amusent autant que les contredanses; ma belle-sœur Eugénie est chargée de la liste des invitations; elle a une mémoire prodigieuse pour retenir les adresses, les noms et les titres.

« Quant à moi, je t'avoue, cher frère, que tout cela m'ennuie beaucoup; chaque bal ravage mes jolis arbres et mes fleurs; mais il faut bien souffrir un peu pour donner beaucoup de joie à sa famille.

« Tu vois que je seconde de mon mieux tes intentions... »

— Mes intentions! s'écria Dherbier en jetant la lettre sur la table; mes intentions!

Il se leva et se promena à grands pas, en répétant la dernière ligne de la lettre fraternelle.

— De Céran, dit-il, j'ai un frère comme il n'y en a pas... Il est d'une candeur de patriarche! Je lui confie ma femme et ma fille, comme vous savez; je lui recommande de veiller sur ces têtes romanesques... non pas que je craigne... mais enfin il faut toujours veiller... Eh bien! ce maudit frère me joue un tour infernal... de bonne foi... comme un naïf campagnard qu'il est. Il perd ma femme! il la lance dans des quadrilles de marins et de soldats! Il me tue!.. C'est un véritable fratricide! Sur mon honneur, voilà quatre personnes qui semblent aujourd'hui se concerter pour me détruire: mon fils, ma fille, mon frère et ma femme!.. J'ai organisé les Druses et les Arabes de Thor, voilà quatre personnes qui me désorganisent, moi!.. Voyons, de Céran, je n'ai jamais demandé de conseils à personne, mais aujourd'hui... de Céran, que feriez-vous?..

— Il faut écrire...

— Écrire quoi?.. écrire à mon frère?.. lui défendre

de donner des bals! montrer de la jalousie à mille lieues de distance! me faire chansonner par l'armée d'Afrique et l'escadre de Toulon!.. sous prétexte que ma femme s'ennuie!.. Belle excuse!.. comme si les femmes de ménage doivent s'amuser!.. On sait ce que nous devenons quand elles s'amusent!.. En attendant, voilà mon fils à New-York avec trois cent mille francs qu'il m'emporte!.. Cet enfant me ruinera!.. Un conseil, de Céran, un conseil, au nom de Dieu! A ma place, que feriez-vous?

— Ce que je ferais?.. le voici. Je partirais avec moi pour la France sur-le-champ.

— Après?

— Je marierais ma fille...

— Avec qui?

— Comment! avec qui?.. mais il me semble...

— Oui, oui, c'est juste... pardon... avec vous... ma tête brûle .. Après?

— Je partagerais les soucis industriels avec mon gendre, et j'aurais ainsi plus de loisirs pour ramener ma femme au sentiment de ses devoirs domestiques... en ne la quittant plus.

— Bien! Et mon fils? et Antonio?

— J'écrirais à New-York. Vous avez des amis à New-York?

— J'en ai cent.

— Écrivez une circulaire.

— Et mes affaires ici... à Suez, au Liban, au Sinaï, à Pétra, au Caire, à Bombay?

— Rien ne sera négligé... Vous vous donnez un congé d'un mois... L'Égypte attendait depuis quatre mille ans sa résurrection; qu'est-ce qu'un mois de plus? Vos affaires domestiques doivent passer avant tout.

— Hélas! oui.

— Songez qu'après-demain le *Polyphemus* part d'Alexandrie. Dans neuf jours vous pouvez être à Toulon.

— Neuf jours!.. il a raison!.. En neuf jours de Suez à Toulon! C'est incroyable! Et qui sait encore ce que l'avenir... Oui, voilà le seul parti à prendre... Il faut partir... Retenons tout de suite deux places sur le *Polyphemus*.

— Justement, M. Cotajar, *midshipman* du *Polyphemus*, monte en voiture dans la cour de l'hôtel... Il arrivera cinq heures avant nous. Je vais le prier de se charger de votre commission.

— Allez vite, de Céran... Oh! quelle philosophie il faut subir dans certaines occasions!.. On tient les intérêts du monde entier dans ses mains, on a son bonheur même ; on se dispose à le donner... Une femme, une fille, un frère, un enfant se jettent sur vos bras, et vous les brisent... Malédiction!

VIII.

L'HOSPITALITÉ.

Dherbier appela son domestique, ramassa ses lettres éparses, donna ses dernières instructions, et les monosyllabes de désespoir qu'il échangea avec les phrases de consolation de M. de Céran n'ayant pas assez d'importance pour être mentionnés ici, nous le quitterons à Suez pour le revoir de l'autre côté du ruisseau méditerranéen.

Les fictions de Moïse et d'Homère passeront toutes à l'état de réalité.

Le géant Polyphème courant dans la mer d'Agrigente, un mât à la main en guise de bâton, n'est pas une chimère en 1843.

Voyez passer le géant, le même que vainquit Ulysse avec un calembourg grec inventé par Homère endormi.

Polyphême, toujours appuyé sur son mât, court avec son œil de flamme devant les montagnes aimées de Théocrite ; il ne s'est arrêté qu'un instant dans l'île de Calypso, où passent tous les Ulysses de la diplomatie ; et aussi agile que le char de Neptune, qui bondissait d'un horizon à l'autre, à ce que dit l'Iliade, il va dans son sixième élan toucher le môle de la ville des Phocéens, encore toute pleine de Grecs parlant provençal.

Cela veut dire : le *Polyphemus* est parti d'Alexandrie a touché Malte du bout de son gouvernail, et il arrive à Marseille le sixième jour.

M. Dherbier et M. de Saint-Céran ne se tiennent pas pour arrivés.

Il leur faut encore six heures de chaise de poste ; six pas quand on vient de la mer Rouge.

On arrive à Hyères, hôtel de l'Europe, nuit close, incognito ; M. Dherbier est en proie aux plus vives émotions, il lui semble que le premier renseignement demandé va lui apprendre qu'il n'a plus d'autre famille que son portefeuille et son coffre-fort.

Nous devons ajouter à son honneur qu'il sacrifierait de grand cœur ceux-ci pour regagner l'autre.

Tous les instincts généreux se sont réveillés en lui ; ils n'étaient pas absents, ils dormaient.

Le plan des deux voyageurs avait été arrêté dans les eaux de la Sicile, un jour que le calme de la mer donnait l'agitation à l'esprit.

Rien n'est habile comme le hasard pour vous faire arriver à propos à l'heure des angoisses, lorsqu'une horloge doit la sonner pour vous quelque part.

Le bal annoncé par le frère Dherbier dans sa lettre, était l'entretien des oisifs de la ville d'Hyères ; on devait le donner le lendemain.

De Céran avait atteint son but d'esprit sérieux et d'homme ruiné.

Il s'était fait indispensable chez Dherbier; il doublait pour ainsi dire son ange gardien : il avait pris sur l'opulent industriel une autorité d'autant moins soupçonnée qu'elle avait toutes les apparences de la soumission.

En ce moment, cette relation prenait un caractère intime, parce qu'elle établissait entre eux une solidarité ressemblant assez à une complicité coupable.

De Céran créait un plan orné de toutes ces combinaisons victorieuses, et il engageait si adroitement l'entretien avec Dherbier, que celui-ci s'en attribuait toujours l'invention.

De cette manière, de Céran était regardé comme un homme fécond en grandes idées industrielles, mais fort ignorant dans les choses vulgaires de la vie, et qui avait besoin d'un guide comme Dherbier pour marcher dans la voie des humbles accidents domestiques.

Le meilleur procédé pour conduire les gens est de leur laisser croire qu'on est conduit par eux.

— Je vais donc faire ce que vous voulez, dit de Céran, le soir du bal; vos yeux aideront mon aveuglement. Au revoir, à bientôt.

Il prit un cheval de louage, comme fait un savant en exploration, et il se rendit par un chemin de montagne au château de D... dont les tourelles féodales, s'élevant par dessus des rideaux d'orangers et de cyprès, regardent les îles d'Hyères et la mer.

M. de G..., le gracieux et hospitalier possesseur de ce vaste domaine, accueillit fort bien le voyageur sans le connaître.

— Monsieur, lui dit de Céran, mettant pied à terre, est-ce bien le chemin qui conduit aux ruines de Pomponiana?

— A peu près, dit M. de G..., mais il me semble,

monsieur, que le jour est trop avancé. Il vous faut une bonne heure de marche pour atteindre Pomponiana. Passez la nuit au château, et demain je me ferai un vrai plaisir d'être votre cicérone.

— On n'est pas plus obligeant, monsieur; je ne me serais jamais douté de trouver un guide aussi éclairé dans ce désert.

— C'est le seul plaisir que j'estime ici, celui d'accueillir de mon mieux les étrangers. Malheureusement le hasard n'est pas prodigue de ces occasions.

Un domestique prit le cheval de M. de Céran.

— Vous me permettez donc de causer un instant avec vous? dit de Céran à son hôte.

— J'espère mieux de votre complaisance, répondit M. de G... La nuit vous surprendrait dans ces montagnes; j'espère que vous la passerez au château, et que vous accepterez un couvert à mon dîner de campagnard.

— Vraiment, monsieur, la campagne se fait ville! aussi, voyez, je suis en habit de salon; c'est d'ailleurs une mode anglaise assez distinguée de rendre visite aux ruines en costume de bal. J'aime assez ce respect, cette vénération accordée aux reliques des anciens.

Puisque vous avez la bonté de tout accepter, on donne ce soir un bal délicieux à mille pas d'ici... Aimez-vous le bal?..

— Oui, comme observation, comme étude, comme manifestation de caractères...

— Eh bien! vous épuiserez votre complaisance, vous nous accompagnerez au bal...

— Accepté de grand cœur... J'ai un système sur les ruines de Pomponiana, et je vais le développer dans un mémoire à l'Institut. Je crois que Pomponius était un riche Romain qui s'exila volontairement de Naples, en 76, après l'éruption du Vésuve, et qui vint fonder une ville ici, dans une localité qui lui rappelait le cap

Misène, le golfe de Baïa et les îles de l'archipel parthénopéen. Vous savez que Pline, en 78, dit à son pilote, le jour de l'éruption volcanique : ***Verte ad Pomponium***, sous-entendu ***proram***. J'ai conclu de ce passage que le Pomponius, ami de Pline, est le fondateur de Pomponiana. C'est un système assez raisonnable, comme vous voyez...

— Et qui peut se soutenir.

— C'est ce que je pense... Mais puisque nous parlons des anciens, suivons leurs préceptes, et renvoyons les choses sérieuses à demain ; *ad crastinum seria...* On donne des bals ici !

— Comment ! des bals superbes !

— Y a-t-il affluence de dames? demanda de Céran d'un air distrait.

— Des dames charmantes ; les dames de la maison d'abord, la mère et la fille, ou les deux sœurs, comme on les appelle. Je vous dirai même en confidence que le bal de ce soir est un avant-goût d'un bal de noces.

— Ah ! on se marie aussi dans ce désert ! dit de Céran en coupant une feuille de maïs... Ce maïs est d'une très-belle venue ; on dirait du maïs d'Égypte... Et nous verrons ce soir la jeune beauté pour laquelle on va préparer les flambeaux de l'hymen ?

— Oui, c'est mademoiselle Dherbier...

De Céran fit un mouvement nerveux qu'il mit sur le compte d'un insecte qui l'avait piqué au visage, et reprenant bien vite son sang-froid, il dit, en rajustant ses lunettes, ébranlées par la convulsion :

— Mademoiselle Dherbier ! il me semble que ce nom ne m'est pas inconnu...

— Son père est l'industriel par excellence... un homme qui tient une poignée de millions dans chaque main, et qui les verse en détail sur les deux mondes...

— Ah ! oui ! oui... M. Dherbier... de Paris... dit de

Céran, la main sur le front comme pour en arracher un souvenir.

— En ce moment, il est en Égypte... et sa femme vient de recevoir de lui une lettre qui accepte le gendre proposé par elle, et qui commande le trousseau de la mariée.

— Voilà un gendre bien heureux; la dot sera superbe... Ce gendre a sans doute une position sociale convenable? demanda de Céran de l'air d'un homme qui interroge au hasard, et comme pour ne pas laisser mourir la conversation.

— C'est le colonel de Saint-...

— Ah! c'est un colonel!

De Céran flaira voluptueusement une orange verte et ajouta :

— Les colonels sont à la mode depuis quelque temps... C'est un mariage d'inclination, probablement? on n'en fait pas d'autres aujourd'hui.

— Oui. On dit que les fiancés ne se haïssent pas; trente-deux ans d'un côté, seize de l'autre...

— Assortis, assortis... Et le colonel est en congé, probablement?

— Il est rentré avec son régiment après une belle campagne... Il sera maréchal-de-camp à la première promotion.

— Ce doit être bien doux pour la mère... madame Dher...

— Dherbier.

— Madame Dherbier... Il me semble que j'ai vu cette dame, dans le monde, à Paris... une femme charmante, vive, même un peu évaporée, aimant l'encens de l'adoration... Une femme dangereuse... sage au demeurant... mais...

— Jusqu'au *mais*, le portrait me paraissait assez vraisemblant... oui, vous devez l'avoir vue; au reste vous la reverrez... dansez-vous?

— Oh ! monsieur !.. j'exerce des fonctions trop graves pour me permettre... je vais au bal, mais je ne danse pas... Si l'on savait que j'ai dansé, on me placarderait dans le *Charicari*. Je suis candidat au collége de... On compte sur soixante voix de majorité en ma faveur.

On sonna la cloche du dîner.

A table, la conversation roula sur le projet de creuser un port dans l'anse naturelle de Carqueirane.

M. de Céran promit de soutenir ce projet à la chambre, quand il serait député.

Immédiatement après le dîner, on partit pour le bal.

IX.

UN FILS DE FAMILLE.

Il faut aujourd'hui raconter les voyages avec l'agilité qu'on met à les accomplir; il est plus facile de faire quatre kilomètres que d'écrire quatre lignes.

Quand l'abbé Prévôt faisait voyager ses héros de roman, il leur donnait une page de procès-verbal par lieue.

En 1842, nous prenons nos héros à Liverpool : nous leur prêtons les ailes de la vapeur, et, notre phrase finie, nous les déposons au pied de l'Atlas.

Antonio demeura prisonnier des bandits jusqu'à l'entier accomplissement d'une œuvre de spoliation; il ne leur fallut qu'une semaine pour découvrir, à Londres, à l'agence du crime, un jeune Français de l'âge et de la tournure d'Antonio, pour lui donner ses instructions et l'envoyer chez M. Jackson, où le plan, ainsi que nous l'avons vu, obtint ce succès presque toujours réservé aux actions criminelles.

Un matin, Antonio trouva la porte de sa chambre noire toute large ouverte; il crut que, selon son usage, la vieille femme venait lui apporter son pain quotidien représenté par des patates cuites sous la cendre; mais ne voyant rien paraître, au bout d'une heure il hasarda une sortie dans la pièce, puis dans le vestibule; et personne ne se montrant, il ouvrit la porte et s'élança dans la rue avec l'agilité de l'oiseau délivré.

De *Lime-Street* à Adelphi-Hôtel, il n'y a que vingt pas, il courut donc chez lui, et demanda le *land-lord* d'Adelphi, auquel il fit confidentiellement l'historique de tout ce qui s'était passé.

Le *land-lord* lui dit :

« — Monsieur, vous vous êtes sauvé, par miracle, des mains de ces brigands. Cette horrible maison m'est connue; elle n'a pour locataire qu'une femme folle et hideuse qui, dit-on, a perdu la raison devant une épouvantable scène dont elle fut témoin.

— Et la police, dit Antonio, ne peut-elle pas défendre les gens contre le guet-apens perpétuel de cette maison?

— La police, monsieur, dans ce pays, ne connaît pas les usages de France, elle n'a point d'effet préventif; elle a d'ailleurs une grande force extérieure, mais le domaine intérieur lui est interdit. C'est aux citoyens à veiller sur eux.

— J'irai me plaindre au *police-magistrat*, s'écria Antonio.

— Vous pouvez aller vous plaindre, dit froidement le land-lord, mais ce sera sans résultat. Croyez-vous d'ailleurs que vos bandits attendent dans leur antre le *police-magistrat?* Ils ont fait leur coup chez M. Jackson, et à cette heure ils sont déjà en pays étranger. Savez-vous, mon jeune monsieur, ce qui s'est passé l'autre jour dans cette même Lime-Street? Un industriel a ouvert la *taverne de la Tempérance;* il a inventé des liqueurs conformes aux statuts de la société, des liqueurs innocentes, de l'eau pure de la Mersey colorée au porter, au sherry, au rhum, au porto : deux marchands, qui n'étaient pas tempérants, arrivent de Manchester, entrent dans la taverne et boivent trois sortes de liqueurs tempérantes. Le soir, chez eux, ils éprouvent des nausées, des déchirements d'intestins, tous les symptômes de l'empoisonnement. Aussitôt ils se rendent chez le *police-magistrat.* — Nous avons été empoisonnés, lui disent-ils, à la taverne de la Tempérance, *Lime-Street;* nous demandons vengeance à la loi.

— Êtes-vous bien sûrs d'avoir été empoisonnés? leur dit le magistrat.

— Horriblement empoisonnés, honorable juge.

— Eh bien! mourez... et quand vous serez morts, on fera l'autopsie de vos cadavres : si l'autopsie démontre votre empoisonnement, l'homme de la taverne sera pendu. Voilà la seule justice que notre loi pouvait leur rendre.

— Mais, s'écria Antonio, moi, j'ai été volé, c'est évident.

— Oui, dit le land-lord; mais volé dans une maison close, dans une maison infâme, où un gentleman n'entre pas sans se déshonorer. La procédure vous flétrirait.

— Eh! que faut-il donc que je fasse, monsieur le land-lord?

— Il faut vous taire et profiter de la leçon.

Cette dernière phrase fut prononcée avec un sourire et un ton de douceur qui en corrigeaient la crudité.

Un violent désespoir s'empara d'Antonio.

Déshonoré! déshonoré! se dit-il mentalement quand

il se trouva seul; ces bandits ont peut-être même ruiné mon père! le land-lord a raison, je suis flétri!.. Je ne puis plus me représenter ni chez M. Jackson, ni chez mon père... Je me tuerai.

Il descendit sur le port, du pas et de l'air qui annoncent une résolution fatale; il longea les rives, les murailles des docks, la longue chaussée qui aboutit au moulin, et se trouva bientôt sur les grèves humides, limoneuses, décollées, que découvre la marée basse à l'embouchure de la Mersey.

Le paysage conseillait le suicide.

Une vapeur sombre voilait l'océan voisin; à travers le crêpe du plat horizon, un vaisseau à l'ancre s'agitait devant la citadelle; sur les deux rives, pas une figure humaine ne se montrait pour animer les campagnes en deuil.

Antonio avait résolu de s'étendre sur un lit de cailloux et d'attendre la marée montante qui devait l'étouffer. Une bonne inspiration le sauva.

La voix intérieure qui lui parlait fut écoutée à l'heure de l'agonie volontaire.

Antonio se voyant mourir si jeune et si fort, eut compassion de lui-même; il tourna ses regards du côté de la ville immense, toute pleine du glorieux fracas du travail, et rougit de sa faiblesse devant ce géant industriel qui agite entre deux horizons sa chevelure de mâts.

Un noble projet chassa le projet coupable; comme l'enfant prodigue, il dit :

Je me lèverai et j'irai!

L'argent lui manquait, mais il avait encore une bonne ressource dans ses bagages de voyageur opulent.

Rentré à Liverpool, il n'hésita pas de vendre cette propriété inutile à un de ces *pawn-brokers* qui attirent les jeunes gens de famille au son de leurs trois boules de métal.

Cette affaire d'usurier légal terminée à mille pour cent de perte, Antonio prit passage à bord du *Thunder*, paquebot qui va de Liverpool à Gibraltar en quatre jours.

A Gibraltar, un autre paquebot le reçut, et le déposa endormi sur le môle d'Alger.

A son réveil, il tourna ses regards vers le nord pour voir si les édifices culminants de la *Nécropolis* de Liverpool ne se montraient pas à l'horizon.

Les oiseaux voyageurs n'accomplissent pas aussi promptement leurs migrations périodiques.

L'Océan est un chemin de fer.

Le projet d'Antonio était fort simple pour un jeune homme de vingt ans; il s'agissait de s'engager comme simple cavalier dans les spahis, avec la protection de ce superbe officier qu'Antonio avait connu à la table d'hôte à Toulon, et qui portait le surnom de Rustan-Bey.

Les renseignements qu'on lui donna à l'état-major n'étaient pas très-précis; il se mit à la suite de plusieurs convois pour découvrir le cantonnement de Rustan-Bey; lorsqu'il fut au terme de ses courses, et qu'il reconnut son brillant officier à la tête d'un escadron de spahis, son courage expirait dans les premières atteintes de la fièvre d'Afrique; les inquiétudes brûlantes avaient agi sur son tempérament bien plus que le climat.

Rustan-Bey reconnut Antonio, lui serra les mains avec feu, et écouta sa confession.

— Mon cher ami, lui dit-il, vous vous êtes exagéré vos fautes; c'est louable, mais c'est absurde. Votre père ne sera pas ruiné pour votre équipée de Liverpool, mais il serait assassiné par moi si je consentais à vous mettre en campagne, faible et délicat comme vous êtes. En ce moment, ce n'est pas un cheval qu'il vous faut, c'est un médecin: je vais vous envoyer le mien. Dans quelques jours, le colonel de Saint-..., qui commande notre cantonnement, part pour la France; il va se marier : je vous remettrai entre ses mains, et il vous rendra en bonne santé à votre père, car je vous apprends, si vous l'ignorez, qu'il épouse votre sœur.

— Le colonel Saint-... est ici? demanda vivement Antonio.

— Ici, à vingt pas de nous.

— Le même qui était à Paris l'an dernier?

— Oui, en congé.

— Quel bonheur! c'est un ami de famille! Je m'engagerai dans son régiment!

— Vous ne vous engagerez pas, mon étourdi monsieur. Le colonel vous fera saisir par quatre spahis, et vous ramènera chez votre papa. Vous allez voir...

Tout arriva au gré de Rustan-Bey.

Le colonel Saint-... fit une leçon paternelle à Antonio, lui rendit la tranquillité d'esprit, et avec elle la convalescence et la santé.

Quelques jours après, le colonel et le jeune homme étaient sur la grand'-route qui emporte, en quarante-huit heures, un paquebot d'Alger à Toulon.

Après ces quelques lignes d'explication, nécessaires pour justifier la rentrée d'Antonio à la fin de cette histoire, nous revenons au bal au moment de l'arrivée de M. de Céran.

X.

AU BAL.

On dansait aux étoiles par une de ces belles nuits que l'été lègue à l'automne.

Le parterre, privé de ses fleurs, était jonché de jeunes femmes et de jeunes gens.

Les quadrilles tourbillonnaient avec ce frémissement de pieds de satin et d'étoffes flottantes qui annonce l'ivresse du bal.

Il y avait dans l'air ce charme sensuel que la nuit verse aux campagnes ; les joyeux et frais visages, les cheveux de soie, les couronnes d'épis ou de verveine se croisaient avec des constellations d'yeux noirs, avec des faces guerrières brûlées sous les mâts de nos escadres ou sur le sable des déserts africains.

L'orchestre de l'amiral avait adouci sa formidable voix d'abordage et jouait avec toute la verve de ses cuivres les airs qui donnent le délire aux pieds, la flamme au front, l'extase au cœur.

Un homme venait d'entrer sur la terrasse, et debout, immobile, l'œil fixé sur une femme, il ressemblait à une protestation vivante de la douleur contre le plaisir.

C'était M. de Céran.

Madame Dherbier était la femme sur laquelle plongeait un regard scrutateur ; les femmes au bal ne regardent jamais ce qui se passe en dehors du quadrille qui est leur univers.

D'ailleurs, M. de Céran ne craignait pas d'être reconnu, il n'avait été vu qu'un seul instant, à Toulon, par la mère et la fille, et depuis cette visite d'un instant, il avait donné à son visage un caractère oriental qui l'aurait rendu méconnaissable à l'œil de ses meilleurs amis.

Madame Dherbier dansait comme une femme qui n'a plus que ce bonheur au monde, et qui savoure chaque note de l'orchestre, et voudrait la saisir dans ses doigts comme un diamant échappé pour ne plus revenir.

Le bal, la gaieté, les étoiles, les feux de Bengale lui

rendaient ses vingt ans, trésor de jeunesse que beaucoup de femmes regagnent toute leur vie, après l'avoir perdu comme nous tous.

Elle comprenait avec le merveilleux instinct de son sexe, que les regards intelligents des jeunes hommes la distinguaient encore dans ces quadrilles enfantins, épanouis à ses côtés.

Elle était heureuse d'une joie innocente; cette admiration, dont elle entendait le doux murmure, lui suffisait; elle aurait donné ses richesses pour la faire prolonger à ses oreilles en échos infinis.

Et quand un nuage de tristesse venait par intervalles assombrir son gracieux visage, c'est qu'elle pensait que ces feux du bal, étoiles et lustres, allaient bientôt s'éteindre, et que le pâle soleil éclairerait le lendemain une terrasse déserte, et qu'elle se retrouverait encore face à face avec une immense fortune, cette mère des immenses ennuis, car elle ne peut donner ni un sens de plus, ni une année de moins.

M. de Céran, comme tous les esprits sérieux, ne comprenait pas les femmes : il ne vit pas tout ce qu'il y avait de candeur enfantine dans ce rayonnement de coquetterie; il jugea l'épouse de M. Dherbier avec une sévérité injuste, et se promit bien de faire servir quelque adroite et ténébreuse calomnie au bénéfice de ses desseins.

Pour aller jusqu'au bout de son examen, il avait engagé à la danse madame Dherbier, et, quand son tour d'inscription fut arrivé, il lui présenta la main et la conduisit au quadrille.

L'astuce la plus subtile se révéla soudainement sur le visage, dans l'organe, la pose et le maintien de M. de Céran; mais l'œil d'une femme étourdie par la joie du bal n'aurait jamais pu découvrir l'hypocrisie de son inquisiteur.

— Permettez, madame, dit-il, que je vous félicite,

après tout votre beau monde, sur le mariage de votre charmante fille.

— Elle est bien jeune, ma fille ! dit madame Dherbier avec un léger soupir, bien jeune, mais il faut obéir à son père.

— Oui, madame, c'est un devoir ; en cette occasion j'ajouterai que c'est un devoir bien doux... Si je ne me trompe, voilà, dans l'autre quadrille, votre futur gendre, un jeune colonel... un brave de notre Afrique...

— Oui, monsieur.

— Mademoiselle Hélène paraît aimer beaucoup le bal...

— Oh ! monsieur, nous aimons toutes le bal...

— Vous dansez un peu par complaisance, vous, madame ?

— Moi, monsieur, danser par complaisance ! je danse par goût ; j'espère bien danser jusqu'au jour... Attention à la figure, monsieur.

— Excusez-moi, madame, si je suis un peu gauche, j'arrive d'Égypte.

— Ah ! vous arrivez d'Égypte ! monsieur, et sur quel paquebot ?

— Sur le *Polyphemus*.

— C'est singulier ! je n'ai pas reçu de lettres !

— Vous attendez des lettres d'Égypte ?

— Oui, monsieur.

— Des lettres intéressantes, sans doute, si j'en juge par votre émotion ?

— J'ai de l'émotion !.. Oh ! non... Ce sont des lettres de quelques lignes pour me souhaiter le bonjour... La dernière que j'ai reçue était impatiemment attendue : elle commandait le trousseau de noces de ma fille... J'espère que mon mari arrivera par le premier paquebot... quand le trousseau sera terminé... Comme c'est prosaïque, tout ce que nous disons là, monsieur! Il est vrai que j'ai besoin de me reposer un peu...

— Encore cinq minutes de prosaïsme, madame, s'il vous plaît. J'ai voulu savoir de votre bouche s'il était vrai que le colonel Saint-... dût épouser votre fille.

— Aviez-vous quelque intérêt à cela, monsieur?

— Un très-grand, madame.

— Ah! vous piquez ma curiosité!.. Voyons, expliquez-vous.

— Ici, non, madame; mais après la contredanse. . je vous demanderai, dans l'intermède, cinq minutes d'entretien particulier, un peu à l'écart.

— Comme vous dites cela d'un air mystérieux! dit madame Dherbier avec un délicieux éclat de rire. C'est maintenant que j'ai de l'émotion. Monsieur, je suis chez moi, je ne puis rien vous refuser... La contredanse est finie, l'intermède commence... Je vous accorde l'entretien particulier... Donnez-moi votre bras, monsieur. J'adore les scènes de roman.

— Ceci, madame, est une scène d'histoire, dit de Céran, après un tour d'allée fait en silence; ceci est un acte de vérité. Vous allez le savoir en trois mots: Votre fille n'épousera pas le colonel.

— Monsieur, dit madame Dherbier avec un ton de fierté superbe, je vous prie de me reconduire chez mon beau-frère, et n'ajoutez pas un mot de plus.

De Céran étendit la main qui était libre et ouvrit une grille de fer.

Un homme entra et dit d'une voix de maître:

— Oui, votre fille n'épousera pas le colonel.

Cet homme était M. Dherbier; il avait passé une journée d'angoisses et de fièvre; du haut de sa pyramide industrielle, il voyait sa famille s'écrouler sous lui, et quand il entendit sa femme parler avec cette fierté dominatrice; quand il vit la grille s'ouvrir, il lui restait à peine assez de force pour faire un pas, assez de voix pour dire un seul mot.

Madame Dherbier poussa un cri sourd et s'appuya sur un arbre pour aider la faiblesse de ses pieds

L'ombre des arbres et de la nuit couvrait cette scène de silence et de désespoir; mais autour d'elle la joie éclatait dans tous les bruits de la campagne et du bal: c'était un ravissant concert de gerbes d'eau vive, de feuilles agitées, de vagues lointaines, de chants nocturnes, de voix de femmes, de rires enfantins, d'accords d'instruments.

Un prélude d'orchestre donna une excitation nouvelle à ces murmures charmants, qui montaient en chœur vers les étoiles.

D'autres quadrilles se formaient sur la terrasse à l'appel des musiciens.

Trois fois déjà les instruments avaient attaqué l'air de danse, et trois fois des cris et des mains s'étaient élevés pour imposer silence à l'orchestre. Une danseuse manquait : c'était la maîtresse de la maison.

Le colonel de Saint-..., son cavalier, la demandait en riant à tous les groupes; et comme il lançait au hasard un coup d'œil dans l'allée de la grille, il vit sur un fond ténébreux se détacher une robe blanche et deux silhouettes sombres immobiles devant.

Le colonel fit quelques pas et reconnut madame Dherbier, silencieuse entre deux personnes inconnues.

— Pardon, messieurs, dit-il, si je vous enlève madame, mais l'orchestre l'a déjà invitée trois fois.

Et il présenta son bras à madame Dherbier, qui refusa de donner le sien.

M. Dherbier s'avança et dit d'une voix de maître :

— Le bal est fini pour madame et pour tous.

Le colonel regarda madame Dherbier; elle gardait toujours sa pose immobile et désolée; sa figure était horrible de pâleur.

— Madame, prenez mon bras, dit M. Dherbier à sa femme; prenez mon bras, vous dis-je, et rentrons.

Elle obéit et suivit son mari par un sentier détourné, sans être aperçue de la foule, jusqu'à la maison, du côté opposé à la terrasse du bal.

Le colonel de Saint-... ne pouvait rien comprendre à cet incident; mais sans perdre du temps à lui découvrir une cause inconnue, il se mêla aux groupes inquiets de la terrase, et dit qu'une indisposition subite de madame Dherbier mettait fin au bal.

Bientôt après, les musiciens descendirent de leur estrade, et quelques familles faisant avancer leurs voitures donnèrent un exemple de discrétion qui fut généralement suivi.

Hélène s'était empressée d'entrer dans les salons pour éclaircir ce mystère improvisé au milieu d'un bal.

Sur la terrasse, encore illuminée de tout l'éclat de la fête, deux personnes seules restées de tout ce monde, se rencontrèrent et se reconnurent.

C'étaient le colonel Saint-... et M. de Céran.

Le colonel recula pour la première fois de sa vie, et poussa un cri de surprise.

— Vous ici, monsieur! dit-il en joignant les mains.

— Je n'ai pas l'honneur de vous connaître, dit de Céran avec sang-froid, et je suis étonné de votre surprise, monsieur.

— Eh bien! moi je vous connais, dit le colonel, malgré ce luxe de barbe qui veut vous déguiser; vous vous nommez Chinosart, et vous êtes... ce que vous savez.

— Je me nomme de Céran, colonel, et je suis un honnête homme.

— Prenez garde, monsieur; votre impudence peut vous être fatale... J'ai cru tantôt faire une erreur, là, sous les arbres, quand vous étiez devant madame

Dherbier; je vous avais reconnu à demi. A présent, nous sommes en plein soleil de bal, mes yeux ne peuvent plus me tromper; vous remplissiez les fonctions d'agent comptable dans la province d'Oran. Vous avez été surpris par moi en flagrant délit de concussion; vous vous êtes jeté à mes pieds; vous m'avez attendri en me parlant de votre épouse et de vos enfants. A Paris, où j'ai été appelé l'an dernier, pour donner des renseignements sur quelques tristes affaires, je pouvais vous perdre, je me suis souvenu de votre repentir, de votre désespoir, de votre famille; j'ai demandé simplement votre destitution pour cause d'incapacité; je vous ai délivré d'une enquête et d'un jugement... Dites encore que je ne vous connais pas.

— Eh bien! colonel, — dit de Céran avec un ton de voix tout nouveau en affectant le maintien modeste d'un homme qui craint d'irriter un adversaire redoutable, — eh bien! colonel, je vous prie d'être encore généreux aujourd'hui; ne me perdez pas: ces croisées ouvertes nous écoutent... Vous avez le caractère du soldat, toujours bon et magnanime... Ayez pitié d'un homme qui fut plus malheureux que coupable.

— Coupable avant d'être malheureux, monsieur!.. Voulez-vous que je vous conte votre histoire?

— C'est inutile, colonel, je la connais... Mais ce que vous ne savez pas, et ce qui peut-être me donne une ombre d'excuse... c'est... écartons-nous un instant d'ici... quand nous serons seuls, je vous parlerai à cœur ouvert...

— Vous me proposez une promenade dans le bois, j'entends. Je vous mettrais à votre aise; mais vous n'êtes pas plus rusé qu'un Arabe, et je ne donnerai pas dans le piége. Vous voulez m'assassiner, rien que cela.

— Oh! colonel

— Je connais vos mœurs; vous êtes armé. N'est-ce pas que vous êtes armé?

— Quoi d'étonnant! en voyage...

— Oui, oui, ordinairement on vient au bal avec une paire de pistolets et un poignard... Vous étiez armé aussi à Oran, et vous essayâtes même de faire une menace... Au fait, voyons, au fait; soyez sincère, et je vous laisse échapper; vous étiez tantôt avec une dame et un étranger inconnu, en trio, là, sous les arbres; que se passait-il de mystérieux entre vous trois? Répondez-moi franchement.

— Colonel, ceci est un secret de famille; vous respecterez ma discrétion.

— Ceci est une noirceur qui vient de vous, je le présume; et si vous me parlez encore de votre discrétion, j'en serai certain. Là, tantôt, vous avez offensé une dame, voilà votre secret; cette dame sera bientôt de ma famille : vous êtes un misérable, sortez, monsieur.

— Je vous jure sur l'honneur...

— Ne jurez pas; appelez l'autre témoin de la scène, il est là dans la maison... Je vais l'appeler, moi.

— Au nom de Dieu, colonel, respectez ces secrets domestiques...

— Je respecte tout, monsieur, excepté vos ordres...

La parole retentissante du colonel attira sur la terrasse M. Dherbier, qu'une scène intérieure venait d'émouvoir profondément; sa femme l'avait introduit dans une chambre éloignée du fracas du bal, et M. Dherbier avait reconnu son fils Antonio dormant d'un sommeil tranquille, après les fatigues de la traversée.

Madame Dherbier avait raconté à son mari les aventures d'Antonio, et l'immense service que le colonel avait rendu à leur famille en arrachant ce frêle jeune homme aux dangers de la guerre et du climat.

M. Dherbier ne répondait que par des larmes, ét à l'instant même où il se préparait à parler de ses engagements avec M. de Céran, il entendit la voix du colonel et se précipita sur la terrasse.

— Ah! justement, voilà monsieur qui a été témoin de l'insulte! s'écria le colonel, en désignant M. Dherbier.

De Céran regardait la terre, posé en statue; M. Dherbier regardait de Céran et le colonel.

— Je disais à M. Chinosart, surnommé par lui de Céran, qu'il avait insulté une dame, en interpellant M. Dherbier.

M. Dherbier, stupéfait, fit un signe négatif.

De Céran respira un instant.

— Je demande la permission de me retirer, dit de Céran en faisant un pas en arrière.

Le colonel le retint par le bras.

— Colonel, dit M. Dherbier au comble de l'embarras, vous voyez en moi le plus reconnaissant des pères; ma vie et ma fortune sont à vous; mais il y a dans ma correspondance avec ma femme un malentendu déplorable : j'avais déjà promis ma fille à M. de Céran.

— A ce monsieur! votre fille! s'écria le colonel avec un accent inouï; mais y songez-vous? Ce monsieur-là que je vous montre du doigt; ce M. Chinosart, ce M. de Céran ne peut pas épouser votre fille...

— Et pourquoi? demanda Dherbier timidement.

— Pourquoi? parce qu'il est marié.

— Dherbier recula jusqu'à la façade de la maison, en croisant ses mains par dessus sa tête.

— C'est fort... dit le colonel, d'essayer la bigamie aux portes de Toulon.

— Marié! dit M. Dherbier quand il put articuler trois syllabes.

— Eh! qu'il me démente, si je dis une fausseté, s'écria le colonel.

— Marié ! répéta M. Dherbier.

De Céran fit un salut respectueux et quitta la terrasse d'un pas précipité.

De Céran n'était pas marié ; mais il aima mieux subir cette accusation que de forcer le colonel à raconter sa coupable histoire.

A Oran, il avait parlé de sa prétendue femme et de ses prétendus enfants pour mieux attendrir le colonel.

— Que faut-il faire ? dit M. Dherbier interdit.

— Le laisser partir : il n'y a pas eu commencement d'exécution. Je connais mon homme, et je vous dirai son histoire un autre jour.

M. Dherbier serra les mains du colonel et garda le silence, comme il arrive toujours lorsqu'on a trop de choses à tirer du cœur.

En ce moment, un officier de marine s'avança vers M. Dherbier, et lui demanda, au nom de tout le monde du bal, des nouvelles de l'indisposition de madame Dherbier.

— Monsieur, dit Dherbier, je voudrais que toute la société fût encore assemblée, pour lui dire qu'un bal de fiançailles ne finit qu'au jour, et que madame Dherbier sera, dans cinq minutes, tout à fait remise de son indisposition.

— La société n'est pas loin d'ici, dit l'officier en souriant, tous les équipages se sont arrêtés à cinq cents pas.

— Eh bien, monsieur, vous allez mettre le comble à votre complaisance d'aide-de-camp du plaisir, en rappelant tous nos fugitifs et l'orchestre. Il serait honteux de finir un bal de campagne à minuit.

L'officier salua et partit précipitamment.

— Maintenant, dit Dherbier au colonel, je veux que personne ne manque à notre bal. Je vais moi-même réveiller mon frère et mon fils... Et, quant à vous, colonel, mon gendre, croyez bien que ce que femme veut, Dieu le veut.

On entendit bientôt le tonnerre prolongé des voitures qui reprenaient le chemin du bal : les musiciens remontèrent sur leur estrade, et la fête commença une seconde fois.

M. Dherbier courut au-devant de son frère et l'embrassa en lui disant : Mon ami, il y a cinq minutes que je suis heureux.

— Il y a trente ans que je le suis, moi, répondit le frère philosophe. Mon cher frère Dherbier, tu as gagné beaucoup d'argent, c'est vrai ; mais tu as failli perdre ta femme, ta fille et ton fils.

C'est la folie du jour ; grands hommes politiques ou grands hommes industriels, vous savez tout ce qui se fait dans les cinq parties du monde, et vous ignorez souvent ce qui se passe dans votre maison.

— Je profiterai de la leçon, dit M. Dherbier.

FIN DE LA FAMILLE DHERBIER.

Coulommiers. — Imprimerie de A. MOUSSIN.

Bibliothèque à 1 franc le volume.

VOLUMES PARUS :

CLÉMENCE ROBERT.

Les quatre Sergents de la Rochelle. . . . . 1 vol.

MÉRY.

La comtesse Hortensia. . . . . 1 vol.
Un Amour dans l'avenir. . . . . 1 vol.
La Floride . . . . 1 vol.
La Guerre du Nizam. 1 vol.
Le dernier Fantôme . . . . 1 vol.

ÉLIE BERTHET.

La Mine d'or . . . . 1 vol.

EMMANUEL GONZALÈS.

Les Frères de la Côte . . . . 1 vol.
Ésaü le lépreux. . . . . 1 vol.

MOLÉ GENTILHOMME.

Les Demoiselle de Nesles . . . . 1 vol.

HENRI DE KOCK.

Les petits Chiens de ces Dames. . . . . 1 vol.

S. LAPOINTE.

Les Contes de Savinien Lapointe . . . . 1 vol.

ANCELOT.

Une Fortune mystérieuse . . . . 1 vol.

SOUS PRESSE :

M. DE SAINT-GEORGES.

L'Espion du grand monde . . . . 2 vol.

PAUL FÉVAL.

Le Loup blanc . . . . 1 vol.

LALANDELLE.

Les Epaulettes d'amiral. . . . . 1 vol.

FÉLIX DERIÈGE.

Les Mystères de Rome . . . . 1 vol.

CLÉMENCE ROBERT.

La Duchesse de Chevreuse . . . . 1 vol.

BIBLIOPHILE JACOB.

Les Mémoires du duc de Roquelaure . . . . 1 vol.

SAINT-FÉLIX.

Duchesses et Grisettes. . . . . 1 vol.

AUGUSTE LUCHET.

Frère et Sœur. . . . . 1 vol.

Le même éditeur s'est rendu acquéreur des Dessins et Articles de l'Ancienne Maison AUBERT, et il publie tous les ans une série d'Albums de Salons, de Caricatures et de Livres nouveaux pour Étrennes.

Paris.—Imprimé chez Bonaventure et Ducessois, 55, quai des Augustins.

www.ingramcontent.com/pod-product-compliance
Ingram Content Group UK Ltd.
Pitfield, Milton Keynes, MK11 3LW, UK
UKHW020311230726
13925UKWH00002B/349

9 782019 162948